天津社会科学院法学文库

U0456098

犯罪学研究的新视角

因果关系链

王焱 著

天津社会科学院出版社

图书在版编目（CIP）数据

犯罪学研究的新视角：因果关系链 / 王焱著.
天津：天津社会科学院出版社，2024. 9. -- ISBN 978
-7-5563-1029-6

Ⅰ. D924.114

中国国家版本馆 CIP 数据核字第 2024XM2892 号

犯罪学研究的新视角 ：因果关系链
FANZUIXUE YANJIU DE XINSHIJIAO:YINGUO GUANXILIAN

选题策划：吴　琼
责任编辑：王　丽
装帧设计：高馨月
出版发行：天津社会科学院出版社
地　　址：天津市南开区迎水道 7 号
邮　　编：300191
电　　话：（022）23360165
印　　刷：天津市宏博盛达印刷有限公司
开　　本：710×1000　　1/16
印　　张：14
字　　数：208 千字
版　　次：2024 年 9 月第 1 版　　2024 年 9 月第 1 次印刷
定　　价：78.00 元

前　言

　　犯罪原因研究是中国犯罪学的发端,推动着犯罪学基础理论的发展。20世纪80、90年代是中国犯罪原因研究的繁荣发展期,提出许多关于犯罪原因的理论观点,为中国犯罪学奠定了基础。进入21世纪以后,这种发展态势变得缓慢,犯罪原因研究遇到了一些困境,一些基本问题没有很好的解决,也造成犯罪学基础理论的发展陷入停滞。因果关系问题,决定论与概率论的关系问题,直接因素与间接因素的效力问题,理论观点的解释力与指导力问题,这些是新时期中国犯罪原因研究需要特别注意的重点问题。

　　犯罪学的研究对象是中国犯罪学的基础性问题。这类问题的争论并未在学界达成共识,也影响到犯罪学理论和学科的发展。对犯罪学研究对象的争论源于对犯罪概念的定义、内涵和外延的争论。犯罪学与刑法学学科界限的争论突出了犯罪现象研究的重要性。在犯罪原因研究与犯罪现象研究孰为核心的争论中,发现缺乏犯罪现象研究的犯罪原因研究逐渐失去了基础,理论发展陷于停滞。在研究目的、研究方法和价值判断的争论中,都显现出犯罪现象研究的基础性作用。所以犯罪学研究对象应当回归以犯罪现象研究为重心。

　　在犯罪学研究中,犯罪一般理论具有重要地位,是解释犯罪原因与犯罪发生之间因果关系的最简明的理论。犯罪一般理论具有时间上的持续性、空间上的广泛性、人群上的适用性。犯罪饱和理论作为一种一般理论,为分析犯罪趋势提供了理论分析框架。当一个社会促使犯罪发生的各类因素的能量还未完全释放出来的时候,就没有达到犯罪饱和状态,犯罪趋势就会一直处于增长状态。中国的各类社会因素还有很多处于结构变动状态或增长状态,因此中国社会的犯罪还未达到犯罪饱和状态,犯罪增长和变动的趋势还不会改变。

在犯罪趋势分析预测中,可以将相关因素分为影响性因素和控制性因素。影响性因素形成的因果关系链较为复杂,需要介质传导才能最终出现犯罪增长的结果。控制性因素的因果关系链较为简单,能较为直接地导致犯罪增加或减少。未来二十年的犯罪趋势预测应是以影响性因素发挥作用为主进行分析,中国的犯罪仍将处于高峰期。只有当前不断改革,改变影响性因素所发挥的效用,二十年以后犯罪将趋于稳中有降的态势。

犯罪原因研究影响着犯罪预防策略的重心。关注犯罪原因链条中环节位置不同就会引起犯罪预防策略重心的变化。刑罚预防和情境预防都曾是犯罪预防策略的重心,但预防效果却不理想,因此中国犯罪预防在策略重心选择上走入了困境。公共服务型政府、社会治理体系的完善、社会力量发展壮大为犯罪预防策略重心回归社会本位创造了条件。中国犯罪预防策略以犯罪原因与社会政策的关系研究为依据,以社会力量参与为主要措施,以预防优先理念确立刑事政策中的核心地位,实现重心回归社会本位。

在犯罪学理论中因果关系是核心与基础,因果关系决定着理论解释力的强弱。在诸多犯罪学理论中从经济、社会等宏观因素入手研究犯罪原因的理论观点很多,但充满了矛盾与冲突,对宏观因素的研究逐渐过渡到宏观因素与微观因素相结合的研究,这样所形成的理论解释力更强。从微观因素入手研究犯罪原因的理论观点有些已经过时,有些已经成为犯罪学的基础理论,更为经得起检验。犯罪学中的因果关系研究需要将宏观因素作用于微观因素才能形成较为确定的、解释力较强的因果关系。

摘　要

犯罪学的核心是犯罪原因研究,关于犯罪因果关系的观点形成犯罪学的各种理论。其中,犯罪饱和理论和犯罪一般理论是犯罪学宏观研究和微观研究的代表性理论。二者都从因果关系上提出了基本理论框架,并以此解释分析犯罪现象。

中国犯罪学从犯罪原因研究,逐渐形成了多方面、多领域的丰富多彩的发展图景。宏观叙事的理论阐述不断涌现,也显露出初步形态,但还未能形成较为完整的、系统的本土理论叙事。所以中国的犯罪学研究需要创新发展,要在基础理论方面提出新的宏观理论框架,要能够解释宏观犯罪趋势的变化,理论框架中的相关因素要能起到宏观性的作用,而不是简单的微观数量的集合。

犯罪饱和理论提供了一种犯罪趋势研究的因果关系链分析框架,这种分析框架具有较强的适用性。在研究中国犯罪趋势时,从犯罪一般理论的理论起点出发,中国的社会交往关系还处于不断增加的过程中,各类促进人与人之间交往关系的因素还在不断增加,新型社会关系不断涌现,也造就了各种加害与被害关系不断增加的基础。

中国的犯罪趋势的变化不是由单一因素或几个因素决定的,而是由多个因素通过因果关系链的形式发生作用。并且由于经济社会等传导性因素发生作用具有滞后性,所以犯罪趋势的变化会需要更长的时间。在因果关系链条中,传导性因素还在倾向犯罪增加,那么犯罪趋势还会保持高发态势。本项研究的主要内容是整合各类引起犯罪的因素,分成控制性因素与影响性因素。

犯罪原因中的各种因素除了分为宏观、微观两大类因素以外,还可以分为影响性因素和控制性因素。在此分类的基础上,构建犯罪学宏观研究的理论框架,即各宏观因素的结构和相互关系。从影响性因素的角度、从宏观因素的角度,提出三组因素,这三组因素的基础状态构成了犯罪趋势的基本面,即自然条件—资源秉赋因素、人口总量—社会关系因素、经济发展—结构变动因素。三组因素之间的相互关系与犯罪现象之间的因果关系,构成了犯罪学研究的因果关系链,也由这三组因素之间的相互关系决定了犯罪趋势中犯罪总量的上限和波动范围。在这三组因素中资源的充足和稀缺程度,社会关系的多样复杂程度,经济总量和结构变动剧烈程度,及三组因素的相互关系,构成了犯罪宏观研究的理论框架。

简单的犯罪原因分析不能满足复杂犯罪现象的形成过程,各种因素的相互作用、传导过程和与犯罪现象之间的关系,通过分析形成多条犯罪因果关系链。经济增长、社会结构转型、文化变迁、家庭变化、心理因素都会形成与犯罪的因果关系链,这些链条中的传导性因素也愈发重要,传导性作用持续发挥使链条的效果日益明显。可能的因果关系链有:

经济快速发展→经济结构变化→经济组织形式变化→社会各类组织形式变化→社会结构变化→传统的社会控制体系瓦解→犯罪增加;

贫富差距加大→社会各类资源向富人集中→社会中各类规则和机会更倾向富人→穷人的机会与资源急剧减少→穷人对社会规则缺乏认同→犯罪增加;

中国城市化→改变原有乡村社会结构→原有乡村社会规范失去效用→大量农村人口涌入城市→对城市社会规范缺乏认同或无法融入→犯罪增加;

人口增加 + 人口流动性增强→各类社会资源分配的紧张关系 + 各类社

会规范缺失＋社会控制的效力下降→人与人之间、群体与群体之间矛盾冲突增加→犯罪增加；

家庭关系破裂或家庭关系不好（以离婚率、单亲家庭数量、父母长期不在一起居住等指标表现）→子女缺乏关爱或缺乏良好教育→心理畸形或不良行为增多或失去正常的社会控制（以辍学率、失学率、闲散青少年数量等指标表现）→犯罪增加。

当前中国犯罪趋势中的控制性因素已经不会再如以前那样极大改变犯罪趋势了，犯罪总量在达到历史新高以后会在这个高位上下稳定发展。这个高位可以视为以前的二十年中经济社会问题在犯罪这个现象中集中体现。根据因果关系链分析，由于此前经济社会因素的变化还在持续发挥着传导作用，各类经济社会发展和各类政策的连续性作用还在发挥。

在犯罪原因研究出现变化时，犯罪预防的策略也会出现转变。特别是犯罪预防的重心会因对犯罪原因的认识和研究重点的变迁而发生转移。基于因果关系链分析，防控体系的构建应当重点在基础因素的防控，切断传导性因素的传导路径，最大限度的预防犯罪发生。

关键词　犯罪学　犯罪原因　因果关系链　犯罪预防

Abstract

Criminology primarily focuses on the study of crime causes, with perspectives on causal relationships giving rise to diverse theories within the field. Notably, the crime saturation theory and the general theory of crime stand as emblematic macro and micro research frameworks in criminology. Both offer foundational theoretical frameworks rooted in causality, which they employ to elucidate and analyze criminal phenomena.

Chinese criminology has evolved a vibrant and multifaceted landscape from the study of criminal causes, encompassing various aspects and fields. Theoretical elaborations of macro narratives are continually emerging and manifesting initial forms, yet they have not developed into a comprehensive and systematic indigenous theoretical narrative. Therefore, Chinese criminological research requires innovative advancement, proposing novel macro theoretical frameworks in foundational theory that can account for changes in macro crime trends. The pertinent elements within the theoretical framework should exert a macro influence, rather than merely representing a collection of micro-level quantities.

The evolution of crime trends in China is not determined by a single or a few factors, but by multiple factors operating through a causal chain. Moreover, due to the delayed impact of economic and social factors, changes in crime trends may take longer to manifest. Within the causal chain, if the transmission factors continue to favor an increase in crime, the crime trend is likely to remain elevated. The primary focus of this study is to categorize the various factors contributing to crime into controlling and influencing factors.

In addition to macro and micro factors, crime-related causes can be further categorized into influencing and controlling factors. Building on this classification, a theoretical framework for macro-level criminology research is established, encompassing the structure and interplay of macro factors. From the perspectives of influencing and macro factors, three sets of factors are identified, whose baseline states form the foundation of crime trends: natural conditions and resource endowments, population size and social relationships, and economic development and structural shifts. The interplay among these three sets of factors, along with their causal relationships with criminal phenomena, forms the causal chain in criminology research. The upper limit and variability range of overall crime volume in trends are determined by the interrelationships among these sets. The degree of resource abundance and scarcity, the diversity and complexity of social relationships, and the intensity of economic growth and structural changes, along with their interplay, comprise the theoretical framework for macro-level crime research.

A mere analysis of the causes of crime falls short of explaining the formation of complex criminal phenomena, the interplay and transmission processes of various factors, and their relationships with criminal activities, giving rise to multiple causal chains through analysis. Economic growth, societal structural transformation, cultural shifts, family dynamics, and psychological factors all establish causal chains with crime, with the mediating factors within these chains gaining significance. The ongoing influence of these mediating factors enhances the clarity of the chain's effects. Possible causal chains include:

Rapid economic development → changes in economic structure → changes in economic organizational forms → changes in various social organizational forms → changes in social structure → disintegration of traditional social control systems → increase in crime;

The widening gap between the rich and the poor → various social resources are concentrated towards the rich → various rules and opportunities in society are more inclined towards the rich → opportunities and resources for the poor sharply decrease → poor people lack recognition of social rules → crime increases;

Urbanization in China → Changing the original rural social structure → Losing the effectiveness of the original rural social norms → Large influx of rural population into cities → Lack of recognition or integration into urban social norms → Increased crime;

Population increase + increased population mobility → tense distribution of various social resources + lack of various social norms + decreased effectiveness of social control → increased conflicts and contradictions between individuals and groups → increased crime;

Family relationship breakdown or poor family relationship (reflected by indicators such as divorce rate, number of single parent families, and parents not living together for a long time) → Lack of care or good education for children → Increased psychological abnormalities or bad behavior or loss of normal social control (reflected by indicators such as dropout rate, dropout rate, and number of idle teenagers) → Increased crime.

The controlling factors in the current crime trend in China will no longer significantly alter the trend as in the past, with the total volume of crime stabilizing at this elevated level after reaching a historical peak. This peak can be seen as a culmination of economic and social issues reflected in crime over the past two decades. According to causal chain analysis, as the effects of previous changes in economic and social factors continue to be felt, the ongoing impact of various socio-e-conomic developments and policies persists.

As research into the causes of crime evolves, so too do the strategies for crime prevention. In particular, the emphasis in crime prevention shifts with evolving understandings of causative factors and research priorities. Based on causal chain analysis, the design of the prevention and control system should primarily target foundational factors, sever the pathways of conductive factors, and minimize crime as much as possible.

Keywords   Criminology   Causes of Crime   Causal Relationship Chain Crime Prevention

目　录

绪　论

中国犯罪学发展到今天,在理论发展上和治理实践中都需要在犯罪学基础理论上实现突破。理论需求与治理需求的同时出现,为中国犯罪学基础理论创新突破提供了强大动力。自 20 世纪 80 年代中国犯罪学兴起,中国犯罪学基础理论一直在不断发展,逐渐形成理论体系和理论特色,但同时更大的理论问题也摆在新时代的中国犯罪学面前。中国犯罪学能否走出西方犯罪学的研究范式,形成具有中国特色的犯罪学基础理论,同时又能回应中国犯罪趋势变化对犯罪学的理论需求,成为当前中国犯罪学基础理论发展的两大主题。

一、问题与背景

经过多年的发展,中国的犯罪学研究取得了长足的发展。出现了多种不同流派的犯罪学研究团队或理论观点。犯罪学基础理论的本土化也取得了较大进展。"亚洲犯罪学"的理论范式的提出,标志着中国学者在基础理论创新方面的突破性探索。① 犯罪治理中的成就举世瞩目,各种犯罪防控方法不断丰富,防控体系日臻完善。同时,在理论研究和犯罪治理中,也出现了较为突出的问题。本项研究即是围绕这些问题展开。

(一)基础理论研究上的问题

首先,中国的犯罪学发展需要宏观理论突破。

中国的犯罪学者曾经提出的犯罪学理论本土化,犯罪学范式转型、亚洲犯罪学等都是在宏观理论上的积极探索,是为了回应犯罪趋势的变化和犯罪治理的发展。但中国与其他国家在研究犯罪趋势、犯罪原因和犯罪治理的共性和差异性几乎是同时、同程度地增长,用西方犯罪学的基础理论无法构建或者不足以构建中国的犯罪理论大厦。自 20 世纪 80 年代以来,中国犯罪学所形成的理论积累已经可以作为宏观理论创新的基础。犯罪学的本土知识与经验积累已经形成足够规模,并在各分支方向上形成了体系化的知识理论聚合效应。中国的犯罪学研究可以形成本土化的宏观叙事性的基础理论,而不是单单在某一方面不断完善,在小圈子里自圆其说。②

其次,在一般性理论(或者普遍性理论)方面,还没能形成中国的体系。

在犯罪学研究中,一直存在一种疑问,即普遍性理论或一般性理论是否存在。西方犯罪学在各种理论的交锋与论争中,犯罪一般理论逐渐清晰,构建了犯罪一般理论的基本框架。但这种犯罪一般理论的适用性却一直遭到置疑,或者说其解释力只限于西方发达国家,对于其他国家的犯罪情况则很难完全适用。再有,犯罪一般理论是对微观犯罪现象得出了因果关系的结

① 参见刘建宏:《亚洲犯罪学的新范式:关系主义理论》,《中国刑警学院学报》2019 年第 5 期。刘建宏教授是亚洲犯罪学范式的创立者,他提出,亚洲社会不但应该在经济上取得巨大成功,而且应该在文化上、知识上推进包括犯罪学在内的众多学科的发展。发展亚洲犯罪学的"三阶段"路线为:检验既有的西方犯罪学理论在亚洲语境下的适用性;修订相应的西方犯罪学理论,并将亚洲社会的特有文化纳入其中;提出基于亚洲社会的新概念和新理论。关系主义理论是遵循上述路线图的最新思想成果。关系主义是亚洲社会普遍具有的基本范式,它具有四个基本要素——依恋家庭和社区、看重荣誉、追求和谐、偏重整体思维。关系主义理论对于进一步推动亚洲犯罪学的发展及在"获取正义"等方面具有重要的指导意义。
② 参见王燕飞:《犯罪学基础理论研究导论——以国际化与本土化为线索》,武汉大学出版社 2010 年版,第 205 – 213 页。

论,在宏观分析上并没有更大突破,在一国或某一区域内的犯罪总量和犯罪趋势并不能用犯罪一般理论来解释,对犯罪治理的贡献也只是体现在微观层面上。

从西方犯罪学的发展史来看,犯罪学基础理论有着一个较为明显的演变过程。即从犯罪人学到犯罪现象学(犯罪行为),再到犯罪原因学,很多理论都是围绕犯罪现象与犯罪原因展开的;以此为基础,又延展出犯罪趋势研究、犯罪预防学,并整合成犯罪治理学。进入 21 世纪以后,各个分支学科理论都在不断丰富。由于技术进步和广泛应用,西方犯罪学同时又出现了回归犯罪人学的态势,并在分析新型犯罪形态中产生了新的犯罪现象学,这也在犯罪学理论体系中形成了一种循环更新。①

事实上,这些年中国犯罪学者的研究结果,对于是否存在一个客观规律或者一个普遍性的理论,或者说能用一种解释框架(或是一种因果关系),可以用来分析所有中国的犯罪行为一直都有相互对立的观点。很多理论用来分析同一国家不同时期的犯罪变化都较为乏力,解释力不强,更不用说形成犯罪一般理论了。对于中国这样一个地域面积、人口数量和经济总量都超大的国家,其犯罪学研究应当可以形成一种适用于中国的犯罪一般理论。

最后,在犯罪学中的因果关系分析上,中国的犯罪学研究还未能形成较为本土化的犯罪因果关系理论。目前犯罪学研究中大多运用的都是西方犯罪学的因果关系理论,或是以西方犯罪学因果关系理论为基础。犯罪因果关系理论关系到整个犯罪学基础理论体系的构建,但传统的犯罪学理论并不能容纳中国经济社会发展所形成的各种因果关系。这种犯罪因果关系理论直接关系到犯罪治理的模式和方法。

总之,中国的犯罪学研究需要在基础理论上形成突破,构建适合中国国情的理论框架,形成具有中国特色的理论体系。

(二)犯罪治理研究中的问题

犯罪作为一个社会问题,一定是蕴含在一定的经济社会结构当中,这种

---

① 参见吴宗宪:《西方犯罪学》,高等教育出版社 2023 年版,第 30 - 38 页。

结构既有推动犯罪发生的因素，也有遏制犯罪发生的因素，就看二者能否在经济社会运行中实现平衡。国家控制是犯罪治理的外在因素，国家控制与社会控制形成了一种互相影响的关系，但国家力量过于强大会使社会力量后退甚至削弱。二者的平衡关系成为另一组因素关系。这也使得在犯罪治理中会有路径选择或者治理重心。但目前的犯罪治理让许多人感到焦虑，是犯罪给人们带来的危害感受并没有因为犯罪治理的加强而有所减弱。而犯罪治理的重心也越来越集中在情景预防等技术防控方面，而社会预防出现了较多问题。

从研究的角度看，对犯罪原因的研究直接关系到犯罪治理。以往的犯罪原因研究较多地集中在中观和微观原因研究上，从最初的犯罪人研究到实证犯罪学研究，都是从微观犯罪人、微观犯罪原因入手，所形成的理论也就成为微观个例集合而成的微观理念集成，宏观理论上的突破较少，或者说没有由犯罪学理论本身形成突破，而是大量其他学科的宏观理论为犯罪学基础理论提供了支撑。这也让犯罪治理更倾向于被现实问题引导，在宏观战略和长远规划上，对犯罪治理的设计不足。[1] 宏观理论研究上的缺失就导致犯罪治理中的各种问题没有相应的战略性对策。在犯罪现象、犯罪原因和犯罪治理三者关系中，没能形成研究体的相互支撑，以致于犯罪治理研究未能充分回应现实需求。犯罪治理的理论与现实需求相脱节，这不能不说是犯罪学理论体系上的一大缺憾。

（三）治理实践中的趋势与需求

中国犯罪学在理论上的任何发展都要回应犯罪治理的现实需求。

自20世纪80年代针对犯罪高峰提出"综合治理"以后，在40余年犯罪治理的历程中，实务部门已经积累了足够多的实践经验，并且完成了技术上的代际进化。在经历过20世纪80年代的高增长、强治理、低增长，到再次高增长、再次强治理以后，中国的犯罪现象与犯罪治理进入了缓慢增长、趋势平

---

① 参见刘建宏：《犯罪功能论》，人民出版社2011年版，《避免历史的遗憾——发展犯罪功能研究的视角》（代序），第1页。

稳、结构变化的形态,犯罪治理也逐渐过渡到常态化治理与专项治理相结合的模式中。在这个过程中,犯罪学理论对犯罪趋势和犯罪治理都作出了回应,同步说、反比说、结构说等基础理论的观点都被提出,犯罪治理研究也形成社会治安综合治理的理论体系,并且专业防控、情境防控等理论对策体系也陆续提出。

数字化技术、互联网技术的应用,使犯罪学的知识与经验正在发生化学变化,各类知识与经验正在快速融合,并形成新的结论与应用。犯罪趋势也在经济社会等多重因素作用下发生了变化,犯罪现象并没有消失,而是在转化。传统犯罪正在转化为新型犯罪。犯罪学理论也必须对这种现象和趋势的变化作出回应。

既有的犯罪学分析框架似乎对这些变化反应不足,或者不愿意从原来的分析框架中跳出来。目前犯罪治理实践对理论研究有两方面需求,一是对犯罪趋势的变化进行理论解释,主要是对中国犯罪趋势中的高峰与平峰作出理论分析,相关因素的作用力如何发生作用,各类因素与犯罪趋势之间如何形成因果关系;二是对犯罪治理提出理论指导和对策方案,面对新的犯罪现象和犯罪趋势变化要提出治理战略和具体治理政策,形成完整的治理对策体系。

中国犯罪趋势的演变需要新的分析框架,需要将宏观因素的研究归入犯罪学研究的相关因素当中,而不仅仅是微观因素的集合。这其中就包括了经济与社会的制度变迁和结构转型,这是过去微观因素研究所不能体现的。新的分析框架既要解决理论问题,又要解决现实问题。

二、菲利的"遗产"

在犯罪学的基础理论中,特别是犯罪原因理论,一般都遵循着从个体到群体、再从群体到整体的研究思路或研究框架。这种研究框架其实是有一个基本假设,即群体是个体之和,社会整体是各群体之和,因此从个体研究出发的犯罪原因研究就成为犯罪学基础理论主要研究框架,并以此形成犯罪学的微观研究体系,从犯罪生物学、犯罪心理学和犯罪社会学等学科的理论特点就可以发现这种研究特征。但犯罪学研究并不止微观研究,著名犯罪学家恩里科·菲利对于犯罪学的贡献就是将犯罪学从微观研究带入宏观研究。传统的犯罪学研究中并没有对菲利的理论贡献给予充分的认识,也没有认识到菲利理论框架的重要意义。

(一)对菲利的"三因素"说的不同理解

对于恩里科·菲利的犯罪学说,众多的研究者有着不同的评论。这实际上就是如何认识菲利的理论学说的问题,即将菲利的理论学说视为一种理论分析框架,还是视为一种理论观点的表述。[①] 犯罪学界的一部分人对菲利的犯罪学说进行评价时就认为他只是提供一种解释框架,但也有人认为其重要的价值在于其观点本身,比如气候、地形对犯罪的影响,刑罚的替代性,等等。就菲利的犯罪学说的观点本身来看,他提出的"三因素"说(人类学因素、自然因素和社会因素)有其自身的问题。人类学因素主要是生理和心理因素,属于微观因素或微观因素的集合。这三种因素放在一起讨论实际上是宏观因素与微观因素的混和。经济社会因素放在一起,经济活动与社会活动混合作用,但随着经济与社会的各自发展出相应的体系,二者亦不能混同。但菲利看到了宏观因素的理论意义并应用到他的犯罪学说中,这是之前犯罪学家没有注意到的。所以三因素说是开创性的,但也是不完善的。在菲利那个时代具有理论的先进性,随着时代的发展,也有很多不适用的地方,但其理论框架和基本思路至今仍有借鉴意义。

菲利的犯罪学说的这种理论起点实际上就是犯罪原因分析,提炼出犯罪原因中最具基础性的因素,并且不是关注犯罪个体,而是从国家层面或者是国家范围的宏观视角界定这些基础性因素。菲利指出:"欧洲每个国家犯罪的一般增加,除了不同法典的人为因素之外,都是由其他原因决定的。各种

---

① 参见方桂荣、李超:《试谈菲利的犯罪原因论》,《法制与社会》,2007 年第 1 期。高晓莹:《菲利犯罪学思想判评》,《政法学刊》,1998 年第 1 期。杜微家:《菲利的犯罪学多因素理论——读菲利的《犯罪社会学》》,《犯罪与改造研究》,2020 年第 4 期。黄风:《关于菲利及其刑法思想的几点探讨》,《法学评论》,1985 年第 3 期。郭建安:《菲利及其犯罪学思想》,《公安大学学报》,1988 年第 4 期。

自然和社会环境中最一般和最持久的原因是每个国家的人口每年都在增长，再加上人口密集，使得人们相互之间的实际的和法律的联系增多，结果便增加了犯罪的主观和客观因素。"①这里就揭示了犯罪原因中最为基础的因素是人口和因人口聚集而不断增加的人与人之间的相互关系。犯罪从社会关系的角度看，就是人与人之间形成了加害与被害的关系。因此，决定犯罪产生的基础因素是人与人之间的社会关系，社会关系的数量决定着犯罪的数量。只有社会关系的不断增加，才会导致犯罪的增加。进一步说，人们的交往关系不断增加，犯罪就会增加。促进社会交往的因素不断增加，犯罪也会随之增加。

作为宏观理论的犯罪饱和理论，从提出之时就具有划时代的意义。它为理解犯罪发展的宏观趋势提供了重要的解释框架，也就是在分析相关因素结构的基础上，对于犯罪总量及其变化趋势是可以认识和解释的。这就跳出了微观因素集合的分析模式。

(二)犯罪饱和理论的因果关系分析框架

犯罪饱和理论作为一种犯罪一般理论为犯罪趋势研究提供了因果关系链分析框架，或者说是一种因果关系链的分析方法。犯罪饱和理论使犯罪原因研究、犯罪学研究实现了由微观层面向宏观层面的跃升，这种跃升使犯罪趋势研究完全进入了犯罪学研究的范畴，并且使犯罪原因研究与犯罪趋势研究科学地结合在一起。

菲利提出的犯罪饱和理论指出了犯罪趋势发展的态势，指出了在一个社会里犯罪将发展到何种程度。他认为，每一个国家客观上存在促使犯罪产生和变化的这些因素，但是这些因素又是不断变化的，这些因素的变化将引起犯罪现象的变化。"每一个社会都有其应有的犯罪，这些犯罪是由于自然及社会条件引起的，其质和量是与每一个社会集体的发展相适应的。"②"自然的

---

① ［意］恩里克·菲利：《犯罪社会学》，郭建安译，中国人民公安大学出版社 2004 年版，第 161 页。
② 参见［意］恩里克·菲利：《实证派犯罪学》，郭建安译，中国人民公安大学出版社 2004 年版，第 55 页、第 183－184 页。

和社会的环境,借助于行为人先天遗传的和后天获得的个性倾向及其他偶然的刺激,必然决定一个国家某一时期的犯罪在质和量上的程度。"①菲利的犯罪饱和理论虽然不完美,但其提供了一种分析框架,是一种开放的理论体系。促使犯罪产生和变化的因素,可以不断丰富发展这种理论体系,

(三)犯罪原因与犯罪产生之间的内在关系链

菲利认为,犯罪的自然根源就在于三类原因即人类学因素(生理及心理因素)、自然因素和社会因素的相互作用和结合。② 无论哪种犯罪,从最轻微的到最残忍的,都不外乎是犯罪者的生理状态,其所处的自然条件和其出生、生活或工作的社会环境三种因素相互作用的结果。如果在一开始就将这三种原因分开,那是徒劳的。③ 菲利把犯罪的周期性变化主要归咎于社会因素的影响。他所研究的国家中有一个最显著的一般现象,就是最严重的犯罪稳定不变,比较轻微的犯罪持续增长。最严重的犯罪都是侵犯人身性质的犯罪,往往是天生犯罪人和精神病犯罪人从事的,受社会因素的影响不大;而轻微犯罪都是侵犯财产性质的犯罪,多为偶犯所为,受社会环境的影响较大。④菲利认为,真正的犯罪饱和法则是指一定的自然和社会环境与犯罪数量之间成比例,犯罪的数量随着环境的变化而变化,犯罪统计绝不会一年又一年地保持一个标准。这里存在的是一种动态而不是静态的规律性。因此可以得出一个结论,那就是犯罪现象并不是宿命的或人类命中注定的不可改变的命运,只不过是由其原因决定的,通过改变其原因的活动可以改变原因的结果。⑤

三、运用基本因果关系链分析犯罪趋势

中国犯罪学从犯罪原因研究,逐渐形成了多方面、多领域的丰富多彩的

---

① [意]恩里克·菲利:《实证派犯罪学》,郭建安译,中国人民公安大学出版社2004年版,第216页。
② [意]恩里克·菲利:《实证派犯罪学》,郭建安译,中国人民公安大学出版社2004年版,第170页。
③ [意]恩里克·菲利:《实证派犯罪学》,郭建安译,中国人民公安大学出版社2004年版,第159页。
④ [意]恩里克·菲利:《犯罪社会学》,郭建安译,中国人民公安大学出版社2004年版,第151－153页。
⑤ [意]恩里克·菲利:《犯罪社会学》,郭建安译,中国人民公安大学出版社2004年版,第167页。

发展图景。宏观叙事的理论阐述不断涌现,也显露出初步形态,但还未能形成较为完整的、系统的本土理论叙事。所以中国的犯罪学研究需要创新发展,要在基础理论方面提出新的宏观理论框架,而不是人云亦云,要能够解释宏观犯罪趋势的变化,理论框架中的相关因素要能起到宏观性的作用,而不是简单的微观数量的集合。

从犯罪宏观理论的角度看,犯罪饱和理论提供了一种犯罪趋势研究的因果关系链分析框架,这种分析框架具有较强的适用性。在研究中国犯罪趋势时,从犯罪一般理论的理论起点出发,中国的社会交往关系还处于不断增加的过程中,各类促进人与人之间交往关系的因素还在不断增加,新型社会关系不断涌现,也就造就了各种加害与被害关系不断增加的基础。所以,犯罪仍然是不断增长的态势。

（一）社会因素的作用仍在日益加大,犯罪还未饱和

从犯罪原因的三类因素上看,社会因素的作用在逐渐增大,人的行为更多的要受到社会因素的影响。甚至可以这样说,社会因素决定了人的行为,人们也更多地关注社会的发展和各类社会资源。这就会产生更多的社会冲突,也会促使更多的犯罪行为产生。

首先,中国社会活动的量与质都在迅速增长。由于经济发展和城镇化,人与人的社会交往范围还在不断扩大。十几年前,人们的手机通讯录里只有二十几位联系人,而现在却基本上都有几百位"微信好友",数不清的微信群。人们在多样化的社会生活中扮演多样化的社会角色,这就形成多样化、复杂化的社会交往关系。这样的社会关系状态就更容易产生冲突与伤害,更容易形成加害与被害关系。

其次,社会活动的规则日益增多和复杂,公共规则愈发增多。随着社会交往的迅猛增加,社会公共领域也在迅速膨胀,人们需要更多的公共空间,也需要更多的公共规则。当这些规则被破坏时,人们会支持动用刑罚来惩罚这些行为。犯罪化问题就变得空前热烈,刑法的扩张与突进压过了谦抑性原则,罪名不断增加、各类违法行为入刑都使一些破坏公共规则的行为成为犯

罪行为。

（二）抑制犯罪的因素并没有明显改变

从犯罪防控的角度来看,起到犯罪防控作用的各类因素并没有明显的变化。当犯罪防控成为一项政府的工作,并纳入考核目标时,政府采取了更多的监控措施,以提高打击犯罪的破案率。但这种犯罪防控仍属于一种"情境预防",它的作用是实现了犯罪的空间转移,即减少犯罪在这个区域内发生,但会在其他区域内发生。而在社会领域,家庭、学校和社区等预防犯罪的因素在这十几年中并没有发挥更进一步的作用,相反的,家庭问题、学校教育问题、社区生活问题成了生成犯罪的条件和土壤。

（三）犯罪趋势变化的不确定因素在增加

在未来中国还有一些不确定因素,将会拉高犯罪增加的因素。主要是高科技因素,特别是移动互联网的发展。当专家们还在为互联网犯罪而头疼时,人工智能时代又到来了。这使得传统类型的犯罪都可能运用上高科技手段。过于分散的、不确定的被害人群体和非常隐蔽的犯罪行为,都使得防控传统街头犯罪的手段失去效用。因此,未来中国还将面对以高科技为主的确定因素,这些因素也将深度改变人们的社会生活方式,同时也将影响犯罪的发生和犯罪类型。

总之,从犯罪饱和理论的角度看,中国社会的犯罪还未达到饱和状态,促使犯罪增加的因素还在不断出现,激发犯罪的能量还在释放。因此,在犯罪趋势上,中国的犯罪仍将处于增长趋势中,并持续相当长的时间才会稳定。

四、理论创新的尝试

在犯罪学的研究中,犯罪原因的研究一直是重要的组成部分,西方犯罪学家从不同的视角、用不同的方法来分析犯罪原因,也因此在犯罪学发展史上产生了不同的犯罪学理论。犯罪人类学从人的生理特征来分析犯罪原因,犯罪社会学从人的家庭、社区环境,从社会发展变迁,从宏观经济变化来分析犯罪原因,犯罪心理学从犯罪人的心理特征来分析犯罪原因,这些研究对犯罪原因的分析丰富了犯罪学研究,也同时带来了新的问题,并形成了犯罪原因学这一分支学科。传统的犯罪原因学由单因素向多因素发展,并且针对犯罪原因的犯罪控制也逐渐发展为犯罪预防学。无论是单因素还是多因素分析,西方犯罪学理论中始终将犯罪原因与犯罪现象解释为一种简单的直线式的因果关系。对于各个因素之间的相互关系做过一些研究,但未能提出令人信服的理论解释。多元因素的犯罪学理论也并未继续向前发展。

　　面对中国犯罪总量不断增长的情况,中国的犯罪学家也给出了不同犯罪原因的分析和解释,经济增长、社会转型、文化变迁,以及家庭、教育等各个方面的变化和问题都会引起犯罪的增加。这些因素之间存在多种联系,并且作用方式各不相同。进入 21 世纪以后,中国的犯罪高发趋势进一步发展。在过去的十年中,各类社会问题的集中暴发又成为引发犯罪数量继续快速增加的直接原因。遏制犯罪、控制犯罪、预防犯罪的力量虽然也在增加,但远没有促使犯罪增长的因素增加那么多。中国还将保持犯罪高发的态势。中国犯罪学理论的发展有赖于犯罪原因的研究,犯罪原因方面的研究目前是困扰中国犯罪学基础理论发展的重要因素。

　　近年来,关于中国犯罪状况的趋势预测的论文渐渐多起来,特别是对下一个五年或十年周期的犯罪趋势预测,大多数分析预测的结果都是倾向中国正处于犯罪高发的阶段,犯罪数量在未来几年将维持在每年 500 万件以上。对犯罪趋势进行预测的同时,也对犯罪趋势发展变化的原因进行了诸多分析。这其中既有单因素分析,如分析收入差距、流动人口、城市化等因素对犯罪数量增长的作用;也有多因素分析如分析国民教育、家庭变化、社会结构等诸因素相互作用影响犯罪趋势变化。这些分析研究都对未来中国犯罪趋势做出了一种判断,为社会治安防控政策调整提供了多种思路。对每一种能够引起犯罪增加的因素的分析,都丰富了犯罪原因的研究,但同时也带来另一方面的问题。某一类因素的变化与犯罪增加都有一致性,那么就会产生各种因素同步在引起犯罪增加,那么因果关系就会很模糊,这也使所提出的理论观点的解释力下降,单一的因素分析也会使犯罪研究简单化、直线化,而对实践的指导意义也会随之下降。由此产生的犯罪预防措施也就会不分重点、各处实施,而实际效果并不理想。

本项研究对犯罪原因的研究进行综合分析,提出了犯罪原因分析的因果关系链分析框架,用这个框架构建了几个主要的因果关系链,用以解释中国犯罪趋势变化。同时,在犯罪治理和犯罪预防方面,提出了控制和预防犯罪的另一种思路和方法。解决当前经济社会发展中存在的问题,化解各类社会矛盾既是为当前的社会稳定,更是为了未来五年、十年以后的社会治安状况。现在的改变意味着将来的收获。针对贫富差距过大、人口流动、城市化、家庭关系等问题所制定的促进社会和谐的政策将会在未来显现作用。因果关系链的研究为犯罪预测和犯罪预防提供了一种新的分析方法,为犯罪防控体系构建提出了新的设计方案。

五、研究思路与框架结构

本项研究旨在将过去的犯罪原因研究向前推进,将单一因素分析演变为链条式分析,通过重视其中的传导性因素而改变过去犯罪原因与犯罪现象之间的直线性因果关系分析,发现内在的传导性机制,从而对犯罪预测与犯罪预防提供新的思路与对策。

(一)研究思路

本项研究的研究思路是:中国的犯罪趋势的变化不是由单一因素或几个因素决定的,而是由多个因素通过因果关系链的形式发生作用。并且由于经济社会等传导性因素发生作用具有滞后性,所以犯罪趋势的变化会需要更长的时间。在因果关系链条中,传导性因素还在倾向犯罪增加,那么犯罪趋势还会保持高发态势。本项研究的主要内容是整合各类引起犯罪的因素,分成控制性因素与影响性因素。通过分析形成多条犯罪因果关系链。经济增长、社会结构转型、文化变迁、家庭变化、心理因素都会形成与犯罪的因果关系链,这些链条中的传导性因素也愈发重要,传导性作用持续发挥使链条的效果日益明显。可能的因果关系链有:

经济快速发展→经济结构变化→经济组织形式变化→社会各类组织形式变化→社会结构变化→传统的社会控制体系瓦解→犯罪增加；

贫富差距加大→社会各类资源向富人集中→社会中各类规则和机会更倾向富人→穷人的机会与资源急剧减少→穷人对社会规则缺乏认同→犯罪增加；

中国城市化→改变原有乡村社会结构→原有乡村社会规范失去效用→大量农村人口涌入城市→对城市社会规范缺乏认同或无法融入→犯罪增加；

人口增加＋人口流动性增强→各类社会资源分配的紧张关系＋各类社会规范缺失＋社会控制的效力下降→人与人之间、群体与群体之间矛盾冲突增加→犯罪增加；

家庭关系破裂或家庭关系不好（以离婚率、单亲家庭数量、父母长期不在一起居住等指标表现）→子女缺乏关爱或缺乏良好教育→心理畸形或不良行为增多或失去正常的社会控制（以辍学率、失学率、闲散青少年数量等指标表现）→犯罪增加；

当前中国犯罪趋势中的控制性因素已经不会再如以前那样极大改变犯罪趋势了，犯罪总量在 2009 年达到历史新高以后会在这个高位上下稳定发展。这个高位可以视为以前的二十几年中经济社会问题在犯罪这个现象中集中体现。由于此前经济社会因素的变化还在持续发挥着传导作用，各类经济社会发展和各类政策还在发挥连续性作用。中国社会正处在转型期，其效应短期内不会释放完毕，社会转型远未完成，所以引发犯罪数量增长的能量还在持续积累，这将引起下一个二十年周期犯罪数量的持续增加，并会达到一个新的高峰。经济社会因素所发生的变化，在二十年中已经传导给社会中每一个普通家庭和每个人，其传导效应会在下一个二十年中显现出来。基于因果关系链分析，防控体系的构建应当重点在基础因素的防控，切断传导性因素的传导路径，最大限度的预防犯罪发生。

本项研究主要采取文献研究法和比较研究法。通过梳理大量关于犯罪原因研究的专著、论文，找到导致犯罪产生的各类原因，并将其归纳整理，形成各类因素的因果关系链。通过各类不同因素的比较研究，发现导致犯罪发生的主要原因、诱发原因等因素，这些因素各自的作用以及在因果关系链中的作用。通过比较可以发现不同的犯罪学理论在犯罪原因研究上的共同点与差异点，从而为犯罪学中的因果关系链研究找到依据。

（二）框架结构

本项研究共分为十一个部分。

前半段是犯罪学因果关系链的理论阐述。首先是绪论，主要是对犯罪学中的因果关系做概念分析，对因果关系链进行定义；犯罪原因研究的文献综述，对国内外犯罪学研究中犯罪原因的研究成果进行梳理，整理出主要观点以及研究中存在的问题，目前在该领域争论的焦点问题，研究的意义。第一章是阐述犯罪原因理论作为犯罪学基础理论。第二章是探讨犯罪现象与犯罪原因作为犯罪学研究对象的争论，也涉及阐述犯罪原因的研究历程，阐述犯罪学研究中犯罪原因研究的演变过程，不断深入、不断分散又逐渐整合，犯罪原因学成为犯罪学的一个分支，为犯罪预防与犯罪治理提供了重要的理论与现实依据。第三章是介绍犯罪一般理论与基本因果关系链，提出犯罪学中因果关系链研究的基本原理，包括犯罪学中的因果关系模式，因果关系链的结构与构成方式，因果关系链研究的基本方法。

后半段是因果关系链理论框架的具体应用。第四章是因果关系链研究对犯罪趋势分析的具体应用。第五章是对青少年犯罪进行因果关系链研究。第六章是因果关系链犯罪社会学中的应用。第七章是因果关系链理论对犯罪治理体系的分析。第八章是因果关系链对犯罪预防重心变化的分析。最后一部分是结论。另外，还有一个附件，是对过去发表的一篇论文添加了许多新的注释，对之前的理论观点作进一步阐释、说附和提升，称为"旧文新注"。

第一章
犯罪原因研究与犯罪学基础理论发展

犯罪原因研究是犯罪学研究的基础与核心。犯罪原因研究形成的理论可以称为犯罪原因论。犯罪原因论在犯罪学理论体系中占有核心的地位，它与犯罪学的所有理论都紧密相关，决定并影响犯罪学的其他理论，是整个犯罪学理论体系的出发点和基础。各种犯罪学理论学派的不同观点，都是由犯罪原因论的不同内容和结构决定的。狭义的犯罪学就是研究犯罪原因的科学。犯罪原因论是各种不同犯罪学理论的分水岭，不同刑事政策的根源，在理论和实践上都具有极其重要的意义。[①] 中国犯罪学基础理论的发展正是以犯罪原因研究以起点和基石，不断演化、完善，形成了中国犯罪学的理论体系。

一、犯罪原因研究及其意义

（一）犯罪学的基本问题与犯罪原因

在西方犯罪学几百年的发展历史中，产生各种各样的犯罪学理论，但都没有离开犯罪学的基本问题，众多的理论家，甚至哲学家，都对犯罪学的基本

---

① 王牧主编:《犯罪学论丛》,中国检察出版社 2003 年版,第 36 页。原载于《吉林大学社会科学学报》1991 年第 4 期。

问题进行过探讨。因为犯罪原因问题是犯罪学的基本问题。①

犯罪原因问题是研究导致犯罪发生的诸多因素与犯罪结果、犯罪现象之间的关系问题。简单地说,就是研究什么因素导致犯罪发生,是怎样导致犯罪发生的。从犯罪学理论发展的历史来看,各种理论观点都在不同程度地回答着犯罪学基本问题,也就是犯罪原因问题。笼统地看,所有理论观点都是在回答犯罪原因问题,但由于角度的不同和研究方法的不同,在回答犯罪学基本问题时又派生出另一些犯罪学的问题,可以称为犯罪学派生问题。

1.犯罪学基本问题。对犯罪原因的研究实质上要在回答一些犯罪学的基本问题:人为什么会犯罪? 同一社会中,为什么一部分人犯罪,而另一部分人不犯罪? 这可以视为关于犯罪原因的一个基本问题。古典犯罪学理论大都在回答这一基本问题。但随着犯罪学理论的不断发展,仅仅回答这一问题已经不够,于是又派生出如下犯罪学基本问题。

2.犯罪学基本问题之派生问题一:为什么人会在某个时期或某种条件下会犯罪,而在另一个时期或另一种条件下就不会犯罪? 这是随着西方国家经济社会转型而导致犯罪迅速增加而提出的问题,同一个人当经济社会条件变化了,发生犯罪行为的可能性就大大增加了,这其中的原因是什么? 对这个问题的回答而产生的各种理论观点可以说确立了现代犯罪学的理论体系。

3.犯罪学基本问题之派生问题二:为什么某些国家犯罪高发,而某些国家的犯罪很少? 为什么某些国家的犯罪趋势呈现波浪式起伏,而有些国家的犯罪则持续增长? 这是犯罪学发展的又一个新阶段,在全球化背景下,使用比较研究的方法,来解释一个国家犯罪趋势变化的原因。这也成为犯罪学发展

---

① 众多理论家与哲学家的论述可参见官国权:《犯罪原因论的变迁与我国犯罪预防之应对》,《武夷学院学报》,2011 年第 6 期。原文是:犯罪原因问题是犯罪学上的基本问题,更是法哲学上久经不息的探讨焦点。众多的法哲学家们都在各自的代表著作中述及有关罪因的观点。如苏格拉底认为相由心生,面貌丑陋怪异者为罪犯;柏拉图认为后天不良的教育和不良的环境因素与是导致犯罪的关键;亚里士多德则认为犯罪源于人性本恶;莫尔则归罪于社会与私有制的存在;霍布斯认为一切罪行都源于无知、谬误,来源于仇恨、淫欲和贪婪等七情六欲;奥古斯丁认为圣经所载的"原罪说"是人类犯罪之始;孟德斯鸠认为犯罪与国家专制制度的弊端相关,还深受地理环境等因素的影响。

的又一个新领域,即此国的犯罪原因分析能否适用彼国,此国的犯罪防控措施能否适用彼国。犯罪原因研究也因此涉及了政治、经济、社会等诸因素的比较研究。①

通过学术研究回答这些问题中的一个或几个问题,就构成了犯罪学中的犯罪原因研究,其主要功能是对犯罪现象进行一种因果关系的解释,使人们能够更好地认识犯罪,为采取有效的犯罪防控措施提供支撑。

(二)犯罪原因研究与犯罪学理论的解释力

犯罪原因研究的重要功能之一就是对犯罪现象进行解释。解释力的大小是各种理论生命力大小的核心标准。犯罪原因论是犯罪学的基础理论,因此其理论观点对犯罪现象的解释力就关系到犯罪学基础理论的解释力。

一般来说,某种理论解释力的大小可以关注以下几个因素:

1. 一种理论的解释力要经过长时间的检验。一种理论在学术界被关注的时间越长,其解释力也越强。比如经济条件等诸因素如何产生犯罪,不同时期的相互关系能否相互印证。

2. 解释力的大小还与适用的地域相关。适用的越广,理论的解释力越强,同时也要注意,大国经验特别值得重视。一种理论如果在某大国得到适用,其解释力也是相当大的。

3. 一种理论的解释力会随着经济社会条件的变化而变化,但总是被人们关注。可能曾经热门的理论会被冷落,但经过了一定的时期又会焕发新的生命力。如社会解组理论、紧张理论等都曾被冷落,但经过一段时期,经过其他学者的改造又重新获得强大的解释力。②

分析犯罪学的理论解释力能够帮助我们增强理论的辨析度,我们可能不

---

① 当然还有为什么犯罪人会重新犯罪,这引出了重新犯罪研究。还有为什么犯罪的对象是这些人,也就是犯罪被害人,这导致了犯罪被害人学的产生。这些由基本问题引发出来的派生问题都使犯罪学产生了一片新领域。

② 有关对各种犯罪学理论解释力评价的论述可参见[美]乔治·B. 沃尔德、托马斯·J. 伯纳德、杰弗里·B. 斯奈普斯:《理论犯罪学》(原书第 5 版),方鹏译,中国政法大学出版社 2005 年版,第 122 - 123 页,第 169 页,第 170 - 172 页。

知道什么是正确的,但必须清楚什么是错误的。

(三)犯罪原因研究与犯罪学基础理论

在犯罪学的理论体系中,犯罪原因研究无疑占有重要地位。一种犯罪学理论的提出,往往是从犯罪原因研究开始。一种犯罪原因研究的学说,如经济条件说、家庭环境说、交往学习论等,都成为一种犯罪学理论的基础,并成为理论特色,对某一方面的犯罪原因具有相当的解释力。中国犯罪学者提出的犯罪原因理论主要有:犯罪源流论、犯罪原因作用场、需要失控说、社会控制失调说、主要矛盾决定论、犯罪与经济发展同步增长论、综合动因论、多种消极因素综合论等。这些都是中国犯罪学研究中重要的基础理论,并直接带来中国犯罪学前20年的繁荣。所以,犯罪原因研究对于犯罪学基础理论是一种核心动力,犯罪原因研究的不断深入推动着犯罪学基础理论的发展。

二、20世纪80年代与90年代的犯罪原因研究

中国的犯罪学重新兴起于改革开放以后,在20世纪80年代中国的犯罪学研究重新起步。这一时期的中国犯罪原因研究重点在于梳理基本概念,提出基本观点,达成学术共识。

(一)这一时期犯罪原因研究的基本特点

从20世纪80年代开始到90年代末,关于犯罪原因的研究虽然有些散乱,但也取得了很大成绩。这与我国犯罪学研究刚刚起步有很大关系。从近20年的研究成果来看,取得以下研究进展,并在学术界形成了一定的共识。

1. 对犯罪原因的概念进行了梳理。通过研究与讨论,摆脱了过去笼统的犯罪原因的概念,将犯罪原因的界定准确化、精细化。将犯罪产生的根源、犯罪原因、犯罪情境、犯罪诱因等概念进行了一一梳理和区分。将犯罪原因研究界定在犯罪发生的基本原因和直接原因上,将犯罪产生的根源、犯罪情境

等概念内涵剥离出犯罪原因的概念。① 这使犯罪原因研究更加科学化和精细化,使研究更加专注于产生犯罪的各类因素,而不是陷入犯罪产生根源的哲学上探讨。这种对基本概念的争论是中国犯罪学重新起步的基石。

2.从单因素研究转变为多因素研究。单因素研究曾经在犯罪学研究中非常流行,研究者试图找到一个产生犯罪的因素,控制了这个因素就可以减少或消除犯罪。这种犯罪原因的研究方法曾经非常流行,并且仍然是某些犯罪原因研究的基础。在 20 世纪 80 年代开始兴起的中国犯罪学正是从犯罪原因的单因素分析开始起步的。那时的单因素研究也是从较为笼统的方面入手的,如认为人的欲望、精神污染、阶级斗争、工业化等某一方面的因素是造成中国犯罪增加的原因。② 这些研究是中国犯罪学研究起步阶段的研究成果,在一定程度上显得有些简单化,但正是这些单因素研究细化了某个因素的内部分析,同时也从哲学意义上的探讨剥离出来,这为以后的犯罪原因研究的科学化奠定的基础。

进入 20 世纪 80 年代后期和 20 世纪 90 年代,单因素研究逐渐显出了其自身的问题,多因素研究开始兴起。在学术界也形成共识,犯罪并不是由某

---

① 比较有代表性的是王牧对犯罪原因基本范畴的研究。他将犯罪原因分为犯罪基本原因、犯罪直接原因、犯罪条件、犯罪诱因。犯罪基本原因一般是指与一个社会的生产关系和上层建筑方面有直接联系的产生犯罪的原因。这在不同的社会里,它的内容是不同的,例如社会政治、经济制度以及与此相联系的其他方面的一些问题等。犯罪直接原因一般是指与人们生活有直接联系的政治、经济、文化、道德等社会环境方面产生犯罪的原因。它是犯罪产生的更深层次的原因,直接决定犯罪的产生。一个社会里近期犯罪动态的变化,一般是与犯罪直接原因联系更大一些。犯罪条件指使犯罪产生成为可能的环境和影响等各种因素。它对犯罪的产生的影响力性质与犯罪原因不同,原因是决定性的,而条件是可能性的。除此之外,犯罪条件对犯罪产生的影响几乎与犯罪直接原因没有大的差别。从预防和控制近期犯罪发生来看,解决犯罪直接原因和条件问题有着直接和迅速的效果,而且可操作性也大。犯罪诱因是指与作出实施犯罪决定有关的外部影响或直接挑起的因素。它们可能是挑拨、劝说、唆使、刺激等行为,也可能是各种其他的事件,甚至也包括进行犯罪的一些方便条件。实际上,从犯罪诱因的性质上看,它是具有某些特殊性的实施犯罪的条件,所以有时还叫作犯罪助因。这些论述已经从犯罪原因分析等同于犯罪根源分析,也就是犯罪产生于阶级斗争的分析中跳了出来,摆脱哲学意义上的探讨,进入了犯罪原因的科学性研究。参见王牧:《犯罪原因论概述——兼论犯罪学的基本范畴》,《吉林大学社会科学学报》1991年第 4 期。

② 参见陈谦信:《单因素・多因素・层次系统——中国犯罪原因研究层次 30 年之述评》,《湖南公安高等专科学校学报》2010 年第 2 期。

个单一因素造成的。多因素研究逐渐成为犯罪原因研究的主流,但也要注意不能否定单因素研究的重要意义,时至今日,单因素研究仍然有其存在的价值和地位。①

3. 研究方法从思辨研究开始向实证研究转变。由于传统研究方法的巨大影响力,中国犯罪学研究在起步阶段以思辨研究为主,各种理论上的推导和演绎成为犯罪原因研究的主要方法。随着西方犯罪学特别是实证派犯罪学研究方法的传入,在研究方法上也逐渐认识到思辨研究的弱点。在犯罪原因研究上,思辨方法更是在因果关系的确定上具有天生的缺陷,因此,实证研究方法在 20 世纪 90 年代开始被人们逐渐重视起来。重视研究方法开始于对传统研究方法的批判,在批判中,各种研究方法的优缺点都被暴露出来,也便于学者们在犯罪原因研究中进行选择。有学者指出,回溯中国当代犯罪学的发展历程不难发现,围绕犯罪学与实证研究显示了一条从主张思辨到提出实证研究,从提出实证研究到论证思辨与实证研究的关系,再从部分地接受实证研究到批判实证研究应用状况的轨迹。虽然其中不乏学者们个人的学术立场、思维方式、研究经验甚至是学术情感,但这一轨迹对中国当代犯罪学研究

---

① 有学者认为,即使在今天,很多学者也努力探讨某种因素或者某几种因素引起犯罪行为的具体机制,研究这些因素到底是如何引起犯罪行为的,对犯罪行为的作用到底有多大等。从历史唯物主义的观点来看,没有先前的犯罪原因单因素理论,就不可能有后来的犯罪原因多因素理论、犯罪原因层次系统论。但这种偏重具体因素与犯罪行为关系的研究,有可能发生"只见树木,不见森林"的偏向,难以阐明某种或者某几种犯罪原因因素在引起犯罪行为中所起的实际作用的大小。事实上,无论是个体犯罪现象还是群体犯罪现象,都不存在一个唯一决定性的原因。参见:陈谦信:《单因素·多因素·层次系统——中国犯罪原因研究层次 30 年之述评》,《湖南公安高等专科学校学报》2010 年第 2 期。

在自主发展的基础上融入世界犯罪学共同体具有重要意义。①

4. 介绍国外的犯罪原因研究理论较为丰富,并形成了研究西方犯罪理论的成果集合。这一时期广泛吸收、借鉴西方犯罪学的研究成果是中国犯罪学研究的一个重要组成部分。《西方犯罪学》和《西方犯罪学理论》这样的专著书籍逐渐增多。最具代表性的是《西方犯罪学史》(吴宗宪著,警官教育出版社,1997 年版)的出版,较为系统地介绍了西方犯罪学理论的发展历程与具体内容。这一时期,对西方犯罪原因研究的理论观点以介绍、传播、学习、借鉴为主,具体分析、批判和深入研究较少。这使得照抄照搬西方理论的情况不断出现,甚至误导了犯罪防控的实践。有学者指出,对域外尤其是西方犯罪学的理论知识是以西方研究者所在的国家或地区为对象、并通过特定对象建构的,既包含了普遍性,又包含了大量的特殊性、个别性、偶然性,从而不具有普适性。目前我国犯罪学界在对待西方犯罪学理论的态度上过于轻率,将其奉为"放之四海而皆准"的真理,往往进行无社会背景的分析,停留在解说层面,甚至生硬地照搬或简单地套用,结果谬误迭出。个中原因便是缺乏对西方犯罪学理论知识进行批判性的质疑。②

5. 这 20 年的研究提出了一些新问题,为将来犯罪原因研究做了一些铺垫。在犯罪原因研究的过程中,发现中国犯罪学的基本概念、基本范畴还有

---

① 参见王志强:《论中国当代犯罪学的实证研究及其科学实证逻辑》,《中国人民公安大学学报》(社会科学版),2012 年第 4 期。另外,在同一篇文章中还指出,对于西方社会犯罪学的发展,美国学者将其划分为原始、自信和转型三个阶段……,如果可以将我国近年来犯罪学界对研究方法的批判视为犯罪学研究自觉性的表现,那么,在信息全球化时代,中国当代犯罪学研究的自主发展在犯罪学共同体中将不亚于西方社会。因为,中国当代犯罪学研究的自觉周期较西方社会缩短了大约三分之二,具体讲,在西方社会,以研究方法为标志之一的原始阶段和自信阶段的犯罪学研究均持续了一个世纪左右,但在我国现阶段,关于研究方法的自觉批判至今只是三十余年。但笔者认为,单凭中国犯罪学界对研究方法的自觉批判还不足以支持中国犯罪学的自主发展将不亚于西方社会,问题在于这种自觉批判并未真正转化为犯罪学具体问题研究中的理论发展和相关成果积累,更不用说在实际应用层面了。在犯罪原因的研究上也是如此,也只是在近几年才看到犯罪原因的实证研究逐渐多了起来,对因果关系以实证研究方法进行检验仍然只是一小部分学者所坚持的。最近十年中国犯罪学基础理论发展缓慢也可以作为一种佐证。
② 参见王燕飞:《我国犯罪学本土发展的实质内涵》,《河南警察学院学报》,2012 年第 2 期。有关对引进、学习西方犯罪学理论的评论还可参见王燕飞:《犯罪研究方法论与犯罪学的发展——读〈宏微之际:犯罪研究的视界〉的思考》,《青少年犯罪研究》,2005 年第 2 期。

许多不够清晰的地方,在基础理论方面还需要不断推进。无论是在犯罪原因还是犯罪现象,或是犯罪对策的研究中,中国犯罪学都还缺乏一些能够牢固地支撑其理论体系的概念。因此,加强对犯罪学基础理论的研究与开拓,确立一系列基本概念和范畴,并对这些概念和范畴之间的联系作出分析,是21世纪中国犯罪学界面临的重要任务。直至目前,犯罪原因研究方面的不足仍很明显。总起来说,把犯罪作为具体、特殊问题研究的多,而作为抽象、一般问题研究的少,因而犯罪学界至今缺乏有说服力的一般原因理论。同时,在确定犯罪原因系统后,对犯罪原因系统各组成要素及各要素之间关系的分析不够深入。①

(二)对这一时期犯罪原因研究的评价

20世纪80年代到20世纪90年代关于犯罪原因的研究,对于犯罪现象本身的认识和犯罪预防和控制都产生了极大的影响。这一时期的犯罪原因研究对中国犯罪学的发展具有重大历史性意义。在厘清犯罪原因概念这一核心以后,犯罪学逐渐摆脱了哲学性的、纯理论上的思考。将犯罪的起源、犯罪产生的根源等概念剥离出犯罪原因研究,这使犯罪学理论由哲学走向了科学。这也使以后对犯罪原因中诸多因素的研究是以一种科学的理念、科学的判断标准来推进,也为犯罪学实证研究开辟了广阔的道路。特别是宏观上、综合性的犯罪原因研究,对中国犯罪学基础理论的发展提供了坚实的理论支撑。由此产生一系列关于中国犯罪学基础理论的研究成果,这也直接带来了中国犯罪学近20年的繁荣。

---

① 参见康树华:《中国犯罪学研究现状与发展趋势》,《上海市政法管理干部学院学报》,2002年第4期。文章中还认为,有关犯罪原因的分析,曾是我国犯罪学理论的热点问题。以往争论所取得的进展,至少经历了两个阶段。在第一个阶段,进展主要体现在两个方面:一是论证了社会主义社会中存在着犯罪,原因不应在社会之外寻找,至少,社会内存在着犯罪的各种原因;二是不再认为犯罪原因只是单一的,其他致罪因素都不过是条件而已,对犯罪原因可以从多层次、多角度进行研究。在研究犯罪原因方面取得进展的第二个阶段表现在:学术界的研究不仅借鉴西方国家犯罪学方面的研究成果,而且注意运用相关学科的研究方法,使研究更加广泛、细致,因而更为深刻。笔者认为这两点总结中第一点是将犯罪原因研究科学化的第一步,即从犯罪产生的社会因素入手而不是其他因素,这将犯罪原因研究进行了准确定位。第二点是研究方法的变革,同样是推进犯罪原因研究的科学化。

在犯罪防控的实践方面,社会治安综合治理的理论与实践也是这一时期犯罪原因研究成果的直接产物。① 社会治安综合治理也成为我国刑事政策中的重要组成部分,综合治理体系在打击犯罪和预防犯罪方面发挥了重要作用。犯罪原因研究的成果直接应用在了社会治安防控体系的构建上。有学者指出,我国现在社会的最大特点是社会转型,社会转型中最主要的是经济转型,即从计划经济向市场经济转型。而市场经济对社会最大的影响是使社会产生激烈的分化,产生了无数分散自由的个体,这与犯罪率的急剧上升有密切的联系。如何对这些分化的社会和个体进行整合、管理和控制,构成了犯罪预防的基础。社会阶层分化、组织分化、利益分化、价值观念分化和价值观念冲突都将使犯罪增加。首先,对分化的社会进行重新整合,催生新的社会整合体系。其次,重塑新的价值体系和制度体系。通过上述分析,我们可以看出,犯罪的产生有着深刻的社会背景,犯罪防控是整个社会治安秩序重建的一部分,进而也是整个社会发展的一部分。因此,构建犯罪的防控体系是个长期的复杂的过程,犯罪的防控有赖于社会的整体发展。没有社会整体的发展,犯罪的防控就会落空。所以,具体工作中要尽量避免为了短期的目标,不顾社会发展的客观条件,提出一些与社会整体发展水平不相适应的目标。而是要分析社会发展的整体水平,以社会发展为基础,来建构犯罪防控

---

① 1991年2月,中共中央、国务院做出《关于加强社会治安综合治理的决定》,全国人大又通过此同名决定,把社会治安综合治理用法律形式确定为我国社会治安管理的基本方针。在《关于加强社会治安综合治理的决定》中提出:社会治安综合治理的方针,是解决中国社会治安问题的根本出路。这是中共中央、国务院第一次以综合治理为主题向全国发出的正式的法规性质的文件。该文件还提出:社会治安综合治理的基本任务是:在各级党委和政府的统一领导下,各部门协调一致,齐抓共管,依靠广大人民群众,运用政治的、经济的、行政的、法律的、文化的、教育的等多种手段,整治社会治安,打击犯罪和预防犯罪,保障社会稳定,为社会主义现代化建设和改革开放创造良好的社会环境。将社会治安综合治理的工作范围归纳为"打击、防范、教育、管理、建设、改造"六个方面,进一步强调了"谁主管谁负责"的原则,明确规定了政法部门在综合治理中的任务,指出公安机关在综合治理中居于特别重要的地位。参见刘惠恕主编:《社会治安综合治理论》,上海社会科学院出版社2006年版,附录(二)。还可参见杨若何、周路主编:《社会治安综合治理新论》,重庆出版社1994年版,第10页。

体系,使犯罪防控体系有机地融入社会发展的总体进程中。①

这一时期还产生了大量犯罪原因研究的成果。如曹子丹著《中国犯罪原因研究综述》(中国政法大学出版社,1993 年);阴家宝著《新中国犯罪学研究综述》(中国民主法制出版社,1997 年);王顺安著《中国犯罪原因研究》(人民法院出版社,1998 年),等等。还有许多关于犯罪原因研究的论文、调查报告,不一一列举了。

三、进入 21 世纪的犯罪原因研究与犯罪学基础理论发展

在经历了 20 年的繁荣发展以后,中国的犯罪原因研究和犯罪学基础理论在进入 21 世纪以后,开始更加冷静地、更加理性地进行系统性反思,对前 20 年的理论发展和提出的问题进行了深入、细致的反思性研究。

(一)进入 21 世纪中国犯罪学界犯罪原因研究的特点

进入 21 世纪以后中国犯罪学基础理论的发展相对比较平缓,相比前 20 年中国犯罪学的繁荣发展,这十几年的发展有些平静甚至停滞。学者们在对前 20 年中国犯罪学发展进行深刻反思,力图找到问题所在,犯罪原因研究也在这种反思中缓慢推进。

1. 多因素理论的进一步深化,出现了犯罪原因系统论与层次论。在 1990 年代的犯罪原因研究中就有学者曾经提出过犯罪原因系统论的观点,但并不深入,提出的是犯罪原因体系论、犯罪原因层次论、犯罪内外因统一论,等等。将犯罪原因视为一个整体系统,运用系统论的观点方法来解释犯罪原因与犯

---

① 参见宫志刚:《全面小康社会建设与犯罪防控体系构建的理论研究》,《中国人民公安大学学报》2003 年第 5 期。此文章的一个核心观点就是从社会发展的诸因素入手预防犯罪,构建新型的社会治安防控体系。

罪发生的作用。① 这种犯罪原因的体系论、系统论和宏观微观层次论等是前20多年犯罪原因研究思路的延续②,是多因素理论的进一步发展与深化,但同时也暴露出原有研究路径的问题。进入21世纪后,还用前20年的研究思路,显然不能为21世纪的犯罪情况给予更多的解释力,因而也受到更多的批评与反思。

　　有学者指出,系统论现在在犯罪原因理论中的广泛运用,人们多以此为指导构建一个罪因体系,但是由于缺乏系统专业的训练,我们对系统论的引进更多的还停留在观念层面上,"不少罪因体系研究中提及的'系统论',仅是'整体论'原则的运用,而未真正全面掌握系统科学理论的实质内容"。中国的犯罪原因研究力图求大求全,学术研究几乎穷尽了所有相关因素,但并未带来真正的学术研究成果。"貌似客观的平庸化,貌似全面的笼统化,导致的是犯罪原因研究结论的雷同化。大家都在尽可能地周延自己的理论,尽量穷举各种致罪因素,结果最后得出的结论都差不多。翻开各种介绍犯罪原因理论的论著,经常会让人产生似曾相识的感觉。一提犯罪原因就主观客观一大堆,一提青少年犯罪就是社会、家庭、个体三方面因素的互相作用。而一旦具体到罪因体系中某种具体的因素与犯罪的相关程度或因果关系究竟如何,却又都变得语焉不详。犯罪原因理论雷同化的同时,犯罪原因的学术争鸣也就

---

① 这种系统论的观点比较普遍,代表性的观点可参见赵维科:《犯罪原因的系统研究》,《江西社会科学》2005年第1期。文中指出,我国法学家对犯罪原因的观点主要有:倾向于认定客观因素是个体犯罪的决定性原因的外因论;倾向于认定犯罪主体——主观因素是个体犯罪决定因素,如"法盲";大多数认为个体犯罪既有各种主观因素的作用,也有各种客观因素的影响,至于这些主观因素和客观因素之间的关系如何,有的未作深入探讨,有的探讨了但观点不尽一致。该文作者原则上倾向于认定犯罪是主观因素和客观因素共同作用的结果,这些众多因素之间相互作用、相互影响、相互联系,形成了整体系统。即犯罪的原因是一个系统,而不是一个或多个因素的简单集合。系统是由若干相互联系和相互作用的主体内外因(子系统)所构成,形成多层次、各维度的原因结构,因素的相互作用使个体犯罪处于一种动态变化之中,犯罪就是各种主体内外因素综合互为动力作用的结果。
② 关于一些具有代表性的犯罪原因体系论、系统论与层次论的主要观点可参见陈谦信:《单因素·多因素·层次系统——中国犯罪原因研究层次30年之述评》,《湖南公安高等专科学校学报》2010年第2期。

日益沉寂。"①这也是中国的犯罪原因研究从 21 世纪初以来一直发展缓慢甚至停滞的重要原因之一。

2. 对犯罪原因的内涵和外延重新进行更为深入的探讨。虽然经过了 20 多年的理论发展,并且在犯罪原因的概念分析上取得了重大进展,摆脱了原有的哲学性思维,但在犯罪原因的内涵与外延上的界定还不是十分清楚,以至于学者们的研究有时因概念含义不同而自说自话,无法在同一层面上形成共识或进行争鸣。为此,对犯罪原因的内涵与外延的探讨又成为 21 世纪中国犯罪学在理论上反思的一个重要问题。

有学者认为犯罪原因系统是由在不同程度上引起和影响犯罪产生的各种因素彼此相互作用而形成的,各种因素的相互联系既是有机的又是动态的,从而构成一个有序结构,其构成因素呈若干层次和等级。犯罪原因系统可以分为犯罪根源、犯罪原因、犯罪条件以及犯罪相关因素四个层次。其中犯罪原因(狭义)主要有两种,即犯罪产生的社会原因和犯罪产生的个体原因。犯罪产生的社会原因是指与犯罪产生有关的各种因素,它包括诱发犯罪的社会政治、经济、文化、人口、社会管理和人文自然环境等条件,可从宏观环境和微观环境来分析。犯罪产生的个体原因是指犯罪本人本身存在的,促成和影响犯罪结果出现的各种因素。它主要包括犯罪意识因素、生理因素和心理因素。其主要部分是犯罪的意识因素,这种因素的形成源于客观环境不良因素的影响,是客观环境及不良因素内化的结果。②

还有学者提出不同的观点,认为犯罪原因是指对犯罪的形成与变化具有决定作用的致罪因素构成的动态系统。致罪因素是犯罪原因的构成要素;犯罪原因中的致罪因素(犯罪因素)尤其是指决定犯罪形成与变化的关键性因素。犯罪原因包括宏观与微观两个视角、动态与静态的分析,并且具有时空的特征。第一,犯罪原因是指犯罪形成与变化的原因。第二,犯罪原因是由

---

① 对于中国犯罪原因研究的反思与批评参见刘广三、杨厚瑞:《我国犯罪原因研究的现状与困境》,《法学论坛》2007 年第 2 期。
② 参见赵维科:《犯罪原因的系统研究》,《江西社会科学》,2005 年第 1 期。

诸多致罪因素所构成的系统。第三,犯罪原因是动态的系统,具有时空的特征。第四,犯罪原因尤其是指决定犯罪形成与变化的关键性因素。第五,犯罪原因有宏观与微观两个不同的视角。第六,犯罪原因有静态与动态两种不同的分析。但是通常意义上的犯罪原因(与犯罪对策相对的犯罪原因)是狭义上的犯罪原因,它是指由对犯罪的形成与变化具有决定作用的致罪因素所构成的动态系统,具有直接性、关键性、系统性、动态性等特征。因此,在犯罪原因体系结构中不宜将犯罪根源、犯罪条件纳入,所谓的层次性,是作为犯罪原因体系结构的犯罪因素的不同层次。另外,在"内容"的视角上,尽管可以运用不同的标准对构成犯罪原因的犯罪因素进行划分,但是在同一体系的建构中,逻辑标准应当统一。相对而言,犯罪原因的生物因素、心理因素、社会因素、自然环境因素的划分较为明确具体。

综上,犯罪原因体系由对犯罪的形成与变化有着决定作用的有关生物因素、心理因素、社会因素、自然环境因素等构成,其中社会因素占主导地位。当然,并不是在所有的具体犯罪原因的决定性因素中,生物、心理、社会、自然环境这几个因素均会出现,但是作为抽象的犯罪原因体系的构成要素,它们是应当考虑的几个因素方面。这几个因素各自又是由对犯罪有着决定作用的关键性要素构成。[①]

3. 犯罪原因研究中更加注重与经济学、社会学、心理学的交叉研究,各类

[①] 参见张小虎:《犯罪原因的基本蕴意》,《河南省政法管理干部学院学报》2005 年第 2 期。该文作者指出,犯罪学将原因与结果的联系划定在犯罪原因与犯罪(的形成、发展)之间关系的范畴内,然而在对犯罪原因的具体界定上,犯罪学界则存在着不同的观点:一是犯罪因素说。将犯罪原因界定为促成犯罪的因素,也就是说,凡是引起犯罪的因素均是犯罪的原因。二是系统因素说。将犯罪原因界定为各种促成犯罪的因素所构成的有机统一整体,易言之,各种引起犯罪的因素的有机整合是犯罪的原因。这一观点目前在我国学界占主导地位。此外,还有的特别强调犯罪原因与犯罪条件的区别。认为犯罪原因即指决定犯罪产生、存在和变化的因素,而犯罪条件是指对犯罪的产生、存在和变化起影响作用的因素。该文作者认为,犯罪原因的内涵主要是引起犯罪的各种致罪因素,而外延不宜过宽,将犯罪根源、犯罪条件排除在犯罪原因以外。犯罪的形成与变化是由诸多致罪因素所致。从这些因素对犯罪作用的程度来看,有的起决定作用,有的仅为辅助影响,因此犯罪原因体系具有层次性。表述犯罪原因的层次性,是对犯罪原因的纵向(深度)研究,其核心是揭示有关犯罪因素与犯罪之间的相关程度。(笔者认为,这也就是犯罪原因研究的核心,发现犯罪因素与犯罪之间的相关程度,从过去的决定论、影响论到逐渐被接受的概率论,都是在寻求犯罪因素与犯罪之间的某种因果关系和相关程度。)

因素的作用也得到了更为准确的解释。在犯罪原因研究中注意到了各种因素的相互联系与因果关系,其中还包括各类因素在因果关系效用上的差异。一些经济学、社会学专业的学者加入犯罪原因研究行列,他们将经济发展、贫富差距、城市化等因素作为研究对象,研究这些因素与犯罪之间的相关程度。这不仅丰富了犯罪原因研究的成果,而且还向前推进了犯罪原因科学化的进程。如有学者分析收入差距加大导致犯罪增长的时候,发现贫富差距拉大导致低收入群体就业条件下降进而引起生存状况恶化,最后选择犯罪。① 另外,还有学者认为贫富差距加大与犯罪增加之间存在一定的同步性关系,其相关性是由于贫富差距加大使社会各类资源向富人集中,从而使社会中各类规则和机会更倾向富人,而穷人的机会与资源急剧减少,导致穷人对社会规则缺乏认同,引起社会上犯罪增加。② 在城市化因素的研究上,有学者指出,城市周边农村的消失使得农民"被城市化",原有的社会控制体系也随之消失,农村生活的各类社会规范也没有了适用领域,而新的城市控制体系又没有在新扩张的地区建立起来,就使得城郊结合部成为犯罪高发区域,这在许多大城市都有类似情况。③ 另外,对人口结构,人口流动等相关因素的研究,发现这些因素的变化与中国犯罪持续增加具有一致性与相关性,并据此进行了犯罪

---

① 参见陈春良、易君健:《收入差距与刑事犯罪:基于中国省级面板数据的经验研究》,《世界经济》2009 年第 1 期,第 24 页。原文是:"本文经验研究结果表明,中国刑事犯罪率的上升,在很大限度上可以归因于经济转型过程中低收入群体,特别是弱势群体就业条件的下降。就业条件的下降导致低收入群体生存条件恶化,从而诱使了更多的人群'理性'地选择了犯罪(Freeman,1996)。己有的研究表明弱势群体就业条件的下降,在一定程度上可以归因于劳动力市场的制度性分割(王永钦等,2007)。"

② 有关贫富差距加大导致犯罪增加的具体分析可参见陈屹立:《收入不平等、城市化与中国的犯罪率变迁》,《中国刑事法杂志》2010 年第 11 期,第 117 – 118 页。此文中也提到其他相关因素与贫富差距加大共同作用导致犯罪增加的结果。如城市化、国民教育、失业人口等因素都导致了中国正处于一个犯罪高发期的状况。

③ 关于城市化与犯罪趋势的相关分析可参见:陈屹立《收入不平等、城市化与中国的犯罪率变迁》《中国刑事法杂志》,2010 年第 11 期。梁亚民、杨晓伟《中国城市化进程与犯罪率之间关系的实证研究——基于结构突变的协整分析》,《犯罪研究》2010 年第 4 期。

趋势的预测。①

4.对犯罪原因研究本土化与国际化的探讨渐渐清晰。犯罪原因研究的本土化,是在中国经受犯罪高发之转型痛苦的大背景下产生的。中国在这几十年中不断地经历犯罪高峰,在学术界和实务界急需对中国犯罪持续高发做一个合理的解释,这种理论解释的需求使得中国犯罪学界在犯罪原因研究上出现了本土化。对中国犯罪趋势变化的原因分析成为中国犯罪原因研究本土化的一个开端。事实上,中国犯罪学的本土化一直在进行,从1980年代就已经在做,只是在进入21世纪以后被提了出来,这也表明中国犯罪学基础理论发展到一定阶段就摆脱了前期大量吸收借鉴西方犯罪学理论的局面,形成了自己的理论特点和理论体系,本土化也就被顺理成章地提了出来。对待西方犯罪学理论的方式,由原来的学习借鉴西方犯罪学理论,转变为深入中国社会转型发展的实践中,运用西方犯罪学的理论观点,发现中国犯罪高发的深层次原因。西方犯罪学的译著大量出版,由过去较为零散的介绍西方犯罪理论,转变为深入系统地引进西方犯罪学理论。

犯罪界普遍认为,我国犯罪学作为外来引介的学问和后发展的学科,要在本土独立生存并有实质性的发展,至少要具备三个方面的条件:其一是形成独特的视角,对于现实问题做出自己独有的回答;其二是能够不断地"生产"出新的知识;其三是能够针对现实问题提供特有的解决问题的理论方案。我国犯罪学界对于我国犯罪学在国内本土发展的问题进行了多方面的探讨,其涵盖的内容非常广泛、见解众多,但是对于本土发展的实质或关键性的问题却缺乏理性思考和整体性把握。从深层次剖析,我国犯罪学本土发展的核心内涵是:正确确定我国犯罪学的研究取向与研究重心,反思域外犯罪学理论知识与创造性本土建构,保持对当下犯罪现实问题的关怀并不断地进行科学解构。②

---

① 关于运用人口因素进行犯罪趋势预测的观点可参见:刘建生、曾辉、邹晖:《城市刑事犯罪趋势之定量分析》,《中国人民公安大学学报》(社会科学版)2006年第6期。陈刚、李树、陈屹立:《人口流动对犯罪率的影响研究》,《中国人口科学》2009年第4期。
② 参见王燕飞:《我国犯罪学本土发展的实质内涵》,《河南警察学院学报》2012年第2期。

与本土化相对的是国际化。这实际上是一个问题的两个方面，没有本土化也就没有国际化，而不能国际化也无法真正实现本土化。大体上，我国犯罪学国际化的具体内涵主要包括以下几个方面：第一，对域外犯罪学的一些共识性的学科特性认同或接受，对于一些基本原则予以广泛确认，努力建构与域外犯罪学相同或趋同的犯罪学架构。第二，对西方犯罪学理论的接受、应用，对域外犯罪学概念范畴予以移植并进行学科建构，以及对于国外犯罪学前沿的追踪与学术对话，凸显出我国犯罪学国际化融合的趋向。第三，我国犯罪学对于国际上犯罪现实与事实的关注与反应，以及对于犯罪防范与控制策略上所形成或显示的国际合作或参与的思路与探求。① 目前，本土化与国际化的趋势正在不断扩大，犯罪原因研究也正在逐步走向正轨。

（二）对这一时期犯罪原因研究的评价

进入21世纪以后，中国犯罪学界在犯罪原因研究方面失去了前20年繁荣发展的局面，有关犯罪原因的基础理论发展缓慢甚至停滞，但并不是说这一时期犯罪原因研究没有任何进展、没有任何价值。相反，这一时期中国犯罪学界对犯罪原因研究的反思和对以往研究成果的批判，使犯罪原因研究能够得到冷静、理性地分析，为下一步的发展夯实基础，使犯罪学界对存在的问题形成共识，找到研究的重点。

客观地说，进入21世纪后，以犯罪原因研究为代表的犯罪学基础理论发展进入调整、充实阶段，逐渐科学化、精细化，稳步前进。随着犯罪原因研究的精细化、科学化，实证研究兴起，中国犯罪原因的发展也不像前20年那样高歌猛进，而是注重理论假设与验证的科学性，注重逻辑上的完整性，每一个观点的提出都力图避免大的逻辑漏洞。中国的犯罪原因研究在本土化和国际化双重趋势作用下，已经逐渐形成自己的理论体系和特点，现在进入了精细化发展的阶段，需要弥补前期快速发展的理论缺点和漏洞。同时，在某些方面已经出现了理论创新，如"化解阻断模式""关系犯罪学"等理论观点的提

① 参见王燕飞：《我国犯罪学国际化与本土化的理性思考》，《山东警察学院学报》2010年第6期。

出,促进了犯罪学基础理论的发展。应该说,这一时期的犯罪原因研究是回归了犯罪学基础理论正常的发展轨道,前 20 年的高歌猛进在一些基础环节上留下了许多"欠账",这一时期是在"还账"和修补基础。相信随着时间和经验的积累,中国的犯罪研究将迎来一个新的稳步发展的繁荣期。

四、犯罪原因研究与犯罪学基础理论发展的若干问题

从犯罪学的理论体系来看,犯罪原因研究无疑占有绝对重要的地位,犯罪学也曾被认为是"犯罪原因学"。这种说法虽然受到过许多批评,但从中也可以发现犯罪原因研究在整个犯罪学理论体系中的重要性。[①] 可以说,犯罪原因研究的发展就是犯罪学基础理论的发展,当中国犯罪研究原因进展缓慢时,中国犯罪学基础理论也没什么起色。当进入 21 世纪以后,多种学科的理论观点与方法在犯罪原因研究中广泛应用,对犯罪原因研究是一个很大的促进,同时也产生了许多问题。其中关键问题是犯罪原因研究旨在发现各类致罪因素与犯罪发生之间的因果关系,但各种学科知识的运用并没有对这种因果关系做出更多的解释与分析。这也是犯罪原因研究在理论发展上显得比较缓慢的重要原因。

因此,目前中国犯罪原因研究中需要注意几个重点问题,这几个重点问题也是推进中国犯罪原因研究其至犯罪学基础理论发展的关键。

(一)犯罪原因研究需要与犯罪现象紧密结合起来,忽视犯罪现象的变化而空谈犯罪原因会使犯罪原因研究成为空中楼阁。犯罪现象的发生发展变化有其内在的规律,犯罪原因研究本身就是对犯罪现象的一种解释,因此犯罪原因研究的前提是对犯罪现象也要进行深入研究。有犯罪学家指出,缺少犯罪现象论的犯罪原因论研究,从方法论到认识论上都存在严重问题。按照社会科学研究的一般规律,应当把对象的概念、本质、存在、表现、发展变化规律作为学科研究的核心,而犯罪学却不同,只把原因作为研究的核心,急功近

[①] 参见王牧:《犯罪原因论概述——兼论犯罪学的基本范畴》,《犯罪学论丛》(第一卷),中国检察出版社 2003 年版,第 36 页。

利地迫切追求,遗忘和漏掉了更为重要的问题。这样就严重地限制了对犯罪现象本身的全面和深入的理论概括和抽象,当然就不可能产生出专属于犯罪现象的相应概念、范畴,不可能产生反映犯罪现象规律的系列基本理论观点,更无法形成关于犯罪现象的深入的理论体系,从而影响了犯罪学学科的成熟。①

(二)犯罪原因研究中应该特别注意因果关系的分析。在犯罪原因研究中,不仅要分析各类相关因素、致罪因素的作用,更要注意分析与犯罪发生之间的因果关系。现在许多犯罪原因研究的文章当中,对相关因素分析得过多,而对因果关系分析较少,这就造成了结论与观点的解释力较弱的问题。这里需要特别注意以下几个问题:

1.存在同步性不等于一定存在因果联系。这是一个方法论上的基本常识,却常常被忽略,往往把同步性等同于因果性。改革开放以来,中国的经济社会文化等诸因素在指标上都呈增长趋势,中国的犯罪也呈现持续增长趋势,所以很多因素都与犯罪现象是同步增长态势,但不能简单地说这些因素都与犯罪存在因果关系。寻找正确的因果关系是犯罪原因研究的基本任务,但只是发现同步性还是很不够的,而且有些因素明显与犯罪有相关性,但不一定是同步性,相反可能还有一定的滞后性,这些因素的效用需要一段时间以后才会发挥出来,引发犯罪现象。

2.决定论与概率论的问题。决定论与概率论都是社会科学研究中用于解

---

① 参见王牧:《从"犯罪原因学"走向"犯罪存在学"——重新定义犯罪学概念》,《吉林大学社会科学学报》2009 年第 2 期。该文作者还指出,严格地说,今天的犯罪学实际还不是真正的犯罪学。真正的犯罪学应当是真正地研究犯罪全部内容的犯罪学,而今天的犯罪学却只研究犯罪的部分内容。有效防治犯罪的社会渴求,强烈地推动了犯罪原因的理论探讨,因而,犯罪学产生以来,始终就以犯罪原因的研究作为犯罪学学科的终极目标和核心内容加以追求,一百多年来都没有大的变化。在一般(非专著)的犯罪学著作中,犯罪原因几乎是所有犯罪学著作的核心内容,即使某些犯罪学著作有对犯罪现象的研究,但是,与对犯罪原因的研究比较起来,几乎是微不足道、可以被忽略的,使犯罪学成为实际上的"犯罪原因学"。要使犯罪学真正成熟起来,必须接受犯罪是必然存在的客观现象的结论,以犯罪现象是社会上的客观存在为前提,从整体上全面深入地研究和把握犯罪现象的本质、存在、表现和发展变化规律,实现对犯罪现象整体的科学认识。为此,科学的犯罪学应当重新定义为:犯罪学是研究犯罪现象的普通社会科学。

释因果关系的理论方法。一段时间内曾经过于倾向决定论而忽视概率论,随着科学哲学和实证研究方法的引入,概率论又被广泛应用,但又冷落了决定论,而事实上这二者是相辅相成的。决定论强调的是一种必然性,这在规律分析上是非常重要的,而概率论揭示的是发生的可能性,在资源分配上是很有意义的。这二者在犯罪原因研究中都十分重要,不能偏废任何一种理论方法。

3. 直接因素与间接因素之作用效力问题。在犯罪原因研究中,经常会分析直接因素与间接因素的关系问题。直接因素被研究得较多,因为这些因素与犯罪之间的关系密切,在分析时直接因素对犯罪人的效力明显,因果关系也较好确定。间接因素就大不一样了,这些因素与犯罪之间的关系不是那么紧密,需要一些传导性因素对犯罪人发生效用,因此在研究这些因素时也往往采取模糊处理的方式,但这样做的结果是这类犯罪原因研究似乎作用不大,也不好用于解释犯罪现象。所以,在研究间接因素对犯罪的效力问题时,需要注意效力的传递与转化,还要注意起中介作用的传导性因素的作用,这些传导性因素是强化、放大这些效力,还是弱化、缩减这些效力,这些分析在因果关系的确定中都十分重要。

例如,西方犯罪学家对犯罪人所处社区的研究和犯罪高发社区的研究,他们对这种较为复杂的状况试图用一种因果顺序来解释犯罪高发社区的现象和问题。贫穷、家庭破碎、频繁的居民迁徙是社区的特性,这种特性导致了陌生(anonmity)、邻里居民之间缺少社会关系、较少参与社区组织和当地活动。因为这种低的社会资本,邻里不能对如街道、公园这样的公共区域或共有区域实施有效控制,因而这些区域容易被犯罪人占据。此外,当地的十来岁的青少年具有相当大的自由,因为邻里间的陌生意味着,即使这些青少年仅仅离家几步远,别的成年人就不认识他和他的朋友了。这种陌生导致了邻里中犯罪和暴力行为的增长,这种增长不受邻里居民的成分的影响。较高的犯罪率和暴力行为的发生率促进了社会的瓦解,因为该邻里中的守法居民退出了社区生活并尽可能搬出该邻里。①

在社区中通常会有引发犯罪的多重因素,这些因素的交互作用使得在研究中往往会出现运用资料时的矛盾。犯罪学家对此类问题提醒研究者注意社区中多重因素需要重视分类与相互关系。犯罪率高的社区中通常存在许多会导致犯罪的因素——贫困、失业、高离婚率和高单亲家庭率、高人口密度、住宅破败、劣质的学校教育和其他劣质的社会服务、频繁的居民迁徙和人口流动,以及种族和少数民族的集中。其中任何一种因素或者几种因素都有可能导致犯罪,但是所有这些因素往往同时同地出现。问题就是,需要确定是哪一些因素造成了实际上的犯罪,而哪一些因素仅仅偶然存在,对犯罪没有实际影响。这个问题就叫做"多重共线性(multicolinearity)"——也就是,许多可能成为原因的因素全都高度地交织在一起。在这种情况下,对于哪些因素构成原因哪些不构成原因这个问题的回答,统计方法的相对细小的变化都有可能导致得出不同的结论。因此,这些统计方法的变化就会引起前述的各种不一致和矛盾的结果。②

多重因素的存在,无疑增加强犯罪学研究的难度,但仍然不能阻止犯罪学家们试图控制住某一因素,来观察其他因素的变化对犯罪人的影响。随着研究方法的更新和研究技术的提升,这些问题正在被一一化解。对引发犯罪的微观因素的研究还会沿着它以前的轨迹稳健前进。更为重要的是,从微观因素出发形成的理论观点解释力愈来愈强,已经引起国外有关部门和机构的重视,预防和控制犯罪的重心也由重视宏观因素逐步转移到重视微观因素的改变。

(三)犯罪原因研究成果的解释力问题。这个问题现在普遍存在于犯罪原因研究当中,当一种犯罪原因研究的结论出来以来,能否具有较强的解释力,应当将这个结论解释一下当下的犯罪现象,看其适用的人群、适用的时间

---

① 参见[美]乔治·B.沃尔德、托马斯·J.伯纳德、杰弗里·B.斯奈普斯:《理论犯罪学》(原书第5版),方鹏译,中国政法大学出版社2005年版,第162页。

② 参见[美]乔治·B.沃尔德、托马斯·J.伯纳德、杰弗里·B.斯奈普斯:《理论犯罪学》(原书第5版),方鹏译,中国政法大学出版社2005年版,第119–120页。

段、适用的地域、适用的犯罪类型,等等。现在犯罪学基础理论存在的解释力不足问题,其中一个原因就是当一个观点被提出来以后,没有经过检验、验证,缺少讨论与争鸣。这使理论自身缺少机会增强解释力。

比如,有学者将犯罪原因归结为行为人与社会之间的不合作、不信任关系。信任的功能,归结到一点就是促进人们的合作。信任是中立的,它并不指明具体的社会意义。但信任促进的合作却存在明确的社会意义。例如,黑社会本身也在维持着一种内部的信任,正是基于信任才促进了合作,只不过这种合作表现为违法犯罪行为而已。从某种意义上讲,犯罪其实反映了行为人与社会之间的不合作状态。这种不合作关系又进一步反映了行为人个体与社会之间的不信任关系。没有信任就没有合作,信任才能导致合作,不管这种信任在个人的原本动机上表现为什么。就犯罪学而言,首先要研究和解决的是犯罪行为人为什么没有保持与社会之间的信任状态,从而才有可能关于犯罪原因和犯罪的存在的问题的展开。简言之,犯罪的产生和存生,根源在于信任观念难以建立,或者说人们不习惯于建立长期合作式的信任关系。如果追根求源的话,这是因为社会生活本身的不成熟的缘故。人们需要经济利益,但追求这种利益的方式经常表现为不合作模式,在很大限度上起因于人们的"零成本"心理。这种心理根源于人本身的欲望。因此,非合作、不合作并不能完全的清除,作为结果之一的犯罪现象也并不能完全的消灭。① 这种观点经过仔细分析,发现需要回答正常的社会合作关系是如何形成的,人与人之间、人与社会之间的信任关系是如何形成的,然后才是不合作、不信任关系是如何出现的。在这些问题没有弄清楚之前,将这种观点用来解释犯罪现象,其解释力会大打折扣。再将其应用到具体犯罪类型上,就会发现,犯罪人的行为在大多数情况下与社会信任之间很难确立一种因果关系。

(四)犯罪原因研究对犯罪防控的指导力问题。犯罪学界进行犯罪原因研究的目的一方面是为了解释犯罪现象,另一方面是为了犯罪防控。犯罪原

---

① 参见康均心:《关于犯罪原因的一种解释》,《武汉公安干部学院学报》2005 年第 1 期。

因研究的成果能否对犯罪防控产生实际作用，是检验其指导力大小的一个标准。这与上一个问题又是紧密联系的。在解释力不强的条件下，理论观点的指导力也就不强。当然指导力还涉及操作性问题，这使得理论观点在解释力较强的前提下，提出具有可行性的措施和方法。

犯罪原因研究是推进犯罪学基础理论发展的动力之源。上述几个需要注意的问题只是提出了当下中国犯罪原因研究中的一些问题。对这些问题的重视与解决需要中国犯罪学界共同的努力，在新的历史时期开辟中国犯罪学基础理论新的发展道路。

第二章

犯罪现象与犯罪原因作为犯罪学研究对象的争论

　　自 20 世纪 80 年代中国犯罪学研究兴起时,关于犯罪学研究对象的争论就没有停止过。争论的焦点实际上是关于犯罪学中"犯罪"概念定义、内涵和外延的界定,这种争论使中国的犯罪学研究不断成长,但同时也让犯罪学的学科建设受到了不同程度的困扰。进入 21 世纪后中国犯罪学研究的基础理论发展缓慢甚至有所停滞。究其原因是在一些基本问题上,如犯罪学的研究对象等问题,犯罪学界没有达成共识,而前 20 多年的繁荣发展也掩盖了一些基础问题。在繁荣过后,这些基础问题显现出来,直接影响犯罪学理论和学科的发展。本文试图对犯罪学研究对象这类基础性问题进行一种溯源性的思考与研究,也为这些问题的争论再增添一些素材。

一、对犯罪学研究对象及犯罪概念的论争

　　中国犯罪学研究从最初的兴起到经历 20 多年的繁荣,在研究模式上的形成了现象、原因和对策三段论。[①] 在这种三段论中,犯罪原因研究与犯罪对策研究成了重点,这也成为中国犯罪学研究的重点。特别是犯罪原因研究,成为中国犯罪学研究的核心。但是对这种研究模式的争论一直持续,主要集中

---

① 　也被归纳为"绪论、现象、原因和对策"四段论。三段论与四段论的说法均被采用和引用,其实都是指同一种研究模式,本文使用的是三段论的说法。

在犯罪学研究对象问题上,而最根本的是在"什么是犯罪""犯罪学研究的犯罪是什么"等基本问题上。这种争论一直伴随着中国犯罪学研究 20 多年繁荣发展,但在进入 21 世纪后,这种争论又被凸显出来。

(一)犯罪学与刑法学对犯罪概念上的分歧和对犯罪学内涵和外延的争论

从一般意义上说,"犯罪学"是研究犯罪的科学。对犯罪定义的不同、研究对象的不同,构成了犯罪学与刑法学的重大区别。实际上,刑法上的"犯罪"是在规范的意义上使用的,是指"规范上的罪",而不是指"事实上的罪",犯罪学所研究的才是社会上形形色色的危害社会的犯罪事实。从刑法对"犯罪"一词使用的意义和要求上看,刑法主要不是在表达犯罪事实的概念的意义上使用的,而是在依照刑法的法定构成条件而应当是被刑法惩罚的行为的意义上使用的,也就是说,刑法上对"犯罪"探讨的要求,主要不是对犯罪事实的本质的探讨,而是对依法应当被惩罚的行为的法定构成条件即犯罪构成的探讨。刑法学研究的是犯罪的法定构成条件,即犯罪法规范,而犯罪学研究的则是犯罪事实。正是在这个意义上,刑法学被称为规范学,而犯罪学被称为事实学。① 所以,对于犯罪学来说,其研究对象的事实性、存在性是其最为根本的学科特点,脱离了对犯罪现象事实性的研究,就会使犯罪学研究成为无源之水、无本之木。只对犯罪进行规范性研究,就会使犯罪学的学科独立性受到怀疑,落入刑法学的研究范式。因此,犯罪现象的事实存在及其本身发展规律、本质、原因及犯罪防控对策成为犯罪学的研究对象。

另外,犯罪学研究的自身特点使其成为超越刑法学的学科,或者说刑法学当以犯罪学研究为基础作开始,以犯罪防控为目的作终点,回归到犯罪学研究中的对策研究。有学者指出,"就人类的认识规律和反犯罪活动的有效性而言,对犯罪的刑事规制必以对犯罪的事实层面的明了为逻辑前提和科学基础。如果忽视了犯罪规律或脱离了犯罪实际,旨在预防犯罪的规范性对策不仅会成为一种摆设,而且为立法者精心设计的规范本身还会现实地成为诱

① 王牧等:《"中国犯罪学基础理论高峰论坛"实录》,陈兴良主编《刑事法评论》,北京大学出版社 2007 年版第 309 页。

发或刺激犯罪的因素。这是为古今中外反犯罪实践所反复证明的无任何例外的铁律。"①从这个角度讲,刑事立法的前提是对犯罪现象的科学研究,无论是刑法规范,还是定罪量刑,都是遵循犯罪现象本身所体现出来的规律,否则非但不会惩治犯罪反而会引发犯罪的增加。

(二)对犯罪学与刑法学相互关系的探讨突出了犯罪问题本身

在争论犯罪学与刑法学的区别的同时就会探讨二者的相互关系,同为研究犯罪,二者既有区别又有联系。刑法学研究的犯罪是一种抽象意义上的、具有规范性的犯罪,通常都是说某某人犯了什么罪,符合某某罪的犯罪构成要件。这是把具体人的具体犯罪行为归入了经过抽象和规范的某一犯罪概念。刑法设计好了各类犯罪的抽象框架,运用刑法时,是将某一具体犯罪行为纳入这个抽象的、规范的法律框架之中。所以,刑法学的犯罪研究离不开抽象性与规范性。犯罪学研究的犯罪是一种具体的、具有现实存在感的犯罪现象,甚至不一定是受到刑法惩罚的犯罪行为,从而跳出了刑法学规范性研究的界限。因此,犯罪学研究的犯罪是一种社会现象,是众多犯罪人与犯罪行为集合而成的社会现象,这种社会现象的存在有其内在的规律和特征。有学者指出,把犯罪看作群体社会现象,以此命题作为犯罪学的理论逻辑起点,把犯罪确定在"社会现象"范围,在社会背景下来认识犯罪的来源、产生和变化规律,就可以清楚地看到犯罪与社会的关系,犯罪根源于社会,又危害社会,预防和减少犯罪的主要措施也存在于社会,预防犯罪的重点在于社会,而不在个人,找到有效、可行的预防犯罪的方法和措施,得出对社会有实际意义的结论,建立起有发展前途的学科。②

---

① 张远煌:《犯罪研究的新视野:从事实、观念再到规范》,法律出版社 2010 年版,"前言"第 1 页。

② 王牧:《犯罪学基础理论研究》,中国检察出版社 2010 年版,"代序:学科建设与犯罪学发展",第 15 页。犯罪作为一种社会现象,其本身就是各类犯罪和各个犯罪人行为的集合。相信王牧先生在此强调将犯罪视为一种"群体"社会现象,旨在区别于个体犯罪行为,并非与平常所理解的群体性行为相同,也并不是群体犯罪人共同实施某种犯罪行为。所以笔者更想将犯罪学所研究的犯罪现象称为一种集合,因为犯罪作为一种"社会现象",就已经不是单个个体的行为了。另外,王牧先生在文章中还指出了只将犯罪的个人行为作为犯罪学研究对象的危害。(参见王牧:《犯罪学基础理论研究》,中国检察出版社 2010 年版,"代序:学科建设与犯罪学发展",第 14 页。)

从犯罪学学科发展的历程来看,犯罪学研究的内容越来越突出犯罪问题本身。犯罪作为一种社会现象所体现出来的特点、变化都成了犯罪学研究的重要内容。犯罪趋势、犯罪发展、犯罪预测、犯罪预防和犯罪对策等方面的内容都不是刑法学研究的内容,但却是以犯罪现象研究为基础的犯罪学研究内容的重要方面。这些研究内容已经成为近年来犯罪学研究新的热点。

二、犯罪学中犯罪原因与犯罪现象孰为核心的论争

在犯罪学的发展历程中,犯罪原因研究一直占有非常重要的地位,以至于犯罪学被认为是犯罪原因学。学界曾一度认为犯罪原因论在犯罪学理论体系中占有核心的地位,它与犯罪学的所有理论都紧密相关,决定并影响犯罪学的其他理论,是整个犯罪学理论体系的出发点和基础。各种犯罪学理论学派的不同观点,都是由犯罪原因论的不同内容和结构决定的。狭义的犯罪学就是研究犯罪原因的科学。犯罪原因论是各种不同犯罪学理论的分水岭,不同刑事政策的根源,在理论和实践上都具有极其重要的意义。① 中国的犯罪学研究兴起也是由犯罪原因研究开始,在"现象、原因、对策"三段论中,犯罪原因研究总是处于过于突出位置,以至于在研究中忽视了其他两个方面。

(一)解释犯罪现象的犯罪原因研究

犯罪学理论的生命力有两个方面:解释力与指导力,其中解释力是根本,指导力是现实应用。犯罪原因研究的重要功能之一就是解释犯罪现象,中国犯罪学者提出的犯罪原因理论主要有:犯罪源流论、犯罪原因作用场、需要失控说、社会控制失调说、主要矛盾决定论、犯罪与经济发展同步增长论、综合动因论、多种消极因素综合论等。这些都是中国犯罪学研究中重要的基础理论,并直接带来中国犯罪学前20年的繁荣。这些理论有力地解释了当时中国的犯罪现象及其变化。但进入21世纪后,中国的犯罪原因研究遭遇了相当大的困境,基础理论发展缓慢甚至停滞不前,解释力下降只是其表现,其根本是

---

① 王牧主编:《犯罪学论丛》,中国检察出版社2003年版,第36页。原载于《吉林大学社会科学学报》1991年第4期。

犯罪原因研究本身出了问题。中国的犯罪原因研究力图求大求全,学术研究几乎穷尽了所有相关因素,但并未带来真正的学术研究成果。"貌似客观的平庸化,貌似全面的笼统化,导致的是犯罪原因研究结论的雷同化。大家都在尽可能的周延自己的理论,尽量穷举各种致罪因素,结果最后得出的结论都差不多。翻开各种介绍犯罪原因理论的论著,经常会让人产生似曾相识的感觉。一提犯罪原因就主观客观一大堆,一提青少年犯罪就是社会、家庭、个体三方面因素的互相作用。而一旦具体到罪因体系中某种具体的因素与犯罪的相关程度或因果关系究竟如何,却又都变得语焉不详。犯罪原因理论雷同化的同时犯罪原因的学术争鸣也就日益沉寂。"①这也成了犯罪原因研究的通病,并且一直延续到现在。

犯罪原因研究遭遇的困境并不仅仅是犯罪原因研究本身出了问题,而是犯罪原因研究过于突出而忽视了犯罪原因研究的基础。在"现象、原因、对策"三段论中犯罪原因研究并不能独自发展而不顾其他,而是以犯罪现象研究为基础,以对犯罪现象的充分认识为前提。前 20 年中国犯罪学的繁荣所依托的基础是各级政府对当时中国犯罪现象的基本分析和判断,犯罪学者依此跟进,进而发展出了各种犯罪原因研究的理论。并且当时的犯罪学研究注意了犯罪现象研究的基础性作用,在 20 世纪 80 年代后期开始兴起的实证研究不断夯实这一基础。②而后来的研究中逐渐忽视了对犯罪现象的研究,这也使犯罪原因研究失去了基础,直接导致了犯罪原因研究的停滞不前。

诚然,正如某些学者指出的那样,犯罪原因是犯罪现象存在的基础,没有

---

① 对于中国犯罪原因研究的反思与批评参见刘广三、杨厚瑞:《我国犯罪原因研究的现状与困境》,《法学论坛》2007 年第 2 期。

② 从 20 世纪 80 年代开始,各级政府和相关部门欢迎犯罪学者对犯罪现象进行研究,并主动提供相关资料和调研的便利条件,这使得犯罪学者能够从政府部门获得大量一手资料,从而具备了犯罪现象研究的基本条件,也为犯罪原因研究打下基础。可惜这一合作传统并没有延续下去,到 2000 年之后,犯罪学者就没那么容易接触到政府部门的一手资料,政府部门也常常将研究者拒之门外。从研究者的角度分析原因,忽视犯罪现象的基础性研究是研究思路上的问题,对犯罪现象研究的意义不够重视是研究理念上的问题,不注意与相关政府部门合作、只作纯学术探讨是研究路径上的问题。

犯罪原因就不可能产生犯罪现象。① 但从学术研究的逻辑来看，要透过现象看到原因，而不是绕过现象阐述原因。从因果关系的阐述上看，先要将犯罪现象这个"果"研究清楚，然后才会发现犯罪原因的这个"因"，二者之者的联系就构成了犯罪学理论。从犯罪现象研究与犯罪原因研究的顺序和关系上看，二者其实是一个连贯的过程。犯罪现象研究是对犯罪做事实性的考察，先要做描述性研究，分析现状、特征、变化趋势等；然后是解释性研究，即对犯罪现象的现状、特征、趋势等问题进行解释，这一部分就关联上犯罪原因研究，可以说犯罪原因研究就是对犯罪现象研究中各种问题的解释性研究。犯罪现象研究和犯罪原因研究分别回答"是什么"和"为什么"两个问题，但却是一个研究过程，不可分离。没搞清楚"是什么"，对"为什么"的回答也会苍白无力。

(二)研究方法上的争论：思辨与实证

在犯罪现象研究与犯罪原因研究孰为核心的论争中还涉及一个重要问题，就是研究方法上的争论。思辨与实证的争论从中国犯罪学兴起时就开始了。为什么说这个问题关系到孰为核心？因为当时的犯罪原因研究以思辨为主，并占据绝对优势。传统的阶级斗争思维还影响着当时的犯罪学研究，哲学的思辨方法也体现在犯罪学研究中。在研究方法上占据上风，犯罪原因研究也就占据了主要位置。实证研究方法不受重视，犯罪现象研究也被忽视。因为犯罪现象研究是一种事实性研究，是不可能用思辨方法做到的，而只能是实证研究。实证研究落得下风，长期以来中国犯罪学界的实证研究匮乏，也让犯罪现象研究不被重视，犯罪学研究的基础一直都缺乏加固，最终导

---

① 参见翟英范：《现象与本质：对犯罪学研究对象的思考——"犯罪原因说"与"犯罪现象存在论"辨析》，《第七届中国犯罪学高层论坛论文集》2014 年版，第 23 页。

致中国犯罪学研究的发展缓慢甚至停滞。①

当中国的犯罪学研究摆脱了哲学思维,将犯罪学带入了社会科学领域,就必然要求犯罪学增强其科学性,就需要将犯罪现象作为犯罪学的研究重点。这就必然要求犯罪学走向实证研究,但在中国的种种限制和众所周知的原因,实证犯罪学不大可能在20世纪90年代之前兴起(只有个别地区进行过犯罪学的实证研究,比如在湖北省一些地区进行的未成年人犯罪和重新犯罪的实证研究与跟踪调查,在天津进行的在押罪犯的大规模实证调查),因此也就使犯罪现象研究或停滞不前或悄然放弃。而犯罪原因研究一直在思辨犯罪学中发展,并且有关部门也愿意接受采纳,于是就成了中国犯罪学研究的主要方面。这种态势使人们忘记了犯罪现象的实证研究包含犯罪原因研究,是因为解释犯罪现象必须要找到犯罪原因。犯罪现象研究从来不是只描述犯罪现象而不解释犯罪现象的;同样的,犯罪原因研究也并不是只谈犯罪原因而不从犯罪现象入手的。所以从实证研究这个角度讲,犯罪现象研究与犯罪原因研究是一体的。②

三、犯罪学研究中研究目的与价值判断的争论

在探讨犯罪学研究对象过程中,对犯罪学的研究目的与刑法学进行区别,从而确立犯罪学的学科地位。同时,犯罪学的研究目的又决定了其在价

---

① 参见王志强:《论中国当代犯罪学的实证研究及其科学实证逻辑》,《中国人民公安大学学报》(社会科学版)2012年第4期,第36页、第37页。其中关于哲学思维与实证方法的争论在中国犯罪学界引发了不小的分歧。但当时有学者已经对不重视犯罪学实证研究的危害做出了预言,这在后来的中国犯罪学发展中得到应验。并且引发了中国犯罪学界对研究方法的批判。笔者认为,单凭中国犯罪学界对研究方法的自觉批判还不足以支持中国犯罪学的自主发展比肩西方社会,问题在于这种自觉批判并未真正转化为犯罪学具体问题研究中的理论发展和相关成果积累,更不用说在实际应用层面了。在犯罪原因的研究上也是如此,也只是在近几年才看到犯罪原因的实证研究逐渐多了起来,对因果关系以实证研究方法进行检验仍然只是一小部分学者所坚持的。最近十年中国犯罪学基础理论发展缓慢也可以作为一种佐证。

② 犯罪学的实证研究在现代以后更多地体现为透过犯罪现象与其他现象的表面联系来揭示它们之间的本质联系,注重以犯罪事实作为研究的出发点,通过逻辑推理对犯罪事实与其他事实的因果关系进行揭示,从而形成一个完整的理论观点。芝加哥学派即是代表。这种研究模式一直延续至今。参见周路主编:《当代实证犯罪学新编——犯罪规律研究》,人民法院出版社2004年版,第5页。

值判断上容易出现分歧,这使得犯罪现象研究容易出现偏差,导致犯罪现象研究不够充分,犯罪学学科特征得不到体现。

(一)关于犯罪学的研究目的争论

犯罪学刚刚兴起时,人们通常认为犯罪学与刑法学的研究目的基本类似,都是为了打击和控制犯罪。但后来随着犯罪学的发展,犯罪学者们逐渐发现了二者之间的重大差别,从而引发了关于犯罪学研究目的的争论。

有学者认为,刑法学研究具体犯罪行为(的构成),目的是依法准确地运用刑罚,它是探讨法律规定的法学;犯罪学研究作为社会现象的犯罪现象(的规律),目的是预防减少犯罪的发生,它是探讨社会现象规律的社会科学。[1]这种学科上的分野是由它们不同的学科任务和价值追求决定的。一个学科的产生发展与其学科任务通常是社会对这个学科需求和具体要求的表现。人们常常自觉不自觉地用"刑法学是研究犯罪"的命题来代替和排斥犯罪学对犯罪的研究,以为刑法学就是对犯罪的全面、整体的研究,而犯罪学的研究则是多余的,是与刑法学争夺阵地,从而掩盖和麻痹了人们对犯罪现象进行理性研究的自觉性,延缓了对犯罪现象进行科学认识的进程。[2] 如果说刑法学研究目的中包含有效地、准确地运用刑罚惩治犯罪,起到震慑潜在犯罪人的作用,那么这种研究目的中的犯罪预防成分是非常少的,而且是单一的,只有刑罚一种手段。这样并不能将广泛的犯罪预防措施包括进去,同时刑罚是否能减少犯罪也是一个长期争论的问题。因此,刑法学的研究目的不应该是减少和预防犯罪,那是犯罪学的研究目的。

犯罪学的学科任务与研究目的与刑法学有较大差异,犯罪学的现实关怀是社会需要促成的,其学科任务的特点是必须要对现实中犯罪现象进行一种学术上的回应。虽然有了刑法学在研究有关犯罪的问题,但是,对作为社会现象的犯罪现象产生、发展变化的一般规律,犯罪趋势和犯罪预测,刑罚之外

---

[1] 王牧等:《"中国犯罪学基础理论高峰论坛"实录》,陈兴良主编《刑事法评论》(第21卷),北京大学出版社2007年版,第311－312页。

[2] 王牧等:《"中国犯罪学基础理论高峰论坛"实录》,陈兴良主编《刑事法评论》(第21卷),北京大学出版社2007年版,第311－312页。

的犯罪对策等问题,刑法学却无能为力,这是犯罪学得以产生的客观条件。为了弥补刑罚的不足,在刑罚之外寻找犯罪对策,必须把犯罪作为社会现象对其进行规律性的科学研究。这是犯罪学产生的动力,也是社会赋予犯罪学的历史使命,是犯罪学所承担的学科任务。犯罪学的研究目的是寻找直接预防和减少犯罪的对策。为了实现犯罪学的研究目的,就必须以犯罪现象研究作为研究基础。①

犯罪学的研究目的与社会需要的契合是犯罪学大发展的必要条件。犯罪现象的变化推动着犯罪学的发展。整个 20 世纪是一个犯罪迅速增长的世纪,同时也是犯罪学大发展的世纪,中国也是如此。21 世纪的犯罪现象也将随着社会的变迁而发生巨大的变化,它与其他社会现象一样,具有知识化、信息化和全球化的特征,这种特征在当前的犯罪现象中已有所体现。已有学者指出,由于犯罪学是研究犯罪现象的科学,所以未来犯罪学的发展必然要受未来犯罪现象的影响。在未来社会,犯罪的结构、规模和趋势都与犯罪学的发展方向有着密切的关系。犯罪学的历史发展证明,犯罪学的产生和每一次大发展都是犯罪现象发生巨大变化的结果,是社会现实的需要。也就是说,犯罪现象的变化在挑战未来犯罪学学科的发展的同时,也为犯罪学学科的发展提供了一定的机遇。②

(二)关于犯罪学研究中价值判断的争论

犯罪学作为研究犯罪现象的社会科学,在价值判断上有着两种截然不同的观点。一种观点认为犯罪学的研究目的是减少和预防犯罪,即犯罪对社会的危害性极大,应当尽可能地打击和预防犯罪,直至将犯罪消灭。这种观点反映了大多数研究者基本价值判断,选择了有害性(非有益性),选择了否定性(非肯定性)。但是需要指出的是,普通人对犯罪的态度、对犯罪的价值判断即如此,若研究者也持此态度,还能否进行客观的科学研究。举例说明,苍

---

① 参见王牧等:《"中国犯罪学基础理论高峰论坛"实录》,陈兴良主编《刑事法评论》(第21卷),北京大学出版社 2007 年版,第 312 - 313 页。

② 参见靳高风:《思考与展望:犯罪学发展路径的选择》,陈兴良主编《刑事法评论》(第22卷),北京大学出版社 2008 年版,第 209 - 210 页。

蝇蚊子是害虫,人人都要消灭它们;但这是从人类的价值标准出发来判断的,苍蝇蚊子对人类是有害的,但在整个自然界,它们就是一种客观存在,无所谓有害还是有益。犯罪对社会是有危害的,但在人类历史的漫漫长河中,犯罪也是一种客观存在,有其发展变化的客观规律。由此,就有了第二种观点,认为犯罪学研究应当保持价值中立,即将犯罪视为一种正常存在的社会现象,与价值判断和情感因素无关,即跳出有益性和有害性的二元选择,从中立的角度去研究犯罪现象。唯有这样才能实现犯罪学研究的科学性。

这两种观点对犯罪学研究的重点产生了重大分歧。一种是研究者对犯罪做出价值判断,选择其有害性,就必然突出犯罪原因研究,以找到犯罪产生的原因,并提出减少和预防犯罪的措施。这也是犯罪原因研究长期居于犯罪学研究核心的原因。另一种是研究者对犯罪不做价值判断,承认其客观存在性,保持价值中立,就必然强调犯罪现象研究,发现犯罪现象的本质、存在、发展和变化规律,实现对犯罪现象全面整体的科学认识,再从解释犯罪现象的角度去研究犯罪原因。①

犯罪学研究者对犯罪现象做出否定性的价值判断,导致了犯罪原因论在犯罪学研究中地位异常突出,并力图寻找到犯罪原因的终极理论(或者是普遍适用的一般性理论)。但犯罪现象研究的严重缺失,使犯罪原因研究缺乏继续深入研究的基础,也无法从犯罪现象研究中印证犯罪原因研究的结论,从而使犯罪原因研究的解释力下降。

无论是从研究目的上,还是从价值判断上,犯罪学研究都要重新审视研

---

① 参见王牧:《根基性的错误:对犯罪学理论前提的质疑》,《中国法学》2002 年第 5 期,第 126 页。

究重点,将研究重点放在犯罪现象上,而不是犯罪原因上。①

四、从犯罪防控的角度看犯罪原因研究与犯罪现象研究

中国犯罪学的兴起源于社会的需要。在 20 世纪 80 年代初出现的社会治安恶化的情况促使政府有关部门和学者们走到一起,以改善社会治安状况为目的,开创了中国犯罪学研究。从这个目的出发,政府与社会的需求是尽快遏制犯罪高发态势,提出改善社会治安状况的具体措施,即犯罪防控的对策。于是中国的犯罪学研究就从犯罪原因入手,试图找到犯罪高发的原因,然后提出防控对策。这也就确立了中国犯罪学的研究路径。从原因到对策,走的是一条简便快捷的道路,可能会很快地达成目的,但也会忽视基础建设,根基不牢。

(一)社会治安综合治理的提出与后来的困境

20 世纪 80 年代和 90 年代中国犯罪学研究最大的成果就是在犯罪原因研究方面提出了多因素理论。这种理论运用在犯罪防控的实践方面,就是社会治安综合治理。社会治安综合治理的理论与实践也是这一时期犯罪原因研究成果的直接产物。社会治安综合治理也成为我国刑事政策中的重要组成部分,综合治理体系在打击犯罪和预防犯罪方面发挥了重要作用。犯罪原因研究的成果直接应用在了社会治安防控体系的构建上。②

但是需要指出的是,社会治安综合治理的提出是针对 20 世纪 80 年代的

---

① 还有学者从犯罪功能论的角度阐述了类似的观点。"犯罪改变了许多社会进程并对社会的许多方面产生重要影响。如果不明白犯罪在这些重要的社会进程中扮演的角色以及如何扮演这一角色,我们就不能对这些社会进程有全面的理解。……犯罪既有原因又有后果。人们关心犯罪是因为它的后果。我们研究犯罪的原因很大限度上是我们觉察到并且认为犯罪会对社会生活造成严重后果。基本上可以说是犯罪的后果,特别是负面的后果,使得犯罪学研究变得重要。其次,犯罪的后果迫使人们去研究犯罪的原因。因此,了解犯罪的原因固然重要,对犯罪的功能或者后果亦不可小觑。充分发展的犯罪学不光要研究犯罪的原因,同样也要研究犯罪对社会造成的作用或后果。研究重点应是犯罪作为一个正常的社会现象对社会的作用或影响,而不应是人们为什么犯罪。"(参见刘建宏:《犯罪功能论》,人民出版社 2011 年版,第 3 页。)
② 1991 年 2 月,中共中央、国务院做出《关于加强社会治安综合治理的决定》,全国人大又通过此同名决定,把社会治安综合治理用法律形式确定为我国社会治安管理的基本方针。参见刘惠恕主编:《社会治安综合治理论》,上海社会科学院出版社 2006 年版,附录(二)。

犯罪高峰,各类犯罪都呈相对高发的态势,于是就从消除犯罪的根源、进行社会控制的角度提出"综治"。犯罪原因研究的多因素理论应用到"综治"中就是各部门协调一致,齐抓共管,依靠广大人民群众,运用政治的、经济的、行政的、法律的、文化的、教育的等多种手段,整治社会治安,打击犯罪和预防犯罪。当时,依托计划体制和单位制,综治体系得以建立并推行。但当计划体制、单位制瓦解以后,最初确立综治体系的经济社会基础发生变化了,犯罪高发的态势、犯罪类型的变化、犯罪手段的多样化、犯罪人群的分层化等犯罪现象问题并没有引发犯罪学研究重点的变化,而公众的公共安全需求又快速增长,综治体系的运行遇到了相当的困难,实际效果也很难让公众满意。在综治的实际工作中,过于注重政治目标的实现而忽略了满足公众的公共安全需求,在犯罪预防、社会控制和公共安全风险预警等方面都存在滞后情况。社会治安综合治理体系运行的困境反映出在基本理论上对犯罪现象的急剧变化缺乏理论准备与基本判断。所以,当中国处于犯罪高峰时,综治体系却缺乏必要的变化与创新。这种情况直到提出"社会管理创新"以后才有所改变。

(二)犯罪原因研究对犯罪防控的指导力问题

犯罪学理论观点的生命力在于其解释力与指导力。犯罪学界进行犯罪原因研究的目的一方面是为了解释犯罪现象,另一方面是为了犯罪防控。犯罪原因研究的成果能否对犯罪防控产生实际作用,是检验其指导力大小的一个标准。这与上一个问题又是紧密联系的。在解释力不强的条件下,理论观点的指导力也就不强。当然指导力还涉及操作性问题,这使得理论观点在解释力较强的前提下,提出具有可行性的措施和方法。

目前犯罪原因研究的理论观点遭遇到解释力不强的问题,愈来愈无法解释复杂的犯罪现象。在解释力不强的情况下,对犯罪防控的指导力也就不强。究其根本原因,在于没有对犯罪现象进行深入细致、科学地实证研究,犯罪原因研究成了空中楼阁。

总之,犯罪现象研究被轻视的问题从中国犯罪学兴起时就开始存在了,并且是一个带有学科发展根本性的问题。这主要是因为当时政府需要用一些对策来迅速解决当时社会治安恶化的问题,所以中国犯罪学研究一开始就集中在犯罪原因与犯罪对策上了(对犯罪原因的集中研究也是为了提出犯罪对策)。从中国犯罪学研究起步时就没能形成先对犯罪现象进行全面系统的描述分析这样一个传统,导致了犯罪现象研究的习惯性缺失,因此也谈不上科学方法的应用。这样的研究路径导致的结果是,到一定时期,犯罪学研究的理论观点缺乏对犯罪现象的解释力和对犯罪防控的指导力,无法满足政府与社会对犯罪学的需要,犯罪学研究也会遭遇到困境。

五、犯罪学研究应注重犯罪现象与犯罪原因的联系研究

犯罪学研究不仅仅是犯罪原因研究,犯罪现象研究在其中居于基础性地位,只是在犯罪学理论体系中,犯罪原因论占据了绝大部分。西方犯罪学以犯罪原因研究为核心,但细细分析其发展脉络,西方犯罪学的犯罪原因研究无一不是以犯罪现象研究为基础的。而最终这些犯罪学理论都要对犯罪现象进行解释,解释力的大小检验着理论的生命力。所以,在犯罪学研究中,"是什么"的问题是犯罪学研究的首要问题和基础性问题。因此,有学者指出,要克服观察和思考犯罪问题的狭隘视野,提升学术研究的生命力并推动犯罪预防观念的转变和预防实践的发展,关键在于养成事实性研究与规范性研究的自觉结合与关照意识,并遵循事实 > 观念 > 规范(即从事实到观念再到规范)的研究路径。具体地说为达成有效预防犯罪的目的,首先要力求准确把握犯罪的现状、趋势并客观界定影响犯罪态势的那些因素的范围和性质;在有了对所面对的犯罪"是什么"和"为何如此"的科学判断后,方可形成应当如何应对的基本观念和对策构想;最后,才是结合现实条件选择适当的路径和措施来反映和体现已有的反犯罪观念与策略,即文本性的政策表达与相应刑事规范的形成。[①] 从事实、现象入手,重视犯罪现象研究是中国犯罪学研究对象重心的一种回归。

_____

① 张远煌:《犯罪研究的新视野:从事实、观念再到规范》,法律出版社 2010 年版,"前言"第 2 页。

　　有学者认为,犯罪原因论是犯罪学的理论核心,现象永远是原因的前提条件,原因是对现象存在的本质性应答,是制定和实施控制对策的理论依据。对原因论的倚重,本非一个"根基性错误"。① 这只是说出了一半的道理,犯罪原因论作为犯罪学的理论核心,从来不是脱离犯罪现象研究而独行;对原因论的倚重不是一个"根基性错误",但却容易造成犯罪现象研究的缺失,失去了犯罪原因研究的前提条件与基础。对前提条件与基础的忽视,直接导致了中国犯罪原因研究近些年来陷于停滞的状态。现象与原因研究本为一体,重视犯罪现象研究这一基础,犯罪原因研究会随之成长起来。

　　综合各类观点,从犯罪学理论发展的角度,从犯罪学学科发展的角度,缺少犯罪现象论的犯罪原因论研究,从方法论到认识论上都存在严重问题。要使犯罪学真正成熟起来,必须接受犯罪是必然存在的客观现象的结论,以犯罪现象是社会上的客观存在为前提,从整体上全面深入地研究和把握犯罪现象的本质、存在、表现和发展变化规律,实现对犯罪现象的真正全面的、整体的科学认识。② 在犯罪的基本概念上从更加广泛的社会现象范畴上去定义犯罪,以区别刑法学的定义;从方法论上重视实证研究,就必然从犯罪现象入手,以描述性研究为基础,进而以解释性研究作理论提升;在价值判断上保持价值中立,将犯罪现象视为一种客观存在,就会保持一种理性态度,不以功利性目的去研究;以犯罪现象的变化而调整对策,将增强犯罪学理论观点的指导力。中国犯罪学若要迎来再次的繁荣,需要在研究对象上进行基础性回归,即以犯罪现象研究为重心。

---

① 参见皮艺军:《原因论是对犯罪现象的本质展开——"犯罪存在学"驳议》,《第七届中国犯罪学高层论坛论文集》,2014 年 4 月,上海,第 4 - 5 页。
② 参见王牧:《犯罪学基础理论研究》,中国检察出版社 2010 年版,第 55 页。

第三章
犯罪一般理论与基本因果关系链

在犯罪学研究中,犯罪学基础理论有着显著的位置,并且犯罪一般理论在犯罪学的发展历程中具有显赫地位。犯罪一般理论因其强大的解释力、适用范围的广泛性和相当长的时间效力被后人推崇。同时,犯罪一般理论对犯罪趋势的研究具有明显的特点,通过多重因素分析和多重因果关系叠加对犯罪趋势进行解释分析和预测,具有其他理论不具备的理论特色与学术地位。关注当代犯罪学的各种学派和分支理论,在对犯罪趋势的研究上略显不足。笔者试图从犯罪学说史中的实证犯罪学的"犯罪饱和理论"为切入点,从犯罪一般理论的视角分析当代中国的犯罪趋势和基本因果关系链,力求阐发一些有益的观点。

一、犯罪学中的一般理论

(一)犯罪学中一般理论的提出

在犯罪学研究中,通常认为犯罪原因作用于犯罪人,引起犯罪行为的发生。各种不同的犯罪学理论就在于解释不同的犯罪原因与犯罪人、犯罪行为之间的因果关系。犯罪的一般理论就是用于解释大多数犯罪发生的原因与犯罪行为之间构成了一种简明的因果关系。这种一般理论具有较强的普遍性解释力。①

在犯罪学说的发展史中,各种学说都试图形成普遍性的理论体系,但却都被新的理论取代,体现为各种理论的沉浮。除了犯罪学早期的犯罪生物学理论、古典犯罪心理学理论以外,现代犯罪学理论中能被视为犯罪的一般理论的主要有:社会解组理论、价值失范理论、社会控制理论等。

1. 社会解组理论

社会解组论讨论的是社会结构的解体和重组过程中所引发的犯罪问题,也叫社会生态学理论,它是美国芝加哥学派提出的犯罪社会学理论。芝加哥学派认为,城市本来是一个"有生命的"有机整体,是一个历史形成的自然体系,城市的区位结构是由于城市自身的社会规律而形成的同心圆。这个犯罪同心圆理论是芝加哥大学伯吉斯等人通过在地图上标示,调查芝加哥违法犯罪少年居住地的分布,研究芝加哥犯罪情况后提出的犯罪学理论。

社会结构解体论认为,人们生活和活动在家庭、学校、游戏伙伴和团体之中,这些群体都适应于地区性的集体或大城市的某个市区,它们又反映了某个城市的历史过程。由于大量移民,如欧洲移民与南方黑人的拥入,不仅使人口过度稠密,而且导致原有社会结构的解体,这种社会结构的解体又进一步导致人们文化准则的混乱,使人们价值观发生严重混淆,不知道如何适应这种新的社会环境,从而导致个人的越轨和违法犯罪行为的增多。芝加哥学派认为,犯罪是社会和文化环境的产物,急剧的社会变迁、移民与人口流动等造成社会的迅速多元化,使各不相同的民族不自觉地共同生活在一起,使人们感到无所适从,因而犯罪率的上升也就在所难免。解决问题的办法就是要向新移入的居民灌输主流社会的文化,通过社会主流文化来形成对每个社会

---

① 赫希和戈特弗里德森将其提出的"社会控制理论"丰富和完善后称为犯罪一般理论,而在他们提出这种理论时意在找到一种具有普遍解释力的犯罪学理论,旨在发现诸多犯罪学理论中的"原理"。从这个角度看,犯罪一般理论又不仅限于社会控制理论,具有普遍解释力的犯罪学理论都可以称为犯罪一般理论。参见[美]迈克尔·戈特弗里德森、[美]特拉维斯·赫希:《犯罪的一般理论》,吴宗宪、苏明月译,中国人民公安大学出版社2009年版,第19-20页。

成员的有效控制。①

2. 社会失范理论

结构功能理论的代表性人物默顿认为,对犯罪的解释,应当到社会结构和文化结构中去寻找答案。每个社会都有自己所鼓励的文化目标,同时也给予实现这种文化目标的合法手段。如果人们缺乏其中之一,或二者同时缺乏的话,就会出现所谓的"失范"状态,于是导致犯罪的产生。默顿认为,恰恰是最成功的和最完全的适应一种特定社会的文化价值观念可能最终成为越轨犯罪行为的渊源,而美国文化正是这样一种文化。美国社会给了每个人一个"美国梦",但它并没有给每个人实现"美国梦"的合法手段。由于美国的政治、经济和社会结构并未给予所有阶层的人民提供平等实现美国梦的机会,这样就在文化价值目标和社会结构使其可以实现目标的"有限合法机会"之间形成巨大矛盾,造成了默顿所说的社会反常状态。这种反常状态减少了人们对合法手段的依赖,转而接受非法手段,即用犯罪的或越轨的手段来获得所希望的成功。

根据这种理论,默顿还提出了如何有效控制社会犯罪问题的对策,他认为,至少有两种解决办法:第一,增加竞争的机会,使人们能够更好地利用可得到的合法手段;第二,减少人们的欲望,以便目标与手段更容易统一。这种理论影响很大。但它很容易导致人们把犯罪仅仅看作是那些下层社会中缺乏机会和能力的人们的事,从而容易忽视上层社会的犯罪。

3. 社会控制理论

社会控制理论同样是从个人与社会的互动过程来解释犯罪的一种理论,与传统的犯罪社会学理论不同的是,它不是直接解释人们为什么违法犯罪,而是解释大多数社会成员为什么不违法犯罪的原因,从而间接地说明了社会犯罪的原因。

社会控制理论认为,家庭和学校教育的失败是导致犯罪的主要原因,因

① 参见[美]乔治·B.沃尔德、托马斯·J.伯纳德、杰弗里·B.斯奈普斯:《理论犯罪学》(原书第5版),方鹏译,中国政法大学出版社2005年版,第150-161页。

此主张加强家庭教养、强化父母对儿童的直接监管；严格学校教育；以社区为单位，让社会机构督促、吸引少年更多地参加合法活动，推进犯罪对策。这样，社会控制理论就把控制犯罪的责任从国家转移到社会层面，使社区和一般市民成为控制犯罪的主体力量。这与传统犯罪学把控制犯罪的责任主要推向国家的主张有着根本的区别。①

（二）犯罪学说中一般理论的特点

总地来看，犯罪一般理论都具有如下特点：

1. 时间上的持续性。一般理论的解释力要经过长时间的检验。一种理论在学术界被关注的时间越长，其解释力也越强。比如经济条件等诸因素如何产生犯罪，不同时期的相互关系能否相互印证。这样就越能成为一般理论。

2. 空间上的广泛性。解释力的大小还与适用的地域相关。适用的越广，理论的解释力越强，同时也要注意，大国经验特别值得重视。一种理论如果在某大国得到适用，其解释力也是相当大的。各种犯罪学理论往往是适用范围太小而无法成为一般理论。各个国家之间的差异，也使犯罪学的某些理论观点只在特定的区域内有效。但适用范围的标准也存在巨大争议。

3. 人群上的适用性。犯罪学的理论能否适用多种人群、各类阶层、各种族民族，这是一种理论解释力大小的重要标准。在穷人与富人，高学历与低学历，不同职业群体，究竟什么样的人更容易犯罪，或者他们为什么会犯罪。适用的人群越多，解释力强，就越能成为犯罪学中的一般理论。

另外，一种理论的解释力会随着经济社会条件的变化而变化，但总是被人们关注。可能曾经热门的理论会被冷落，但经过了一定的时期又会焕发新的生命力。如社会解组理论、紧张理论等都曾被冷落，但经过一段时期，经过其他学者的改造又重新获得强大的解释力。这也是成为一般理论的一种方式。

---

① 参见[美]乔治·B. 沃尔德、托马斯·J. 伯纳德、杰弗里·B. 斯奈普斯：《理论犯罪学》（原书第5版），方鹏译，中国政法大学出版社2005年版，第231－239页。

二、犯罪一般理论、犯罪饱和理论与犯罪趋势研究

（一）影响犯罪趋势的因素

一般认为，影响犯罪趋势的因素是多种多样的，但真正对犯罪趋势大的走向起主导作用的因素是不多的。从大类上分，可以分为宏观因素和微观因素。从对犯罪趋势的作用上说，宏观因素对犯罪趋势起主导作用，但微观因素的大量聚集同样也会影响大趋势。所以在分析犯罪趋势时，在研究犯罪宏观因素的同时，也要关注微观因素。潜在犯罪人的不断增加就是微观因素大量积聚的结果和表现形式。犯罪饱和理论是将宏观因素与微观因素结合起来，指出某一时期的犯罪都是人类学因素（生理及心理因素）、自然因素和社会因素造成的，这三种因素的相互作用就会引起犯罪趋势的变化或者决定着犯罪趋势。因此，在研究犯罪趋势时，除了要分析宏观因素，还要注意微观因素的聚集和变化。

（二）犯罪一般理论对犯罪趋势的解释力

从相当长的历史时间段来看，犯罪趋势的变化一定是某种一般理论所阐释的因果关系在起作用，或者是在发生变化。这种理论表明的是一些最基本的犯罪因果关系，这些基本关系的变化会引起犯罪趋势的变化。一般理论在解释犯罪趋势方面应该是具备相当强的解释力，同时也会是一个大理论。这反映出犯罪学界对时代特征的认识与回应。

从时间跨度上看，犯罪一般理论的生命力持续时间都在30—50年，有的可能因为理论更新的原因会持续更长的时间。在犯罪趋势上，犯罪一般理论的解释力也与其理论生命力相一致，一种一般理论解释了一个较长时间段的犯罪趋势，但当犯罪趋势发生变化时，这种理论没有足够的适应性，随着解释力下降就会被新的理论所替代。

（三）犯罪饱和理论与犯罪趋势研究

在犯罪学说史中，实证派犯罪学的理论学说占有重要位置，这是犯罪学由哲学走向科学的一个重要学派。恩里克·菲利是这一学派的代表人物之

一,他提出的"犯罪饱和理论"(也称为"犯罪饱和法则")是关于犯罪趋势研究的重要理论观点,也是一种犯罪一般理论。菲利认为,每一个社会都有与其相适应的犯罪,这些犯罪是当时社会的自然和社会原因引发的。在一定的社会,犯罪是衡定的,就像在一定的液体里、一定的温度下,只能溶解一定的溶质,所以在一定的社会环境下犯罪不多也不少。除非社会环境发生激烈的变化和冲突,犯罪才可能爆增。

每个时期犯罪的质和量都是与社会发展相适应的,有时候增多,有时候减少,而且在较长的时期内,会积累成一系列真正的犯罪浪潮。总体上,犯罪的数量与环境的比例是大体不变的。菲利认为,要消灭犯罪是不可能的,除非要颠覆整个社会。他根据"犯罪饱和法则"得出两个犯罪社会学的结论:一是主张犯罪具有机械的规律性是错误的,保持不变的是一定的环境与犯罪数量之间的比例;二是认为救治犯罪疾患最好措施的刑罚的实际效果比人们期望的要小。

犯罪饱和理论对犯罪趋势研究的最大贡献在于,从犯罪产生三个基本因素出发,运用饱和法则对犯罪趋势进行判断,当一个国家的这三个基本因素所能容纳的犯罪尚未释放出来时,犯罪趋势就会呈现增长态势,直到达到饱和状态,犯罪增长就会趋于稳定。菲利所强调的与一国的自然、经济和社会因素相适应的犯罪状况就是这样一种动态稳定的饱和状态。

三、犯罪一般理论与中国犯罪趋势研究

(一)中国犯罪趋势研究的一些问题

中国的犯罪趋势研究大致开始于 20 世纪 80 年代,提出了犯罪高峰波动等观点。从研究的结果看,学者们认为持续增长是总体趋势,这一点没有争议,只是从不同角度、用不同的理论框架来解释中国犯罪增长的趋势,这种研究丰富了中国犯罪学的理论成果,但也掩盖了犯罪学研究上的问题。

在犯罪趋势研究中,总会看到这样的研究:只要将某些犯罪相关因素列出,找到相关因素与犯罪的同步性,在原因分析上阐发相关因素的变化引起,

然后归结到促进潜在犯罪人增加,认为这样研究就万事大吉,以为这样就可以解释犯罪数量增长问题了。但在犯罪增长的大趋势下,有多少相关因素都是在变化(主要是在增长),都与犯罪增长有同步性,都用来解释犯罪趋势也没有什么太多理论意义。泛泛的犯罪原因与趋势研究忽视了犯罪趋势中的变化与各类因素的差异性,对犯罪学基础理论贡献不大。

因此,中国犯罪增长的大趋势中,有几个问题需要注意:

一是大趋势中的变化。在总的犯罪增长趋势中有出现波动的情况,增速有时较高,有时较低。这些增速的变化如何解释,是哪些因素促成了这种变化。

二是犯罪趋势中地区之间的差异。东部地区犯罪增长明显高于西部地区,城市地区犯罪增长明显高于非城市地区,不同的城市区域也有不同的情况。

三是在犯罪增长趋势中各个群体的表现存在差异与变化。在中国社会的各个不同群体在犯罪增长中的表现也反映出不同因素的作用,各个群体的相互关系与相互作用与犯罪增长的关系。

(二)目前一些理论对中国犯罪趋势的解释力与具体分析

1. 城市化与社会解组理论的解释

用城市化程度和城市化过程中出现的问题与社会解组理论相结合来解释中国犯罪增加的趋势是犯罪趋势研究中运用最多的理论框架。1992年后,中国经济改革"提速",城市产业结构调整,国家对流动人口政策性干预减弱,中国都市化的进程明显加快,其中,1996—2003年是中国都市化发展最快的时期,城市人口占总人口的比例一直保持在1.4—1.5个百分点的高增幅,到2006年中国的都市化水平已达到了43.9%,与此同时犯罪率也出现了迅速攀升的趋势。运用皮尔逊相关系数(r)对1992—2006年的中国都市化水平与犯罪率进行相关统计分析,两者的相关系数为0.935,表现出极高的相关性。这一数字表明:中国的现代化依然没有摆脱许多西方国家曾经出现过的都市化与犯罪率同步提高的"怪圈"。①

　　2. 经济发展与社会控制力的解释

　　从 20 世纪 90 年代，中国一些学者就已经把经济增长作为犯罪增加的根本原因，提出"正比论""同步论"等。认为犯罪率与经济发展成正比，即经济落后、犯罪率低，而经济发展犯罪率就会高。"同步论"认为犯罪率的发展趋势与经济发展的趋势呈同步状态，经济发展就会引起犯罪率上升。② 另外，一些学者将经济因素细化，用教育水平、非公经济发展和贫困率等因素进行相关性分析以确定与犯罪增长存在因果关系。③ 通过经济发展和社会控制力来解释犯罪增长趋势，在三十多年的经济增长过程中似乎很有解释力，但同时也面临着诸多挑战。最大问题就在于为什么只能解释"后三十年"经济增长带来犯罪增长，却不能解释"前三十年"经济增长并没有带来犯罪增长。同样的问题也可以适用其他具体因素的解释力，前三十年与后三十年的巨大差异

---

① 张荆：《都市化与犯罪率同步增长的原因研究》，《中国犯罪学学会第十八届学术研讨会论文集（上册）》，2009 年。关于城市化与犯罪趋势的相关分析还可参见：陈屹立：《收入不平等、城市化与中国的犯罪率变迁》，《中国刑事法杂志》2010 年第 11 期。在城市化过程中还伴随着贫富差距加大、各类矛盾加剧等社会解组现象，因此在分析城市化进程时这些因素也一并考虑了。亦可参见梁亚民、杨晓伟：《中国城市化进程与犯罪率之间关系的实证研究——基于结构突变的协整分析》，《犯罪研究》2010 年第 4 期。也有学者在分析城市化因素中提出，人口数量始终是犯罪趋势变化的一个基础。由于中国正处于社会转型期，人口数量不断增加也使得潜在犯罪人的数量不断增加，在条件具备的时候就会转化为犯罪人，导致犯罪增加。但人口数量作为一个基础性因素还不能单独成为一个解释性因素，因为中国犯罪数量的增长与人口数量的增长并未形成相近的正比例关系，犯罪数量的增长速度远远超过了人口增长速度。因此除了注意人口数量还要注意人口结构、人口流动等相关因素。关于运用人口因素进行犯罪趋势预测的观点可参见：刘建生、曾辉、邹晖：《城市刑事犯罪趋势之定量分析》，《中国人民公安大学学报》（社会科学版）2006 年第 6 期。陈刚、李树、陈屹立：《人口流动对犯罪率的影响研究》，《中国人口科学》2009 年第 4 期。

② 参见周路：《当代实证犯罪学》，天津社会科学院出版社 1995 年版，第 52 页。但这些观点过于宽泛、不够精致，引起的争论也很大。另有学者提出在经济增速发生变化的同时，犯罪增速并没有随之变化，而是有更复杂的因素在发生作用，可参见王焱：《经济条件和经济动机作为犯罪成因的实证分析》，《犯罪与改造研究》2001 年第 11 期。

③ 参见徐雷、郑理：《关于中国经济增长、社会福利与犯罪率关系的研究——基于 1985—2010 年的经验数据》，《西部经济管理论坛》2012 年第 2 期。此文以 1985—2010 年的经验数据为样本，利用协整理论和向量误差修正模型（VECM）等计量方法，在经济增长、社会福利得到逐步改善的背景下，对中国经济转型期犯罪率持续攀升问题进行了实证分析。协整检验结果表明：没有确切的证据表明国民受教育水平的提高必然增加犯罪率，但非公有制经济的发展壮大和城市贫困率的上升在一定程度上对犯罪率的上升有助推作用，而对外开放水平的扩大对于犯罪率的下降有积极作用；同时，因果性检验证实国民幸福水平与犯罪率之间存在双向的 Granger 因果关系。

使得许多理论在相关性和同步性方面的解释力大打折扣。

这些理论都从不同侧面解释了中国犯罪增长的趋势,在中国的犯罪趋势研究中,最大的问题是中国犯罪快速增长并长期保持增长趋势已经是大家都能看到的事实并且都认同这一趋势,只是在用不同的理论或者不同的分析方法去解释这个趋势,这种研究并不能对中国犯罪学基础理论有太大贡献,原因就在于没能形成中国犯罪学的一般理论。

(三)犯罪一般理论对中国犯罪趋势研究的意义与作用

犯罪一般理论对于中国犯罪趋势研究具有重大的指导意义。这种理论的生命力促使人们从更为宏观、抽象的理论起点出发,以一种更具普遍性的分析框架阐述了犯罪原因和犯罪产生、发展的过程,这可以称作是犯罪学的"元理论"。所以其能对犯罪趋势研究提供一种基础性的理论分析框架,这种理论因其强大的解释力而能对犯罪趋势进行根本性的分析。

犯罪一般理论对中国犯罪趋势研究的作用主要有以下几个方面:

第一,分析影响犯罪趋势的基本因素。这种分析建立在犯罪一般理论的内核——犯罪原因学之上。任何一种犯罪一般理论都要对犯罪原因研究有所建树。犯罪饱和理论的犯罪原因三分法,至今仍是犯罪学基础理论中的经典,其他观点都由犯罪原因的分析而展开的。

第二,提出犯罪趋势变化的基本规律。这个规律是其理论基本观点之一,需要阐述犯罪的产生、发展变化在宏观上的规律,需要指明一个社会的犯罪将会发展到何种程度,或者达到一种什么样的状态。这也是犯罪趋势研究所必须具备的,即要有犯罪发展态势的目标性观点。

第三,指出犯罪原因中基本因素与犯罪趋势变化的互动关系。这个关系是一种因果关系,也是犯罪一般理论基本逻辑关系,需要指明犯罪原因中基本因素的变化将会引起犯罪趋势怎样的变化,存在一种怎样的互动关系。这种互动关系并不是仅仅简单指出某些因素与犯罪之间存在同步性、相关性就可以了,而是要发现这些因素与犯罪之间的内部作用机理。这也是犯罪一般理论具有强大理论生命力的根本原因。

第四章
因果关系链研究对犯罪趋势分析的具体应用

近年来,关于中国犯罪状况的趋势预测的论文渐渐多起来,特别是对下一年五年或十年周期的犯罪趋势预测,大多数分析预测的结果都是倾向中国正处于犯罪高发的阶段,犯罪数量在未来几年将维持在每年 500 万件以上。对犯罪趋势进行预测的同时,也对犯罪趋势发展变化的原因进行了诸多分析。这其中既有单因素分析,如分析收入差距、流动人口、城市化等因素对犯罪数量增长的作用;也有多因素分析如分析国民教育、家庭变化、社会结构等诸因素相互作用影响犯罪趋势变化。[1] 这些分析研究都对未来中国犯罪趋势作出了一种判断,为社会治安防控政策调整提供了多种思路。但是,也要看到,这些犯罪趋势预测的分析研究缺乏对导致犯罪趋势变化各类因素的因果关系链条的深入细致分析,而因果关系链是对下一阶段中国犯罪趋势分析预测的重要方面,缺少了因果关系链会使犯罪趋势预测陷入简单化、纯技术化的困境,使犯罪趋势预测的观点解释力下降。因此,有必要将犯罪趋势预测中的诸多因素进行梳理,形成对犯罪趋势预测的较为完整的因果关系链,以增强理论上的解释力和指导力。

---

[1] 有关中国犯罪趋势预测的学术分析可参见赵军:《我国犯罪预测及其研究的现状、问题与发展趋势——对"中国知网"的内容分析》,《湖南大学学报》(社会科学版)2011 年第 3 期。

一、犯罪趋势预测中相关因素的分类

在犯罪趋势预测中分析研究中的各类相关因素很多,若要形成关于犯罪趋势的因果关系链,首先就要对这些相关因素进行分类,然后再进行因果关系的逻辑组合。总的来看,这些相关因素可以分为影响性因素和控制性因素两大类。

(一)影响性因素

此类因素是产生犯罪的基础性因素,包括经济、社会、文化等方面,这些对犯罪发生会产生多重传导作用,即此类因素本身并不直接对犯罪的增加或减少起直接作用。如国民经济增长、人均收入增加、贫富差距等经济类因素和离婚率、流动人口数量、社会阶层结构、社会失范等社会性因素。虽然这类因素是通过多重传导对犯罪发生产生作用,但这些因素属于基础性因素,决定着中国犯罪变化的大趋势和基本走向。这些因素的变化经过因果关系链的多重传导会对犯罪趋势发生基础性的作用,在较长的时间段内决定着中国犯罪趋势的变化。用这些因素来分析犯罪增长的原因需要注意在基础性的影响性因素与犯罪增长的结果之间的传导因素。如有学者分析收入差距加大导致犯罪增长的时候,发现贫富差距拉大导致低收入群体就业条件下降进而引起生存状况恶化,最后选择犯罪。[①] 这是一种分析思路,注意了贫富差距拉大与犯罪增长之间的传导性因素,但这只是一种单向度的分析思路,其解释力也具有很大的局限性。所以,运用影响性因素分析中国犯罪趋势变化需要注意不能简单化处理,这些因素的间接性作用不能简单地归结成 A 导致 B 的一般公式。

---

① 参见陈春良、易君健:《收入差距与刑事犯罪:基于中国省级面板数据的经验研究》,《世界经济》2009 年第 1 期,第 24 页。原文是:"本文经验研究结果表明,中国刑事犯罪率的上升,在很大程度上可以归因于经济转型过程中低收入群体,特别是弱势群体就业条件的下降。就业条件的下降导致低收入群体生存条件恶化,从而诱使了更多的人群'理性'地选择了犯罪(Freeman,1996)。已有的研究表明弱势群体就业条件的下降,在一定程度上可以归因于劳动力市场的制度性分割(王永钦等,2007)。"

(二)控制性因素

此类因素直接对犯罪变化产生作用。此类因素的变化会导致犯罪数量发生明显波动。如警力增加、安全防范力量增加、防控组织增多等都会直接对犯罪数量的减少产生作用。某些政策的变化也会使犯罪变化趋势发生变化,如"严打"政策的实施就会实现"社会治安的根本好转"治理目标,引起其后几年犯罪数量的下降。另外,从被害人的角度,还有防范措施不足、防范意识下降、财富外露等被害性增加的因素,这些因素都会直接引起犯罪数量的增加。在宏观上,立法因素也会直接引起犯罪趋势的变化,如《刑法》的修改和某些条款的司法解释,都会在一定时期内引起犯罪数量的大幅变化。由于控制性因素产生效用较快,较为容易进行分析,在犯罪趋势预测中一般都将其视为引起犯罪趋势波动的因素。自1978年以来的中国犯罪状况发展变化,总是在强有力的治理以后在犯罪趋势上产生波动性的振荡,1983年、1996年两次强有力的犯罪治理成为中国犯罪趋势上的两个节点。而犯罪数量在经历1997年短暂的回落之后,自1998年又开始迅速增长,这可以归因于1997年《刑法》的重大修订使得罪名增加而引起的犯罪数量的增加。[①] 控制性因素对犯罪趋势变化影响较为直接,同时主观人为的特点较强,在犯罪趋势分析中控制性因素分析较为简单明了,能够与犯罪变化形成明确清晰的因果关系。

在中国犯罪趋势分析预测中,影响性因素与控制性因素会经常合并分析,但总是将影响性因素作为犯罪趋势的主要因素,而不太关注控制性因素,或者是将控制性因素作为整个犯罪趋势中的突变因素。事实上,控制性因素也是分析中国犯罪趋势的一个重要组成部分,与影响性因素构成了一个因果关系的整体。将控制性因素的变化融入中国犯罪趋势变化,能使关于犯罪趋势的预测更具科学性和全面性。

---

① 关于"严打"对中国犯罪趋势变化的突变效应可参见梁亚民、杨晓伟:《中国城市化进程与犯罪率之间关系的实证研究——基于结构突变的协整分析》,《犯罪研究》2010年第4期,第18 – 19页。

二、影响性因素的多重传导的效力：放大或变异

在中国犯罪趋势预测分析中，影响性因素起着间接作用，有些因素起基础性作用，如经济性因素，由于其发挥作用需要通过其他"介质"进行传导，产生"多米诺骨牌效应"，犯罪的发生只是最终倒下的那块"骨牌"。转化与放大是在传导过程中发生的。因此，在影响性因素与犯罪发生之间最应该也最容易用因果关系链进行联系和解释。

（一）经济类影响性因素的因果关系链

20 世纪 90 年代，中国一些学者就已经把经济增长作为犯罪增加的根本原因，提出"正比论""同步论"等。认为犯罪率与经济发展成正比，即经济落后犯罪率低，而经济发展犯罪率就会高。"同步论"认为犯罪率的发展趋势与经济发展的趋势呈同步状态，经济发展就会引起犯罪率上升。[1] 中国经济持续增长的 20 多年，也是犯罪数量持续增加的 20 多年。从数量上看，二者确实具有同步性，但这是否就可以说二者具有正相关性。20 世纪 70 年代末 80 年代初，中国经济刚刚开始起飞，增速并不快，但犯罪数量却在 1980 年代初期形成一个高峰。在 1990、1991 年中国经济经历了一次低速增长时期，但此时犯罪数量却猛增，刑事案件数量到了 1990 年已飙升到 200 多万起，1990 年的立案数为 1980 年的 3 倍。1990、1991 年在 1983 年"严打"之后又进入一个犯罪高峰。[2] 同样的，中国经济在 1998、1999 和 2000 年又经历了一次相对的低速增长期，但是犯罪数量却在 1998、1999 年形成了自改革开放以来的又一个高点。所以，从经济增长与犯罪增加的速度上看，二者并不同步。在形式上，二者也不具有正相关性。但是经济发展却是中国犯罪趋势变化中的一个重要

① 周路：《当代实证犯罪学》，天津社会科学院出版社 1995 年版，第 52 页。
② 依据公安部领导的"七五"规划期间(1986—1990 年)国家哲学社会科学重点项目"中国现阶段犯罪问题研究"成果，1981 年出现的第四次犯罪高峰，虽经 1983 年以后的"严打"有所回落，被压到 1984 年的 51 万余件，稳定了几年，但从 1988 年起又开始大幅度上升，截至 1991 年底刑事立案已达到 236 万件，进入了第五次的犯罪高峰，目前仍呈上升趋势，尚未达到峰顶。（参见冯树良：《中国刑事犯罪发展十论》，法律出版社 2010 年版，第 20－21 页。）

因素,它是如何对犯罪数量产生作用的呢？在经济发展与犯罪增加之间有着一系列的介质进行传导,最终引起了犯罪增加,其效应在这中间还会被放大,所以导致犯罪的增加比经济发展还要快,对于这之间的介质传导,有多种传导方式,一种简单的表述可说明这个问题：

经济快速发展→经济结构变化→经济组织形式变化→社会各类组织形式变化→社会结构变化→传统的社会控制体系瓦解→犯罪增加

这只是众多因果关系链中的一条,其解释力也有限,但是已经可以将经济发展与犯罪增加联系起来。前面提到的贫富差距加大与犯罪增加之间的关系问题也可以用这样的因果关系链来解释。

贫富差距加大→社会各类资源向富人集中→社会中各类规则和机会更倾向富人→穷人的机会与资源急剧减少→穷人对社会规则缺乏认同→犯罪增加①

其他经济类因素如国民收入、贫困程度等都可以用这个方法找到类似的因果关系链。问题的关键是所列出的因果关系链具备怎样的解释力,解释力的大小是判断因果关系链正确与否的关键。又如城市化因素是众多学者分析犯罪趋势时的重要因素,随着城市化程度的不断提高,犯罪数量也会不断升高。这已经成为学界的一种共识。但是城市化是从哪些方面改变了中国社会,从而会导致更多的犯罪,这是在用城市化因素分析犯罪时必须要进行说明的,这就需要在城市化与犯罪增加之间建立一种因果关系链。

通过各种观点的归纳和总结,可以发现在城市化与犯罪增长之间存在这样一些传导介质：

中国城市化→改变原有乡村社会结构→原有乡村社会规范失去效用→大量农村人口涌入城市→对城市社会规范缺乏认同或无法融入→犯罪增加

中国城市化进程自 1978 年改革开放迅速推进,20 世纪 80 年代形成一个

---

① 有关贫富差距加大导致犯罪增加的具体分析可参见陈屹立:《收入不平等、城市化与中国的犯罪率变迁》,《中国刑事法杂志》2010 年第 11 期,第 117 – 118 页。此文中也提到其他相关因素与贫富差距加大共同作用导致犯罪增加的结果。如城市化、国民教育、失业人口等因素都导致了中国正处于一个犯罪高发期的状况。

快速增长期,①但由于实行的是先进城、后建城的策略,在城市规模还没扩大的同时,在城市生活的人口却急剧增加,导致城市各方面的资源紧张。所以真正城市化的高峰期是20世纪90年代后期。中央明确提出城市化建设(还有城镇化建设)以后,工业建设和城市生活人口的剧增使得城市用地空间日益减小甚至非常紧张,于是开始大规模开始向城市周边农村扩张(最初是以建立各类经济开发区的形式向农村扩张)。② 城市周边农村的消失使得农民"被城市化",原有的社会控制体系也随之消失,农村生活的各类社会规范也没有了适用领域,而新的城市控制体系又没有在新扩张的地区建立起来,就使得城郊结合部成为犯罪高发区域,这在许多大城市都有类似情况。③

(二)社会类影响性因素的因果关系链

在社会类影响性因素方面,人口、教育、家庭、社会结构等方面都是分析犯罪趋势变化的重要因素。比起经济类因素,社会类因素导致犯罪增加的因果关系链相对要简单些。

人口数量始终是犯罪趋势变化的一个基础。由于中国正处于社会转型期,人口数量不断增加也使得潜在犯罪人的数量不断增加,在条件具备的时候就会转化为犯罪人,导致犯罪增加。但人口数量作为一个基础性因素还不能单独成为一个解释性因素,因为中国犯罪数量的增长与人口数量的增长并未形成相近的正比例关系,犯罪数量的增长速度远远超过了人口增长速度。

---

① 1984年1月1日,中共中央发出《关于农村工作的通知》("一号文件"),允许农民自筹资金、自理口粮,进入城镇务工经商。实行了20多年的限制城乡人口流动的就业管理制度开始松动。由此全面展开了农民进城的大潮,城市中的流动人口也成为在城市中实际生活的人,在城市与农村之间如候鸟般"迁徙"。

② 相关政策可参见:1998年10月,中共十五届三中全会通过了《中共中央关于农业和农村工作若干重大问题的决定》,提出"发展小城镇,是带动农村经济和社会发展的一个大战略",进一步提升了发展小城镇的重要地位。2000年7月,中共中央、国务院发出《关于促进小城镇健康发展的若干意见》。《意见》指出,加快城镇化进程的时机和条件已经成熟。抓住机遇,适时引导小城镇健康发展,应当成为当前和今后较长时期农村改革与发展的一项重要任务。2000年10月,中共中央在关于"十五"规划的建议中提出:"随着农业生产力水平的提高和工业化进程的加快,我国推进城市化条件已渐成熟,要不失时机实施城镇化战略。"

③ 关于城市化与犯罪趋势的相关分析可参见:陈屹立:《收入不平等、城市化与中国的犯罪率变迁》,《中国刑事法杂志》2010年第11期。梁亚民、杨晓伟:《中国城市化进程与犯罪率之间关系的实证研究——基于结构突变的协整分析》,《犯罪研究》2010年第4期。

因此除了注意人口数量还要注意人口结构,人口流动等相关因素。综合各种关于人口因素进行犯罪趋势分析的观点,可以发现以下因果关系链:

人口增加 + 人口流动性增强→各类社会资源分配的紧张关系 + 各类社会规范缺失 + 社会控制的效力下降→人与人之间、群体与群体之间矛盾冲突增加→犯罪增加①

由于城市是犯罪发生的集中地,因此城市人口和在城市实际生活的人口是分析犯罪趋势变化的重要因素。在运用人口因素进行分析时,通常也需要和中国城市化因素结合起来分析,才能更具解释力。城市化和人口流动性的增加改变了人们的生活方式,改变了人们的交往方式,使人们的交往方式更加复杂化,也使人与人之间发生矛盾冲突的机率大大增加了,这也是犯罪增加的直接原因。

家庭因素一直以来都被视为导致犯罪的主导因素。在犯罪学研究中,家庭环境不好或父母与子女关系不好是导致犯罪发生特别是青少年犯罪的根本原因,这已经成为一条定律。这些规律在社会转型期体现得特别充分,许多典型案例都表明家庭关系破裂或家庭关系不好对犯罪人产生极大影响,在这样的家庭成长起来的青少年产生犯罪行为的可能性大大超过了在正常家庭关系中成长起来的青少年。在这一定律的指导下,大多数分析青少年犯罪的论文都将家庭关系列为青少年犯罪的首要因素。顺着这个思路分析下去,相关因素也会分析犯罪趋势的重要方面,青少年的辍学率、社会闲散人员数量、不良少年数量等,这些因素也构成了家庭因素与犯罪增加因果关链中的重要环节。所以,这条因果关系链可以表述为:

家庭关系破裂或家庭关系不好(以离婚率、单亲家庭数量、父母长期不在一起居住等指标表现)→子女缺乏关爱或缺乏良好教育→心理畸形或不良行为增多或失去正常的社会控制(以辍学率、失学率、闲散青少年数量等指标表

① 关于运用人口因素进行犯罪趋势预测的观点可参见:刘建生、曾辉、邹晖:《城市刑事犯罪趋势之定量分析》,《中国人民公安大学学报》(社会科学版)2006 年第 6 期。陈刚、李树、陈屹立:《人口流动对犯罪率的影响研究》,《中国人口科学》2009 年第 4 期。

现)→犯罪增加

在运用家庭因素分析犯罪趋势上,学术界大都能形成共识,认为中国在社会转型期家庭关系也处于转型变化之中,稳态的家庭被打破,各类家庭问题急剧增多,导致社会不稳定因素增加,犯罪现象也随之增多。但在具体问题上未必能够回归家庭关系这一基本的犯罪学规律,在分析犯罪现象和提出解决对策时,往往还是就事论事,对策以控制、打击为主。如果不能在解决家庭关系问题方面提出解决对策,就无法遏制犯罪快速增长的势头。所以,在当前的诸多家庭关系问题的指标都反映出将来可能的态势,如上千万的单亲家庭、近6000万的农村留守儿童,这些问题可能产生多少潜在犯罪人,这将是未来中国所必须面对的犯罪高峰。①

社会结构的变化引起的更多的是阶层之间的冲突、群体之间的冲突。运用社会结构因素分析犯罪趋势时,主要是宏观上对中国社会转型期社会各阶层之间的矛盾冲突进行分析预测,其因果关系链较为简单,就不在此展开论述了。

在运用影响性因素进行犯罪趋势分析时应当注意,影响性因素通过介质传导会将其作用不断放大,或是变异,上述几条因果关系链中就有这种情况。一般来说,影响性因素对犯罪趋势起基础性作用,在较长的时间段内,这些因素发生的作用放大或变异不会大地改变总的犯罪趋势。

三、控制性因素对犯罪趋势的作用:突变和节点

控制性因素在犯罪趋势分析中处于一种导向性的地位,它能够短期内改变犯罪趋势的走向,甚至能够成为一个时期和另一个时期的分界点。因为从改革开放四十多年犯罪趋势的变化来看,控制性因素始终改变着中国的犯罪增长的速度,虽然犯罪增长的总趋势没有改变,但在一个时期内还是能够发现这些控制性因素的直接作用。

———————————

① 有关这方面的观点可参见:张远煌、姚兵:《中国现阶段未成年人犯罪的新趋势——以三省市未成年犯问卷调查为基础》,《法学论坛》2010年第1期。

（一）"严打"政策：最为明显的控制性因素

"严打"政策是分析中国犯罪趋势变化最为明显的控制性因素，"严打"政策的实施会明显改变犯罪趋势的走向。所以，在中国的犯罪趋势分析中都会加入"严打"这一控制性因素。自改革开放以来，中国明确实施的"严打"一共有两次，分别是在 1983 年和 1996 年，这两次"严打"都改变了犯罪趋势的走向。

有学者指出，改革开放以来，中国的犯罪率总体上呈上升趋势。其中，在 1983 和 1996 年犯罪率出现两次较大的转折，这跟 1983 和 1996 年两次"严打"政策有关。1983、1996 两年犯罪率达到峰值，通过"严打"使得犯罪率又迅速下降，从而犯罪趋势出现两次明显的转折点。其中，尤属 1983 年第一次"严打"的打击规模最为庞大、打击力度最为严厉，相应的 1983 年成为最显著的转折点。虽然 2000—2001 年还进行了网上追捕逃犯的"新世纪严打"，但是打击力度上不如 1983 和 1996 年大，所以在犯罪趋势上并没有出现较显著的拐点。①

但"严打"的问题也是显而易见的，那就是在短时间内起作用，长期看来，犯罪数量还会增加，或称为反弹。从两次"严打"以后的情况看形成了这样的循环：

严打政策的实施→犯罪减少→社会治安平稳→犯罪数量反弹→再次严打

从"严打"取得的效果来看，对于改善社会治安具有明显效果。因此，从目前的情况分析，"严打"政策不会被抛弃，但也不会象 1983 和 1996 年那样大规模全方位的"严打"了，取而代之的是各种专项治理。在某些特定年份，在全国范围内开展统一行动，以达到震慑犯罪分子的目的。所以在分析中国犯罪趋势时，要考虑"严打"政策的周期性实施，在大的犯罪增长趋势中还会有小的波动。

"严打"在因果关系链中的作用，其本身是提高破案率，组织实施严密、严

---

① 参见梁亚民、杨晓伟：《中国城市化进程与犯罪率之间关系的实证研究——基于结构突变的协整分析》，《犯罪研究》2010 年第 4 期，第 18 - 19 页。

格打击、从重处罚。其中最重要的大幅提高了破案率,使犯罪分子难以逃脱。因此,使社会治安得到改善。具体表述为:

严打政策的实施→破案率提高 + 从重惩罚→实施犯罪的风险成本提高→震慑潜在犯罪人或犯罪人放弃犯罪→犯罪数量减少

近年来实施的各种专项治理行动在打击犯罪的力度上不如"严打",因此对犯罪趋势上的转折作用不很明显,只有细微波动,特别是像 2008 这样特殊年份,对犯罪是一种抑制,但并不意味着绝对数量的大量减少,因此专项治理行动的目的是抑制犯罪数量的快速增长,使其保持一定水平的稳定。

(二)立法作用:改变犯罪趋势的另一控制性因素

除了"严打"以外,另一个改变中国犯罪趋势的控制性因素是立法因素。法律的修改可以使犯罪趋势发生重大改变,主要是刑法的修改,增加或减少罪名,减轻或加重某些罪名的刑罚,或是某些刑法条文司法解释的改变,都会改变对某些行为罪与非罪的判定标准,增加或减少某些犯罪的数量和程度。

立法因素改变犯罪趋势的典型是 1997 年刑法修改改变了中国犯罪总量在较低水平的发展趋势,刑法条文数从 192 条增加到 452 条,其中具体罪名的分则条文由 103 条增至 350 条,在罪名数上由 129 个增加到 412 个。自 1998 年开始,中国犯罪总量呈现"井喷式"增长,不断突破历史最高水平,连续创造历史新高,直到 2002 年这种增长趋势才趋于稳定。这表明,自 1998 年开始,随着新刑法的全面施行,其涉及的犯罪命名范围得到前所未有的扩展,犯罪总量也就不断增大,新刑法所蕴涵的犯罪命名能量直到 2002 年才基本释放完毕,从而使犯罪总量在高水平的基础上保持稳定。① 这种稳定发展的趋势直到 2009 年犯罪总量达到一个新的高峰,全年刑事立案数达到 530 万件,治安案件数达到 990 万件。2009 年的新高峰说明新的因素开始发挥作用,原来的趋势就会有所改变。

立法因素作为控制性因素的作用可以作为单一因素来解释中国犯罪趋

---

① 参见张远煌:《犯罪解释论的历史发展与当代趋势——社会反应与犯罪关系论要》,收入张远煌:《犯罪研究的新视野:从事实、观念再到规范》,法律出版社 2010 年版,第 36 - 38 页。

势在短期内发生的巨大改变。1998 至 2001 年,中国经济社会各项指标变化较为平稳,但犯罪数量却有大幅增加,失业、贫困、贫富差距等多重因素传导也不可能造成犯罪数量这样迅猛扩张。这是非经济社会类因素产生的效用,出现这种情况的原因是 1997 年颁布的新《刑法》,增加了相当多的罪名,使原来非罪行为变成了有罪行为。这就是"控制性因素"起决定性作用,立法上的重大改变也改变了犯罪发展的趋势走向,其他因素都被淹没在这个因素效用之内了。但这并不是说在这期间犯罪能量没有积聚,其他影响性因素的变化所产生的效用正在通过各种介质进行积累、传导、放大,直到 2009 年释放出来。

其他控制性因素如警力的增加、防控组织的增多、防控手段的多样化、防控技术的提升等,都是能在短时间内改变一个地区的社会治安状况的因素。但这些因素在过去的这些年中大都被影响性因素的效用抵消掉了,在此也就不展开论述了。

控制性因素能够较为简单直接地解释当前、近期犯罪趋势的变化,单一控制性因素的解释力也较强,但适用条件有限。但犯罪趋势趋于平稳时,控制性因素就无法解释下一个波动周期的发生。因此,对中国犯罪趋势的分析预测需要将这两类因素结合起来运用,并且这两类因素有各自的作用方式和不同的解释力。

四、两类因素的运用和对犯罪趋势的预测

在运用两类相关因素分析犯罪趋势时需要注意,相关性并不意味着同步性。当前的犯罪状况可能是五年前、甚至是十年前的经济社会因素积累而产生的,如贫困问题、经济收入差距过大的问题都有一个滞后效应,通过介质传导,需要一个过程,这可能不是短时间内能够产生效用的。社会的发展进步,也需要一个过程才能传递到每个人身上,如果没有足够的时间,发展效应不会很快体现出来。同样,犯罪只是社会矛盾最终的一种表现形式,其产生的原因是多方面的,并且是非同步的,具有滞后效应和连锁反应。简单地说,现在的犯罪是过去十年或五年经济社会问题的产物。产生犯罪的能量也是通过长时间地不断积聚才在短时间内爆发的,不能指望通过当前的政策能够完全解决在较长时间以前积累的导致犯罪的因素,而当前的政策除了化解当前的矛盾,主要是为了将来化解犯罪能量的积聚,减少未来较长时间内的犯罪数量和强度。

综合前面分析的影响性因素和控制性因素,可以得到这样的结果。当前中国犯罪趋势中的控制性因素已经不会再如以前那样极大改变犯罪趋势了,犯罪总量在 2009 年达到历史新高以后会在这个高位上下稳定发展。这个高位可以视为 2009 年以前的十几年中的经济社会问题在犯罪这个现象中的集中体现。专项斗争对犯罪增长的趋势改变不大,立法因素还会促进这一趋势。由于此前经济社会因素的变化还在持续发挥着传导作用。中国社会正处在转型期,其效应短期内不会释放完毕,社会转型远未完成,所以引发犯罪数量增长的能量还在持续积累,这将引起下一个十年周期犯罪数量的持续增加,并会达到一个新的高峰。在前十年中经济社会因素所发生的变化,在十年中已经传导给社会中每一个普通家庭和每个人,其传导效应会在下一个十年和二十年中显现出来,能够引起犯罪的因素也会凸现,在犯罪总量中,犯罪低龄化、暴力化和极端化倾向会愈发严重。①

在这种情况下,解决当前经济社会发展中存在的问题,化解各类社会矛盾既是为了当前的社会稳定,更是为了未来十年、二十年以后的社会治安状况。现在的改变意味着将来的收获。针对贫富差距过大、人口流动、城市化、家庭关系等问题所制定的促进社会和谐的政策将会在未来显现作用。改变了这些影响性因素,通过介质传导,未来十年以后中国犯罪增长的总趋势会逐步趋于平稳,再经历一个十年会迎来拐点并逐步趋于下降。

---

① 参见张远煌、姚兵:《中国现阶段未成年人犯罪的新趋势——以三省市未成年犯问卷调查为基础》,《法学论坛》2010 年第 1 期。李林主编:《2010 中国法治发展报告》,社会科学文献出版社 2010 年版,第 177 – 182 页。

五、关于犯罪趋势研究的探索与争论

对犯罪趋势的研究一方面反映出不同犯罪学基础理论框架的差异，另一方面也反映出对现实中犯罪现象的不同理解。同时，对犯罪趋势的预测也必须基于对现实情况的分析和某种理论框架在时间上的适用性，而这两方面也是研究空间较大的领域。在这两方面，笔者想就犯罪趋势研究的基本理论框架，做一些探索性的研究，也与学界同行作一争论。

（一）犯罪趋势研究中因素结构与理论框架

在因果关系链的理论框架中，将犯罪趋势研究中的因素分成了影响性因素和控制性因素。犯罪趋势本身又分为宏观趋势和微观趋势，一般在讨论犯罪趋势都是指宏观趋势，意在研究整个社会犯罪状况的走势，而微观趋势一般都放在犯罪的微观研究里讨论，不会在犯罪趋势中体现很多。所以，当因果关系链的分析框架对上犯罪趋势的宏观和微观，就会出现影响性因素和控制性因素不是与宏观趋势和微观趋势完全对应。影响性因素里既有宏观因素，也有微观因素；而控制性因素里则大多是宏观因素。① 这就会出现在运用这个理论框架分析犯罪趋势时，控制性因素的分析会占据主要位置。即便不使用这个理论框架，也会因控制性因素的宏观分析更便利而较多倾向于此。②

但这里面又会出现新的问题，形成犯罪趋势的基本面究竟是什么？ 哪些因素构成了犯罪趋势的基本面？

从犯罪学说史的角度看，最有代表性的是恩里克·菲利提出的"犯罪饱

---

① 可参见卢建平、王昕：《十八大以来犯罪形势的宏观、中观与微观考察——基于司法统计数据的分析》，《犯罪研究》2023 年第 1 期。事实上，关于犯罪形势的分析中并未完全将宏观、中观与微观完全分开，在整体性、类型化和具体罪名作了区分，但在相关因素上并未区分宏观因素、中观因素和微观因素。这也反映出影响性因素不容易区分宏观性和微观性的特点。

② 可参见靳高风、张雍锭、郭兆轩：《2021—2022 年中国犯罪形势分析与预测》，《中国人民公安大学学报》（社会科学版）2022 年第 2 期和靳高风、张雍锭、郭兆轩：《2022—2023 年中国犯罪形势分析与预测》，《中国人民公安大学学报》（社会科学版）2023 年第 2 期，类似犯罪形势分析与预测的论文还有很多，对一定时期内的犯罪趋势进行研究，并分析影响犯罪趋势的相关因素。在这类论文中，论及犯罪趋势变化的原因中，以控制性因素的作用为主，影响性因素的作用为辅，刑法和刑事政策的变化、社会治安防控的加强等宏观因素成为论述的主要方面。

和理论",它为分析犯罪趋势的基本面设计了一种理论框架,即提出了著名的"三因素"说(人类学因素、自然因素和社会因素)。尽管菲利的理论受到许多批评,但仍然为后世的犯罪趋势研究作出了重要贡献,提供了重要的方法参考。实际上,菲利已经提出了形成犯罪趋势的基本面是自然、人口和经济社会状况,这种状况所能容纳的犯罪总量即是犯罪饱和状态,在未达到饱和状态前,犯罪总量将呈现上升趋势。

据此,笔者依据前人的研究成果,提出一种分析思路。从影响性因素的角度、从宏观因素的角度,可以提出三组因素,这三组因素的基础状态构成了犯罪趋势的基本面,即自然条件—资源秉赋因素、人口总量—社会关系因素、经济发展—结构变动因素。这也为犯罪趋势研究提供了一种理论上的分析框架。这里把自然条件做一延伸,与资源秉赋相关联,使自然条件并不拘泥于纯自然环境因素,让它与资源的特点和承载力相结合作为一组因素;将人口总量与社会关系相关联,旨在突出人口总量与社会交往的复杂程度,人口为基础,社会交往产生的社会关系是变量;把经济发展和结构变动做搭配,意在表明经济发展不仅是总量增加,还有结构上的变化,经济结构的变化会引发社会结构的变化,在这里合并考虑。这样三组因素的分析就构成了犯罪趋势的基本面分析。同时,这三组因素之间的结构关系和逻辑关联就构成了犯罪趋势研究的理论框架。按照犯罪饱和理论,这三组因素的结构关系就决定了犯罪饱和状态下的犯罪总量的最大值,并且这三组因素的结构关系形成相对稳定状态的周期,也就决定了犯罪趋势变化的周期。

(二)犯罪趋势预测中的总量态势与波动

关于犯罪趋势的研究,通常包括对已往犯罪状况的描述、对犯罪发展态势的判断和对未来犯罪走势的预测。这也成为一种犯罪趋势研究的模式,较为简单明了,结论也容易理解。但同时这种研究模式也忽略了一些重要的问题。这些重要的问题包括:

犯罪趋势的基本面是否发生改变? 如果没有改变,犯罪趋势的变化就是在这种基本面上的微调,微调的情况是怎样的;如果基本面发生变化,发生了怎样的变化,犯罪趋势也因此发生了怎样的转折。按照前面提出的三组因素分析,犯罪趋势的基本面没有改变,犯罪总量的变动也只是小幅波动,大的方向不会变。如果三组因素变生较大变化,引起犯罪趋势的基本面变化,犯罪趋势的走向就会出现转折,犯罪总量也会发生变化。转折点的出现,大体上会滞后于基本面的变化,而且方向的改变要有一定的连续性,才能发现转折点的到来。

犯罪趋势中的犯罪现象是否发生了结构性的变化? 这种结构性的变化是否是因为某些因素在犯罪态势中起到了重大影响的作用[1],还是某些新的因素加入引起了犯罪结构变化? 犯罪的结构性变化要具有一定显著性,显示出新型犯罪的影响力,比如街头犯罪的明显减少和电信网络诈骗犯罪的明显增多,以至于公安部门进行了有针对性的专项治理。[2] 那么这种犯罪结构的变化,是哪些因素在起显著性的作用,这些因素与其他因素发生了怎样的关联作用,对犯罪趋势的基本产生了怎样的影响,这都需要在犯罪趋势分析中进行结构研究。

现在对犯罪趋势的研究成果所形成的争论,主要是由犯罪趋势的基本面和犯罪现象的结构性变化这两个问题引起的。相信随着犯罪趋势研究的不断深入,这种争论也会不断地丰富多彩,在犯罪学界能够呈现出更精准、更深刻的研究成果。

---

[1] 可参见张应立、孔一:《近十年我国犯罪问题演变分析》,《犯罪与改造研究》2023 年第 2 期。在对近十年的犯罪态势进行整体分析的同时,也对犯罪现象的结构变化做了描述,但对结构变化的影响因素分析还不充分。

[2] 可参见胡文涛:《我国常见犯罪的动态分析——以近 25 年官方数据为例》,《红河学院学报》2023 年第 1 期;安军:《上海市 2014—2020 年犯罪形势统计分析》,《犯罪与改造研究》2022 年第 2 期。在这些论文中都分析了犯罪现象的结构所呈现的明显变化,暴力犯罪明显减少而电信网络诈骗犯罪明显增多,但对犯罪结构发生明显变化的原因分析还不够充分,对各相关因素之间关联的研究也不够全面,所以这些研究还都停留在犯罪现象的描述分析上。

第五章

青少年犯罪的因果关系链研究

对于青少年犯罪的原因,学术界已经有了很多论述,论述的原因大体上可以分成两类。一类是宏观原因,即认为经济、社会和文化方面的宏观环境因素导致青少年犯罪;另一类是微观原因,认为家庭和学校的教育、影视作品的影响、互联网的作用等微观因素导致青少年犯罪。这些宏观的与微观的因素和青少年犯罪形成了若干因果关系,这些因果关系也正是分析青少年犯罪的结论。但是,这些宏观与微观的因素在解释青少年犯罪的原因方面的说服力却并不相等,或者说解释力大小不一。其中某些因果关系较弱,因而解释力也较弱。而解释力较弱的因果关系对于青少年犯罪的原因研究来说,其学术意义和现实意义就不大了。因此,应当重新认识青少年犯罪研究中的因果关系,找到解释力最强的因果关系链,为实践提供科学的依据。

一、对若干宏观环境因素所形成的因果关系分析

对宏观环境因素主要是对经济、社会和文化的角度来分析青少年犯罪的原因。很多学者认为经济增长、社会转型和文化变迁都会使青少年犯罪增加,那么就把青少年犯罪的原因归结为经济、社会和文化这三方面的宏观变化,但由此形成的因果关系对青少年犯罪的解释力是值得怀疑的。

(一)经济增长一定会使犯罪增加吗?

一些学者把经济增长作为犯罪增加的原因的观点,提出"正比论""同步

论"等。认为犯罪率与经济发展成正比,即经济落后,犯罪率低,而经济发展犯罪率就会高。"同步论"认为犯罪率的发展趋势与经济发展的趋势呈同步状态,经济发展就会引起犯罪率上升。① 中国经济持续增长的 20 多年,也是犯罪数量持续增加的 20 多年。从数量上看,二者确实具有同步性,但这是否就可以说二者具有正相关性。20 世纪 70 年代末 80 年代初,中国经济刚刚开始起飞,增速并不快,但犯罪数量却在 20 世纪 80 年代初期形成一个高峰。在 1990、1991 年中国经济经历了一次低速增长时期,但此时犯罪数量却猛增,刑事案件数量到了 1990 年已飙升到 200 多万起,1990 年的立案数为 1980 年的 3 倍。1990、1991 年是在 1983 年严打之后的第一个高峰。同样的,中国经济在 1998、1999 和 2000 年又经历了一次相对的低速增长期,但是犯罪数量却在 1998、1999 年形成了自改革开放以来的第二个高峰。② 这里的犯罪数量包括着大量的 18—25 岁的青少年犯罪,社会整体犯罪的变化又将直接作用于未成年人犯罪和 18—25 岁的青少年犯罪。所以,从经济增长与犯罪增加的速度上看,二者并不同步。在形式上,二者也不具有正相关性。

许多将经济因素作为犯罪原因的基础性因素的学者同时也认为失业人口增加会导致犯罪增加。他们把失业视为产生犯罪的直接原因,但是经济增长是会减少失业人口的,失业人口减少会导致犯罪减少。那么结论就是经济增长会使犯罪减少,这形成了一种矛盾。

美国经济学家列维特也对经济增长对犯罪的影响进行了分析。他指出,研究表明当失业率下降 1% 的时候,它只会对非暴力犯罪产生 1% 的影响,而对暴力犯罪的影响非常小。在 20 世纪 90 年代,美国的失业率下降了 2 个百分点;而非暴力犯罪却下降了将近 40 个百分点;与此同时,杀人犯罪比任何其他类型的犯罪行为下降的比例都要大得多。一些可靠研究还表明,经济发展

① 参见周路:《当代实证犯罪学》,天津社会科学院出版社 1995 年版,第 52 页。关于关于犯罪因素变化与犯罪趋势变化的同步性与滞后性的争论在 20 世纪 90 年代非常热烈。参见冯树梁:《中国刑事犯罪发展十论》,法律出版社 2010 年版,第 22 - 24 页。

② 有关数据可参见戴宜生:《关于 2001 年中国青少年违法犯罪趋势的分析与预测》,《青少年犯罪研究》2001 年第 5 期,第 3 页。

水平跟暴力犯罪之间实际上没有任何联系。而当我们回头看看经济发展水平更为迅速的 20 世纪 60 年代,我们就会发现,在 60 年代美国的暴力犯罪实际上是最为猖獗的。所以从表面上看来,虽然 90 年代的经济发展好像能够解释犯罪率下降的问题,可实际上,无论从哪个方面来说,它对罪犯们的影响都是微乎其微的。① 所以,用经济上的变化来解释犯罪现象的变化是缺乏说服力的,其本身也容易自相矛盾。我们承认经济的发展变化是一个基础性因素,但不能直接导出与犯罪的因果关系,这种因果关系是缺乏解释力的。

(二)社会转型、文化变迁与犯罪增加的相关性强吗?

有学者把青少年犯罪增加的原因归结为社会转型和文化变迁,其基本的推理是:随着社会转型的进行,市场经济的观念被不断强化,功利型的社会激励机制广泛地渗透在社会的方方面面。特别是市场经济的属性,诱导一些人把功利看得高于一切,出现了一些拜金主义、享乐主义、腐朽生活方式的偏激倾向。于是,见利忘义、唯利是图、坑蒙拐骗、以权谋私、权钱交易、贪污受贿等社会不良现象时有发生,对社会风气造成较大的不良影响。而青少年正处于人生观、世界观形成阶段,缺乏社会经验和明辨是非的能力,追求物质金钱的欲望及腐朽思想严重侵蚀了青少年的身心健康,受这种不良风气的影响,一些青少年经受不住各种物质享乐的诱惑,在一定条件和某种因素的作用下,就有可能走上犯罪的道路。② 另一种说法是社会转型导致社会失范,而社会失范又会引发犯罪的增多。这些解释从逻辑上看,没有什么问题。但与现实结合起来,就会发现关于犯罪原因的解释过于抽象以至于不能解释现实的情况。

20 世纪 80 年代初的犯罪高峰和 90 年代初的犯罪高峰都是在中国市场经济体制确立以前发生的,那时中国虽已进行了市场化改革但并未引起社会的深层次转型,还没有在行为方式上和文化观念上产生根本性的变化。对这

---

① 参见[美]史蒂芬·列维特、史蒂芬·都伯纳:《魔鬼经济学》,广东经济出版社 2006 年版,第 123 页。

② 参见罗斌、周建国:《青少年犯罪的特点原因及预防对策》,《中共贵州省委党校学报》2005 年第 6 期。

两次犯罪高峰的出现,社会转型和文化变迁的因素是不具有相关性的。这样分析并不是否定社会转型和文化变迁对犯罪的影响作用,而是指出社会转型和文化变迁是犯罪增加的深层次原因,甚至可以说是"原因的原因的原因",曾有西方学者指出"原因的原因就不是原因",其理由就是这种深层次的间接原因对现实的解释力不足,难以得到人们的认同。

二、对若干微观环境因素所形成的因果关系分析

对于青少年犯罪的微观环境因素所形成的因果关系,最为常见的家庭因素、学校因素导致青少年犯罪;还有就是不健康的影视作品引起青少年犯罪;不良网络文化的影响等。这些对微观环境因素进行分析所形成的因果关系由于其都是作为青少年犯罪的直接原因出现,所以更能为人们接受。但这并不是说微观环境因素一定都是青少年犯罪的直接原因,有一些还是间接原因或是直接原因发生作用的一个载体、一种形式。对这些为人熟知的因果关系也要进行仔细分析。

(一)影视作品的影响作用是否被夸大了?

在学者们对青少年违法犯罪原因的分析中,通常认为影视作品中的色情、凶杀、暴力情节对青少年的不良影响是青少年犯罪的一个重要原因。青少年对这些情节的抵制能力较差,是非标准模糊不清,容易模仿其中的行为,所以会导致青少年犯罪。不容否认,影视作品中的色情、凶杀、暴力情节会对青少年有不良影响,而且应该加强对影视作品的管理。但是影视作品是公开传播的,为什么有的青少年会受此误导而去犯罪,大多数青少年却没有因此而去犯罪。还有一个问题就是,影视作品的不良作用在20世纪80年代就有学者将其列为青少年犯罪的重要原因之一,并呼吁治理,那么经过了20余年,影视作品本身已经发生了重大变化,那么这种不良影响是否也引起了青少年犯罪的同步变化呢? 影视作品的影响作用是否被夸大了呢? 还是另有原因。

如果把当今影视作品中不适合青少年的情节与20世纪80年代的影视作品中的一些情节相对比,大家会形成一个共识:当今的影视作品中的色情、凶

杀、暴力等不适合青少年的情节比 20 世纪 80 年代的影视作品要多得多,并且程度要严重得多。自 1996 年开始,我国开始引起好莱坞的电影"大片",影视市场进一步放开,大量国外的、港台的影视作品在我国内地公开播放,这些作品中的不良影响也通过这些影视在全社会传播,但自 1996 年以来的青少年犯罪并没有显著增长(见表1)。

表1　1995—2002 年青少年犯罪率情况①

年度	1995	1996	1997	1998	1999	2000	2001	2002
全国青少年 (万人)	24598.5	24234.5	23237.5	22557.5	27454.7	—	21695.6	22614.4
青少年罪犯 (人)	247391	269749	199212	208076	221153	220981	253465	217909
青少年犯罪率 (万分之一)	10.06	11.03	8.57	9.22	8.06	—	11.68	9.64

在前面所提到的 1990、1991 年出现的犯罪高峰期间,还进行过全国范围内的"扫黄、打非"专项治理活动。由此可见,影视作品的不良影响是一个方面的因素,但与青少年犯罪没有必然的联系。青少年在观看这些影视作品以后,不是必然会受到不良影响并导致犯罪。在影视作品不良影响的背后,真正的原因是青少年是如何选择影视作品和如何对待影视作品中的这些情节,而这真正的原因又来自家庭教育和学校教育。

(二)互联网越普及青少年犯罪就越多吗?

在近些年分析青少年犯罪原因的论文中,将互联网作为青少年犯罪的原因的情况也非常多,认为网络传播了各种诱发青少年犯罪的信息、文化。有学者认为,西方文化在互联网上演变为一种"文化霸权""文化殖民"的倾向。由此会使广大青少年盲目接受西方文化,包括犯罪文化的影响,成为青少年

① 转引自曾赛刚:《当代中国青少年犯罪趋势分析》,《萍乡高等专科学校学报》2005 年第 3 期。资料来自中国法律年鉴和中国统计年鉴。

犯罪多发的重要因素。网络文化作为诱发青少年犯罪新的土壤,有多方面的作用机制。具体来讲:1. 扭曲青少年的价值观;2. 弱化青少年的道德意识;3. 强化青少年的犯罪心理;4. 降低控制青少年犯罪的能力。① 简单地说,就是网络文化使得青少年倾向一种犯罪心理和犯罪行为。必须承认,计算机、互联网的迅猛发展深刻地改变了这个社会,改变了人们的生活方式,但能否说互联网越发展就越会使青少年倾向犯罪? 我们不得而知。因此,还不能轻易的下结论。

有学者在一项对在押青少年罪犯的调查中发现,一个导致青少年犯罪的重要因素就是:沉迷于网吧。从上网经历来看,一般青少年有82.5%的人有上网经历,高于在押青少年的74.5%,而经常上网的比例在押青少年(45.7%)高于一般青少年(25.6%)。这表明在押青少年中"不节制上网"现象比一般青少年严重。从上网地点来看,在押青少年中84.1%是在网吧上网,而一般青少年在网吧上网的比例(45.2%)远低于在押青少年,不少人在家里和学校上网。在押青少年上网的主要目的是聊天(45%)和游戏(27.7%),而一般青少年在聊天和游戏的比例分别为27.7%和19.6%。很显然,在网吧上网是网络对青少年造成不良影响的一个重要因素,加强网吧管理刻不容缓。② 由此可见,上网地点是决定网络是否导致青少年犯罪的重要因素。在网吧上网容易使青少年"无节制上网",影响青少年的身心健康,同时在网吧上网不受约束,容易受到不良网络文化的侵蚀。相比较而言,在家上网的青少年由于受到诸多条件的约束和家庭的教育和干预,能够较少地受到网络的负面影响,从而使导致犯罪的可能性大大降低。

2024 年 3 月 22 日,中国互联网络信息中心(CNNIC)发布第 53 次中国互联网络发展状况统计报告。本次调查显示,截至 2023 年 12 月,我国网民规模

---

① 参见李锡海:《网络文化与青少年犯罪》,《东方论坛》2005 年第 6 期。
② 参见张超:《青少年违法犯罪原因的定量分析——以江苏省为例》,《中国青年研究》2005 年第 9 期。

达 10.92 亿人,较 2022 年 12 月新增网民 2480 万人,互联网普及率达77.5%。[①] 同 1997 年 10 月第一次调查结果 62 万上网用户人数相比,二者真是天壤之别。那么青少年犯罪是否也如互联网的迅猛发展一般飞速地增加呢? 在最近这十年中,中国青少年犯罪数量的确有一定程度的增加,但绝没有网民增加速度这么快。这也说明,并非互联网越普及青少年犯罪越多,网络的负面影响只是在特定条件下才会起作用。

三、家庭条件和教育方面的问题是最根本、最直接的原因

家庭、学校、社会都是青少年的生活环境,从优化青少年生活环境的角度来看,三者在预防青少年犯罪方面都必不可少。但是,我们必须承认,家庭作为青少年早期社会化的一个重要场所,对于青少年各种观念以及人格的形成和发展有着学校和社会所无法比拟的优势。

家庭是青少年社会化的首属环境,对孩子人格的塑造有着奠基的作用;孩子社会化过程中,家庭的作用还表现为对其他外部因素影响的或者强化、或者削弱的作用。如果家庭成员恪尽职守,家庭的教育功能得以良好地发挥,便能够在很大限度上抵御外部不良环境的消极影响;而如果家庭成员失职,家庭的教育功能不良和缺失,则会减弱其他因素的积极影响,强化消极影响。相反,再好的学校教育和社会教育也难以抵消家庭成员失职和家庭教育功能失调对青少年造成的不良影响。简单地说,有什么样的家庭就会有什么样的青少年,有什么样的家庭教育就会有什么样的青少年行为。更为直接的是家长的人格特征、道德水平和行为方式决定了家庭教育的水平和青少年的成长。

美国经济学家史蒂芬·列维特在分析批判了若干可能会使犯罪率下降的因素之后,揭示了 20 世纪 90 年代美国犯罪率突然大幅度下降的根本原因。那就是在 1973 年 1 月 22 日,美国最高法院颁布罗伊威德法令,在全国范围内

---

① "网信天津":第 53 次《中国互联网络发展状况统计报告》发布。https://baijiahao.baidu.com/s?id=1794228557504747832&wfr=spider&for=pc.

实现堕胎合法化。① 美国最高法院的说法是，当一位女性不想要孩子的时候，那很可能是因为她觉得自己没有办法为孩子提供一个很好的家庭环境，可能是因为贫穷，也可能是教育水平不够，还可能是因为婚姻、健康等原因，觉得自己目前无法把一个孩子健康地养大成人。② 这也就避免了一个出生在不是很好或者不健康的家庭中的孩子走向犯罪的可能性。

在这里，列维特运用的是一个犯罪学中非常传统的，也是广为人知的因果关系，就是成长于一个不完整、不健康的家庭中的人成为罪犯的可能性要远远大于成长于一个完整、健康的家庭中的人。家庭的问题是导致青少年犯罪的根本原因，也是最直接的原因。美国在 1973 年宣布堕胎合法化，使得大量的可能出生在不完整、不健康家庭中的孩子没有出生，这也就导致 20 多年以后，美国最有可能犯罪的人群变得非常小，所以会使犯罪率大幅下降。换句话说，那些大量的可能出生在不完整、不健康家庭中，并最有可能以后去犯罪的人，在 20 世纪 70 年代根本就没有来到这个世界上。

所以，在众多分析青少年犯罪原因的因果关系中，只有家庭因素导致青少年犯罪的因果关系解释力最强，也最有说服力。实证性的调查研究也证明了这一点。青少年不与父母生活在一起，失去父母的关照，对其闲散于社会乃至犯罪有重要影响；家庭关系中存在诸多方面的不和谐；青少年罪犯更多出自父母文化程度偏低的家庭；家庭教育功能的不良和缺失对青少年走上犯罪道路起了至关重要的负面作用。青少年犯罪在绝大多数情况下并非家庭成员直接教唆，但是家庭成员尤其是父母对孩子潜移默化的影响或者不良的教育方式则是不可忽略的重要因素。③

---

① 到 1970 年，美国已有纽约州、加利福尼亚州、华盛顿州、阿拉斯加州和夏威夷五个州宣布堕胎合法化，并且在全州推行堕胎手术。参见［美］史蒂芬·列维特、史蒂芬·都伯纳：《魔鬼经济学》，广东经济出版社 2006 年版，第 138 页。
② 参见［美］史蒂芬·列维特、史蒂芬·都伯纳：《魔鬼经济学》，广东经济出版社 2006 年版，第 139 页。
③ 参见关颖：《关注未成年人、家庭及其城市——青少年犯罪问题的社会学思考》，《青年研究》2004 年第 8 期，第 9 页。

所以,在分析了诸多关于青少年犯罪的因果关系以后,我们必须回归到一个最根本、最重要的因果关系,那就是家庭因素对青少年犯罪的决定性作用。那么治理青少年犯罪也必须回归到在家庭本身的各个环节减少导致青少年犯罪的可能性。

首先,向那些想成为父母或者将要成为父母的人们提出一个问题:你们能够给将来要出生的孩子一个完整、健康的家庭吗? 这需要从经济、婚姻、个人多个角度考虑。如果不能,建议你们考虑先不要孩子或者目前暂时不要孩子。这是从出生阶段进行干预。

其次,如果你们已经有了孩子,你们是否注意到了你自己的思想、话语和行为影响到孩子的成长。科学研究表明,父母是什么样的人在很大限度上会决定孩子是什么样的人。那么为了给孩子一个很好的家庭,你是否应该提高自己的修养、增加自己的知识,改进自己的道德水平? 家长自身的提高也会使孩子受益。这是从父母的角度进行干预。

再次,如果你们已经有了孩子,并且他(她)已经开始用自己的头脑和眼睛去认识外部世界,那么你是否对孩子给予足够的关注,关心他(她)的成长,让他(她)感受到关爱。比如,为他(她)挑选一些健康向上的电影,选择一些有益并有趣的电视节目,使他(她)形成对影视作品的选择标准;当他(她)已经学会使用电脑,应该决定让他(她)留在家里上网,并约束时间和访问的网站。这是从家庭环境的角度进行干预。

最后,当孩子已经上学,要关注他(她)的学习,无论成绩好与差,不要使他(她)对学习失去信心,不断地鼓励他(她),使他(她)相信只要通过努力就能获得进步。如果能在学习方法上指导孩子,那会使其受益终生。这是从学习的角度进行干预。

总之,重视家庭因素与青少年犯罪的因果关系,在家庭生活的各个环节、家庭环境的各个方面采取相应的预防措施,就能最大限度地减少青少年犯罪的可能性。

四、社会组织化程度是青少年犯罪的一个控制性因素

社会是一个有组织的关系结构。各类社会组织维持着各种社会规则、社会规范。一个人的行为是与社会组织(包括家庭)密切相关的,或者说社会组织对一个人的行为有着巨大的控制力。社会组织数量的多少、质量的好坏都直接导致一个人的行为是否符合社会规范,社会组织化程度的高低也决定了对一个人行为的控制力的大小。当一个社会长期处于一种稳定状态时,社会组织化程度会达到相当高的程度,各类社会组织能够形成相对稳定的关系结构。那么社会对人的行为也有着稳定的和巨大的控制力。但当一个社会处于变革时期,旧的社会组织瓦解了,而新的社会组织尚未形成或没有其他关系结构来替代,社会规范也就没有维持的基础了,社会失范现象就大量出现了。犯罪作为一种非常严重的社会失范现象,是社会控制力降低的表现,也是社会组织化程度降低的表现。青少年作为社会中的一个特殊群体,在社会变革过程中,社会组织化程度的变化在青少年行为的体现是非常明显的。在社会组织程度开始降低的时候,青少年群体会较早出现行为失范现象,青少年犯罪的增加也是其中一部分。

对于社会变革期出现的社会组织化程度的降低而引起各类失范现象,社会学理论中对此有社会失范理论和社会解组理论进行阐发,其中社会解组理论将此解释为社会规范、规则、制度对社会成员的约束力减弱、社会凝聚力降低的一种社会状态。在正常情况下,社会规范、规则和制度制约、控制着个人与群体的行为。但当社会发生急剧变迁时,旧的行为规范、规则和制度受到人们的怀疑,或者不适用了;新的规范、规则和制度又没有建立起来,或者没有被人们广泛地接受,这样人们便失去了行为准则。这时,也可能出现几种行为规范相互对立的情况,使人们陷入矛盾之中。在这种情况下,社会规范、规则和制度对人们的约束力便削弱了,甚至瓦解了,于是发生社会解组。[1]

---

[1] 参见[美]杰克·D.道格拉斯、弗兰西斯·C.瓦克斯勒:《越轨社会学概论》,张宁、朱欣民译,河北人民出版社1987年版,第79页。

但社会解组理论也存在一个问题,社会规范、规则和制度的约束力变化是同时发生的,为什么一部分人因为社会解组而失范,另一部分人则没有受到影响。外来力量对社会的冲击可能是一个方面(比如说外来人口的大量增加),但社会解组理论对没有外来力量冲击的社会出现的失范现象仍然缺乏解释力。社会规范的约束力减弱导致青少年犯罪是大家都承认的事实,但社会规范的约束力为什么会减弱,社会失范现象除了因为某些价值观、社会理念发生了变化以外,在社会现实层面的原因又是什么。这些问题社会解组理论没有回答,或是没有很好地回答。

笔者认为,这些问题都是可以用社会组织化程度来解释。在社会变革时期,社会组织化程度发生变化。大量社会组织解体,社会组织化程度降低,导致社会规范对人们进行约束的载体消失或削弱了,如大家庭的解体、离婚率的上升、传统熟人社区的瓦解等,都使社会控制力迅速下降,因此社会失范现象会大量产生,青少年这一特殊群体在各种社会理念、价值观尚未形成时就受到这种冲击,就必然会出现大量越轨行为,甚至犯罪行为。因此,可以说,社会组织化程度是青少年犯罪的一个控制性因素。社会组织化程度降低会直接导致青少年犯罪的增加,而社会组织化程度的提高也能有效地预防青少年犯罪。

五、改革开放后社会组织化程度的变化与青少年犯罪增长

改革开放以后,中国的社会组织化程度发生了很大变化。社会组织从形式到结构、从组成方式和严密程度都发生了巨大的变化。传统的计划经济体制下的单位制、供给制等制度形成较为严密的社会组织体系,人们的生产生活都在一个固定的社会组织体系当中。工作的经济组织是国有企业,生活的组织是单位的住宅区,住在这一个社区内的人也大部分是同一个单位的职工。社会组织也大多是熟人组织,因此社会的组织控制力较强,青少年在这种社区里受到社会组织的关注程度和教育影响程度都较高,因此青少年犯罪的预防也能较有成效地展开。在中国进行市场化改革以后,传统的计划体制

被打破,国有企业改革使得原有的单位制社会组织形式被改变。多种所有制的经济组织不断出现,居民生活的社区也逐渐由熟人社区转变为陌生人社区。社会组织化程度降低,原有的社会控制型的组织瓦解,社会控制力下降。青少年群体在社会组织化程度降低的时候,在家庭、社区组织都在变化的同时,受关注程度和教育影响程度都随之降低,失范行为和越轨行为发生的可能性就大大增加了。

(一)宏观上的社会组织化程度变化和青少年犯罪的增加

20世纪70年代末80年代初,中国经济刚刚开始起飞,增速并不快,但犯罪数量却在20世纪80年代初期形成一个高峰。在这一时期中国的市场化改革虽然已经开始,但计划体制并未完全打破,原有社会组织的控制力仍然存在,但已经开始降低。刑事案件数量到了1990年已飙升到200多万起,1990年的立案数为1980年的3倍。1990、1991年是在1983年之后的第一个高峰。中国的市场化改革在20世纪90年代进行得最为深入,社会组织化程度也在这一时期变化最为剧烈,组织化程度迅速降低。传统计划体制的经济组织、社会组织遭遇了全面的瓦解,但新型的社会组织结构尚未形成,社会控制力明显下降。犯罪数量在1998、1999年形成了自改革开放以来的第二个高峰。① 这种情况延续到21世纪初。这里的犯罪数量包括着大量的18—25岁的青少年犯罪,社会整体犯罪的变化又将直接作用于未成年人犯罪和18—25岁的人犯罪。

从20世纪90年代中期到21世纪初的青少年犯罪统计数字表明,青少年犯罪数量有了大幅增加,但已经呈现出高位稳定的趋势。出现这种情况的原因之一就是社会组织化程度的变化趋于稳定,传统计划体制的改革已经使大部分计划体制的单位组织、社区组织瓦解,社会组织化程度降低到低位平稳运行。同时,也由于青少年群体人数和所占比重的下降,青少年犯罪在这种条件下也不会出现"井喷"式增长,但仍然在较高的数量水平上稳定变化。

① 有关数据可参见戴宜生:《关于2001年中国青少年违法犯罪趋势的分析与预测》,《青少年犯罪研究》2001年第5期,第3页。

从数据分析中可以发现青少年犯罪的变化情况与我国的体制改革给社会组织化程度带来的变化具有相当高的同步性。由于社会组织化程度迅速降低，使原有的社会规范失去了载体，社会教育也失去了原有的阵地，所以使社会控制力也迅速下降。青少年群体在社会规范约束力下降和社会教育缺失的条件下就会出现迅速增长的态势。

（二）微观上社会组织化程度的变化导致青少年犯罪的增加

除了宏观上体制改革带来了社会组织化程度的变化导致青少年犯罪的增加，更为重要的在微观上，最基本的社会组织的结构、功能和紧密程度都发生了变化。这种社会组织化程度的变化直接导致了青少年犯罪的增加。家庭、社区组织、学校等教育组织、基层自治组织等都在改革开放30年中不断的变化。相对于改革开放前，微观的社会组织化程度也在下降，不仅在数量上，而且在结构关系、紧密程度、功能发挥等方面都发生了巨大的变化，这些社会组织化程度方面的变化都与青少年犯罪有着密切的关系。

此处仅以家庭为例说明二者的相关性。家庭是社会组织的最基本的形式，家庭也是与青少年犯罪最为密切的因素。婚姻家庭状况直接影响青少年的成长，婚姻家庭方面的问题会直接导致青少年犯罪。在婚姻家庭方面变化最重要的指标就是离婚数量和离婚率。从离婚数量和离婚率的变化上就可以从一方面反映出微观社会组织化程度的变化。从表2可以看出自20世纪80年代以来中国离婚数量呈现迅速增长的态势。到21世纪，每年的离婚对数可能就意味着有上百万的家庭解体，到2016年离婚对数已经超过四百万对，到2020年增速有所降低，仍然有433.9万对。离婚率在2000年以来持续上升，到2020年已经达到一个相当高的水平（见表3）。这反映出家庭这一最基本的社会组织形式在中国的变化，离婚对数和离婚率的增长能够反映出微观社会组织化程度下降的趋势。

表2　1980—2008年全国离婚数量　　　单位:万对

指标	1980年	1990年	1999年	2003年	2008年	2012年	2016年	2020年
离婚对数	34.1	80	121	133.1	226.9	310.4	415.8	433.9

资料来源:中华人民共和国民政部网站。

　　当然,高离婚率并不能一定导致社会组织化程度下降,但当中国出现离婚率增长的同时,其他微观社会组织也在发生变化,所以离婚率的增长与社会组织化程度下降呈现同步性。在其他微观社会组织方面,如基层自治组织(居委会、村委会等)、社区组织(各类小型协会)和各种工作组织(帮教小组、调解委员会等)都出现了不同程度的弱化。这些情况与家庭的稳定性下降一起构成了微观社会组织化程度降低。

表3　2002—2020年全国离婚率　　　单位:‰

指标	2002	2004	2006	2008	2010	2012	2014	2016	2017	2018	2019	2020
粗结婚率	6.1	6.7	7.2	8.3	9.3	9.8	9.6	8.3	7.7	7.3	6.6	5.8
粗离婚率	0.90	1.28	1.46	1.71	2.00	2.29	2.67	3.00	3.20	3.20	3.40	3.10

资料来源:中华人民共和国民政部。

　　微观社会组织化程度降低就意味着在微观层面社会控制力的下降。家庭稳定性下降就会导致家庭对家庭成员的控制力下降,同时家庭的教育示范功能也会削弱,青少年犯罪的可能性就会增加。其他各类社会组织弱化使得社会规范的约束力不能正常地体现,也会导致青少年犯罪。社会中各类人员的流动性增加,使原来的熟人社区、熟人组织变成了陌生人社区、陌生人组织,这是现代社会的特征之一,但现代社会同样也需要现代的社会组织,也需要相当高的社会组织化程度,以实现社会的控制力。中国青少年犯罪的迅速增加正是处于转型期的中国社会组织化程度下降的一个重要表现。传统的社会组织瓦解了、削弱了,新型的社会组织却未形成,社会规范失去了原有的约束力,而新的社会规范又没有有力的社会组织作为载体来实现其约束力。社会失范现象增多就成为转型期的中国社会一大特征。

六、提高社会组织化程度与预防青少年犯罪

从当前中国改革进程来看,中国已经完成由计划经济向市场经济的体制转型。社会组织化程度降低的趋势已经不再发展变化了,青少年犯罪数量也就没有大的变化了,同时由于中国社会老龄化趋势加速发展,青少年在总人口的比例也逐步下降,所以青少年犯罪在全部犯罪数量中的比重虽有所下降,但青少年犯罪率变化不大。在这种情况下,作为青少年犯罪的控制性因素,提高社会组织化程度就能有效预防青少年犯罪。

从预防青少年犯罪的角度,通常主要是从家庭预防、社区预防和环境预防三个方面入手提出预防措施。依据社会组织化程度是青少年犯罪的控制性因素,这三个方面都可以融入提高社会组织化程度的总体预防措施中。具体来说,可以有以下几个方面的措施来提高社会组织化程度来预防青少年犯罪。

(一)增加社会组织的数量和稳定性

提高社会组织化程度的措施之一就是增加社会组织的数量并保持社会组织的稳定性。大量的社会组织本身就是社会规范的载体,社会组织的数量是社会规范约束力的基础保证。同时,保持社会组织的稳定性也就是保持社会规范约束力的稳定性,使社会规范持续发挥其约束力和控制力。这样就能对青少年犯罪产生预防效用。在具体内容上,主要是保持婚姻家庭的稳定性,倡导积极健康的家庭观,确立和谐的家庭关系结构。家庭是预防青少年犯罪的第一道防线,也是最为重要的防线。促进各类社区组织、志愿者组织、非赢利机构、各类社会教育机构等社会组织大量生长。这些组织承担着发挥人们的特长、控制人的行为和教育的功能,青少年若能都参加某一社会组织并能受到正确的教育和引导,青少年犯罪的可能性会大大降低。

(二)促进社会组织类型多样化

提高社会组织化程度的另一措施是促进社会组织的多样化。单一类型的

社会组织固然能够在短时间内将社会成员组织起来，但并不能适应广大社会成员长期的需求，更不能适应现代社会的需要。多样化的社会组织也是现代社会的标志之一。因此，在当前中国的社会形势下，必须要促进各种类型的社会组织不断生长。各种不同类型的社会组织满足不同社会成员的需求，能够在组织中完成社会化、行为规范化等青少年的成长进程，实现不同的组织的约束、教育功能。青少年群体具有多种不同的行为需求，多样化的社会组织能够在满足青少年需求的同时起到规范青少年行为的作用，并预防青少年犯罪。

（三）增强志愿者组织和自治组织的功能和效果

目前中国已经有了许多志愿者组织，让志愿者组织发挥预防青少年犯罪的作用，必须要让志愿者组织深入社区中去，让志愿者与社区人员紧密联系起来。重视志愿者组织的活动方式，以丰富多彩的社区活动引导社区人员参与进来。社区人员通过参与志愿者组织的活动就能使社会规范发挥它的规范效用，它的约束力也就能达到其应有的效果。

当前中国预防青少年犯罪已经出现了社区化的趋势，社区是预防青少年犯罪最主要的领域。要充分发挥社区控制的作用，就必须增强社区自治组织的功能和效果。具体来说，就是要发挥基层居民委员会（村民委员会）和民间调解组织、帮教组织的作用。这些社区自治组织依托社区、了解社区，能够对社区居民的特点加以掌握，及时采取措施强化社会规范的作用。当前，社区自治组织在功能上有所削弱，但社会正处在转型期，社区自治组织的功能与行动方式也需要转型。首先需要强化社区自治组织，增加组织建设的规模，让更多的社区居民参与社区自治组织活动。其次社区自治组织也要适应新形势下的社区情况，对于陌生人社区要有应对方式，发挥其自治功能。这样就能青少年犯罪方面增强其功能与效果。

七、权威主义人格分析与青少年犯罪

在心理学的各种研究方法中，人格分析可以说是一种独特的研究视角。许多心理学家都以人格分析见长，并创下若干学派。人格分析可以是个体人格分析或群体人格分析。在心理学中的人格分析多以群体人格分析为主,着重分析某一类人的人格特征及在社会行为中的作用。在人格分析中,权威主义人格是心理学研究的一个重要课题,同时也成为一种研究方法,用权威主义人格分析来解释青少年犯罪中的原因和种种特征,是其作为一种研究方法的具体应用。

(一)人格的含义

人格(personality)也译为个性,其词源是拉丁文 persona,意指希腊罗马时期戏剧演员在舞台上戴的面具。后来,这个词演变为科学领域中的一个概念,而在心理学中被看作个人的面具,主要指个人的整体心理面貌,并"可以根据一个人的一贯行为模式加以描述"。① 一个人的人格由内在的思虑与外在行为、表我与真我、身与心综合而成,它是一个人异于他人的各种特质及行为倾向的统一体。在诸多关于"人格"概念的界定中,阿多尔诺(T. W. Ador-no)的定义很有代表性。阿多尔诺认为,"人格是一种内在力量的持久组织。它帮助个人决定在各种情境下的反应,因此形成包括内隐与外显过程在内的行为的一致性。但是,不论行为是如何的一致,它和人格毕竟不是同一样东西,……人格的力量并不是反应,而是反应的准备动力"②。弗洛姆认为,对于人格,他理解为先天和后天的全部心理特性,这些特性是个人的特征,也是使人成为独一无二之个体的地方。就整体而言,先天特性和后天特性之间的区别,与气质、天赋、所有气质上特定的心理特性和性格之间的区别是同义的。③从人格的诸多定义中可以发现,人格是个人心理中比较稳定的特性,决定着人的行为与反应,表现为对环境的一贯的态度,较为一致的行为。

(二)权威主义人格

什么是权威主义人格? 德国思想家霍克海默在为阿多尔诺等所著的《权威主义人格》作序言时认为,所谓权威主义类型的人,区别于旧有的顽固类

① ［美］B. R. 赫根汉:《人格心理学导论》,冯增俊,何瑾译,海南人民出版社 1988 年版,第 2 页。
② 周晓虹:《现代社会心理学》,上海人民出版社 1997 年版,第 5 页。
③ ［美］弗洛姆:《为自己的人》,孙依依译,生活·读书·新知三联书店 1992 年版,第 64 页。

型,他看来集合了以高度工业化社会的非理性和反理性的信念为特征的观念和技能。他是被启蒙过的,同时又是迷信的;为自己成为一个个人主义者而自豪,却又害怕与他人有所不同;自负于自己的独立性,却又倾向于盲目地屈从于权力和权威。① 这种性格是多种矛盾的集合,这也是与社会转型紧密联系在一起的。旧的社会结构与生活方式使人们习惯于服从权威,但社会转型激活了人们的个体意识,形式上摆脱了权威的束缚,但内心中却失去了安全感,孤独与焦虑弥漫在人的情感之中,无力与无奈成为一种经常状态。为了摆脱这种孤独焦虑、无力无奈的状态,人们选择了权威主义这种方式。

弗洛姆指出,这时个人为了获取他已经丧失掉的力量,不惜放弃自我的独立而使自己与外在的他人或他物凑合在一起的倾向。换句话说,也就是指那种妹新的"第二个枷锁"来代替业已摆脱的原始枷锁的倾向。② 这种倾向的动力是受虐狂与虐待狂,既要求被控制,在心理上消灭自我,来获得安全感和克服孤独感,为达到目的使自己变得无足轻重,力图使自己成为自身以外的某个强大权威整体的一部分,同时又期望完全绝对地控制他人,使他完全服从于自己的意志,使自己成为他的绝对统治者,成为他的上帝,把他视为自己手中的玩物。③ 这种矛盾的性格特征之一是仰慕权威,愿意屈从于权威,但同时又渴望自己成为权威,迫使他人屈从于他。④

权威主义(authoritarianism)在社会生活中有其一整套规则、规范,由权威说明什么对人是善的,并由权威规定行为的法则和规范;而人道主义伦理学是由人自己制定规范,并受制于这些规范,人自身既是这些规范的真正来源或管理者,又是这些规范的执行者。就形式而言,权威主义否定人有认识善恶的能力;价值规范的制定者总是一个凌驾于人之上的权威。这种体系并不以理性和知识为基础,而是以对权威的畏惧、被权威统治者的软弱及依赖感为基础的;被统治者把一切权力交给统治者,使后者拥有了神秘的力量;这种

① 转引自季乃礼:《政治心理学导论》,中国人民大学出版社 2010 年版,第 126 页。
② [美]弗洛姆:《逃避自由》,陈学明译,工人出版社 1987 年版,第 188 页。
③ [美]弗洛姆:《逃避自由》,陈学明译,工人出版社 1987 年版,第 208 页。
④ [美]弗洛姆:《逃避自由》,陈学明译,工人出版社 1987 年版,第 217 页。

权威是不能也不必怀疑的。就内容而言,权威主义伦理学对何为善、恶之问题的回答,主要是根据权威的利益来定,而不是根据人的利益来定的;这是一种剥削,尽管被统治者可以从中获得一定的精神或物质上的利益。① 但是当具有权威主义人格的人被自己的无权折磨得悲观、失望的时候,当意识控制减弱之时,反抗的倾向才被重新唤起;当权威手中的权力已削弱和开始旁落之时,他们才对之产生憎恶,才认识到要加以反抗。② 但反抗的结果是摆脱了旧权威,又服从了新的更强大的权威。因此权威主义人格的另一特征就是也会有反抗,但那只是为了获得新的权威。表面上消灭了旧权威,获得了自由,但实质上仍然需要新权威的庇护。

另外一位著名的心理学家阿多尔诺描述了权威主义人格的特征:(1)超我的缺失。本我既是法官又是原告,对攻击的对象毫无内疚之情。(2)无知和困惑。无法对现有的政治现象进行自我反思,盲目认同权力。这种人没有知识。例如越是边远山区的人,权威主义人格越重。(3)篡夺情结。在认同权力的同时,也想成为权力的主人。③ 具有这一倾向的个体往往会在其认为地位较高、有权势的人面前贬低自己,而在其认为软弱或劣势的人面前摆出高高在上的架势。阿多尔诺形象地将这一人格特征比作骑车人的本性:"对在上者鞠躬,对在下者踩踏。"

八、权威主义人格产生的条件与原因解释

(一)宏观的经济社会条件

产生权威主义人格的宏观条件是多方面的,特别是在社会转型期,这些宏观条件显得尤为突出。经济社会的转型使人们摆脱了旧的生活方式,但新的生活并未带来新的安全感;人们摆脱了旧体制的束缚,但发现在新体制下个人是无力和无奈的,传统观念和方法已经不能维护足够的安全感和对未来

---

① ［美］弗洛姆:《为自己的人》,孙依依译,三联书店1992年版,第30－31页。
② ［美］弗洛姆:《逃避自由》,陈学明译,工人出版社1987年版,第224页。
③ 参见王丽萍:《人格与政治:政治心理学领域核心关系分析》,《北京大学学报》(哲社版)2002年。

稳定的预期,人们对一切生活的目的都产生了怀疑,他受到了强大的超人力量、资本和市场的威胁,所有人都成了他潜在的对手,他同他人的关系成了一种勾心斗角、尔虞我诈的关系。他自由了,但这也意味着:他是孤独的,他被隔离了,他受到了来自各方面的威胁。对于他来说,天堂永远地远去了,个人要孤苦伶仃地面对这个世界。因此,新的自由带来了深深的不安全、无力量、怀疑、孤独和忧虑感。①

在中国当前的经济社会中,人们就有这种深切的不安全感。随着传统的单位制的解体,人们失去了稳定的社会组织基础,每个人都被个体化了,传统权威的消失使人们一时找不到可以信任的权威,便会怀疑一切。市场经济的发展更增加了转型期人们生活的不确定性,没有明确的目标,也更加期望一个强大的权威能够带来他们需要的安全感。

现代社会的发展一方面拓展了人们活动的空间,同时又增加了许多限制,而人们又无法认识这些限制,总感觉命运由某些不可知的因素所控制。过多的限制又使人们本来就少的反思能力更加微小了。文化工业的发展使得文化的批判性大大下降,所反映的只是对现实的顺从。这些因素都会导致权威主义人格的产生。

(二)微观的家庭教育条件

家庭和教育是影响一个人成长最为重要的因素,家庭环境和教育方式是产生权威主义人格的微观条件。西方学者研究发现,如果父母(儿童童年时期内群体中的权威)以严厉的、惩罚性的方式来对待儿童,那么儿童对父母会产生敌意态度,而此种敌意态度会因恐惧等原因被压抑。敌意只是被压抑,并没有消失,它会被转移到外群体身上,而且权威所具有的坏的方面(不公正、支配他人等),也会被投射到外群体身上,于是产生了权威主义者指向外群体的攻击。父母的权威主义的确与儿童的权威主义相关。父母的权威主义的分数能预测权威主义的教养方式。儿童会把这种方式感知为权威主义

① 参见[美]弗洛姆:《逃避自由》,陈学明译,工人出版社1987年版,第83-87页,第101页。

的方式。这种感知,会增加他们与父母间的冲突。所以高权威主义父母的孩子,更可能成为一个高权威主义者。[1]

中国家庭一向以家长制作为一种管理模式和教育方式。家长在家庭里具有无上的权威和权力,对子女总是专制式的教育和管理。强调子女无条件服从家长,家长在多个方面压制子女的个性,使子女的成长符合家长的意愿。这种家庭教育的结果,容易出现权威主义人格。在幼年时期无条件的服从导致成年之后依赖权威,而内心中被压抑的反抗意识,会在其掌权时爆发出来,对下属采取更进一步的压制态度。这与中国传统社会中的奴伏仆从非常类似。其典型表现是"阿上而卑下":一方面,只有通过依赖奴伏于家长、族长、上级官吏、君主帝王,才能既符合伦理道德,又能够获得满足自己欲望和需求的条件;另一方面,当他一旦攀居高位时,又必然寻求和接受仆属的阿谀和膜拜,对下实施家长专制,这似乎是一条规律。此便谓之主性与奴性的二重人格。鲁迅对此有着精到的见地:"专制者的反面就是奴才,有权时无所不为,失势时却奴性十足。"[2]

(三)权威主义人格对青少年犯罪原因的解释

权威主义人格是在一个人青少年成长时期形成的,也最容易对青少年的行为产生影响。中国正处在社会转型期,传统的家长制教育模式也较容易产生这种人格特征。这种人格危害性的表现就是青少年犯罪,所以用权威主义人格对青少年犯罪的原因进行解释,是具有一定解释力的。

具有权威主义人格的人是具有一种两面性的特征,这种两面性容易导致行为的两种极端。服从强大的权威时,丧失了自我,一切以权威为准,此时社会公正、道德规范、正义、良心都被抛弃,只以权威的价值标准为判断是非的标准。此时,社会规范的控制力不起作用,容易导致各种失范行为。没有强大权威时,会有强烈的不安全感,为了获得安全,会处处显得具有攻击性,容

---

[1]　参见李琼、郭永玉:《作为偏见影响因素的权威主义人格》,《心理科学进展》2007 年第 6 期,第 984 页。

[2]　参见马庆钰:《论家长本位与"权威主义人格"——关于中国传统政治文化的一种分析》,《中国人民大学学报》1998 年第 5 期,第 54 - 55 页。

易与其他人产生冲突。当自己掌握权力时，又容易表现出专制特征，在其他人身上报复以前自己内心中承受的服从权威的痛苦。由于各种社会规范在权威主义人格的人身上约束力较弱，因此产生犯罪的可能性就较大。这些特点使权威主义人格对青少年犯罪具有相当的解释力。

当前中国家庭教育方式使青少年在成长过程中形成的性格特征类似和接近权威主义人格。父母过分偏爱，会使子女形成对父母的过分依恋行为，以自我为中心，嫉妒心强，严重影响其社会适应和交往能力；父母的过分干涉和保护，剥夺了子女应有的自由，使子女产生自卑心理，抑制了他们自我能力的发展，容易导致"激情犯罪"或"胁从犯罪"；父母的拒绝、否认往往伤害子女的自尊，使其胆小、退缩，甚至产生抑郁情绪，并且容易形成与父母的对抗心理；父母严厉惩罚的教养方式易使子女产生抵触、不满和敌对情绪，这些不良的情绪体验有可能导致他们认知、情感和行为障碍，严重的导致违法犯罪。而且过于严厉的惩罚还成为其习得侵犯行为的最好示范，专制粗暴、严厉惩罚往往培养出具有攻击型的青少年。① 这些不当的家庭教育方式使大量青少年具有了类似权威主义人格的性格特征，个人心理与社会规范产生了严重的冲突，从而成为潜在的犯罪人，一旦条件具备，就会转变成为真实的犯罪行为。

在宏观层面上，处于社会转型期的青少年承受着多元文化和多元价值观的冲突，市场经济的发展和制度变迁所带来的不确定性，使当代青少年对未来预期的稳定性下降，出现了迷茫、失落、不知所措，容易产生逆反心理，缺乏自我意识，缺乏安全感，行动上及时行乐和各种短期行为泛滥，较容易产生侵犯性、攻击性的失范行为。这些都成为权威主义人格产生的土壤，并且一旦遇到不良权威，就容易形成服从不良权威的习惯，从而产生不良行为。这就可以解释为什么青少年犯罪近年来出现的暴力化、组织化、团伙化程度越来越高的趋势。② 所以，各种宏观社会因素都在促成相当一部分青少年逐渐形

① 参见卢国强、尹红霞：《浅谈家庭教养方式对青少年犯罪的影响》，《山东省团校学报》2010 年第 4 期，第 31 页。

② 有关这方面的观点可参见：张远煌、姚兵：《中国现阶段未成年人犯罪的新趋势——以三省市未成年犯问卷调查为基础》，《法学论坛》2010 年第 1 期。

成权威主义人格特征,只是程度各有不同,随着时间的累积,这种人格特征会愈发明显,外在表现也会愈发强烈,产生失范行为的可能性也会越来越大。

九、从权威主义人格分析角度预防青少年犯罪

通过以上权威主义人格分析,可以解释当代中国青少年犯罪的一部分原因,从这种人格分析的角度出发,也可以找到预防青少年犯罪的方法。

首先,要从宏观社会环境上,为青少年提供一个健康、稳定的成长环境。多重不确定性容易塑造权威主义人格,因此要在制度层面为青少年,特别是还在幼年时期,提供一种稳定的心理预期。需要建立和完善各种针对儿童和未成年人的社会保障、保护制度和法律,加大执行力度(比如禁止向未成年出售烟酒等),确保儿童的生存权、健康权、受教育权。这样可以使青少年在幼年时期能够有一个稳定的生活环境,产生必要的安全感,消除心理上的不确定性。在当代中国尤其还要为流动人口子女,包括随父母一起流动到城市的儿童和在农村的留守儿童,为这部分儿童提供生活和教育的保障将是从根本上消除权威主义人格、预防青少年犯罪的关键。另外,在升学、就业和个人发展等方面确立公平的制度和公平的机会,也会为青少年健康人格的培养创造良好的环境。

其次,在微观层面,需要重新重视中国的家庭关系和家庭教育,给青少年一个良好的家庭环境。首要关注的是稳定的家庭关系,这是良好家庭教育的基础,也是青少年形成健康人格的基础。从中国的家庭政策层面鼓励良好、稳定的家庭关系,重视情感在家庭生活中的重要意义,一方面有利于社会稳定,另一方面也有利于青少年成长。还需要转变家长制的教育模式。家长制就是专制,是形成权威主义人格的重要因素。改变家长制就需要引入家庭民主,这也需要转变教育理念。家长制理念在中国根深蒂固,近年来陆续曝光的"虎妈""狼爸",绝不是只是个别典型,而是家长制教育模式的集中反映。在家庭内部需要尊重青少年的个人权利和个人意志,减少压制,扩大个人发挥空间。还要较早地培养青少年的独立人格和自觉意识,摆脱

心理上的依赖性,尽早进入心理上的"断奶期",使其进入社会也不会寻求各种心理依赖。

最后,在文化上需要破除"官本位"文化,消除对权威、权力的迷恋和依赖。中国的官本位文化传统厚重是形成权威主义人格的重要文化因素。破除官本位文化,除了体制变革以外,在文化上需要摆脱对权力的迷信,权力并不能带来一切,权威也不是万能的。这同样需要从家庭教育、学校教育入手,转变观念,破除权力决定一切的教育模式,形成崇尚个人奋斗的独立人格。

权威主义人格在中国有着广泛的生长环境,其对社会发展的危害也显而易见,特别是对正在心理成长期的青少年。因此,从心理预防的角度,从人格分析的角度预防青少年犯罪也是当代中国需要重视的预防措施。

十、青少年犯罪预防的基本观念与重心应回归家庭

对于青少年犯罪的预防已经提出了许多对策建议,并在实践中采取了许多措施,但中国青少年犯罪的数量仍然不断攀升,在总体犯罪中的比重在近10年中也有所增加。当前青少年犯罪呈现出低龄化、犯罪类型多元化、暴力化、组织化、预谋性强等特征。[①] 面对如此的青少年犯罪状况,应当探究其发生和快速增长的原因,反思预防对策和措施。在整个社会的防控犯罪的网络中,青少年犯罪预防的重心要放在哪里,青少年犯罪预防的核心理念是否有偏差,都需要在新的犯罪形势下进行审视和反思。

（一）在微观上家庭因素是导致青少年犯罪的基础性因素

家庭、学校、社区都是青少年的生活环境,从优化青少年生活环境的角度来看,三者在预防青少年犯罪方面都必不可少。但是,我们必须承认,家庭作为青少年早期社会化的一个重要场所,对于青少年各种观念以及人格的形成和发展有着学校和社区所无法比拟的优势。国内外各种实证研究都表明,家庭因素是导致青少年犯罪的最为根本的原因,也是联系最为紧密的一组因果

---

① 参见张远煌、姚兵《中国现阶段未成年人犯罪的新趋势——以三省市未成年犯问卷调查为基础》,张远煌:《犯罪研究的新视野:从事实、观念再到规范》,法律出版社2010年版,第147页。

关系。①

　　家庭是青少年社会化的首属环境,对孩子人格的塑造有着奠基的作用;孩子社会化过程中,家庭的作用还表现为对其他外部因素影响的或者强化、或者削弱的作用。与青少年社会化有关的因素包括:父母的言行态度;父母与孩子沟通程度与频率;父母对儿童的管教方式及其一致性。这些因素都会影响儿童的自我控制能力、对权威的尊重、对紧张事件的反应、责任承担以及以对自己行为后果的认识。② 如果家庭成员恪尽职守,家庭的教育功能得以良好地发挥,便能够在很大限度上抵御外部不良环境的消极影响;而如果家庭成员失职,家庭的教育功能不良和缺失,则会减弱其他因素的积极影响,强化消极影响。相反,再好的学校教育和社会教育也难以抵消家庭成员失职和家庭教育功能失调对青少年所造成的不良影响。简单地说,有什么样的家庭就会有什么样的青少年,有什么样的家庭教育就会有什么样的青少年行为。更为直接的是家长的人格特征、道德水平和行为方式决定了家庭教育的水平和青少年的成长。

　　在单亲家庭、离异后重组家庭等非正常家庭中出现青少年犯罪的可能性较大已经成为犯罪学界不争的事实,在正常家庭中,由于父母的教育、监督不力也会出现青少年越轨行为甚至犯罪行为。第一,父母可能不关心自己的孩子(这种情况下,其他任何条件都是不符合的);第二,父母尽管关心自己的孩子,但是可能没有时间或者精力监视孩子的行为;第三,父母尽管关心并监视自己的孩子,但是不可能看到孩子行为中的错误;第四,即使所有条件都具

---

① 在犯罪原因的认识上,对于青少年犯罪的原因,是犯罪学领域中少有的能在中外理论界达成广泛基本共识的方面。即使在现代社会,社会结构和生活方式发生了深刻变化,但源于家庭、学校教育的不良或缺陷始终是青少年犯罪最具普遍性的主要原因,其次是源于社区和大众传媒的不良影响。参见张远煌《从未成年人犯罪的特点看现行刑罚制度的缺陷》,张远煌:《犯罪研究的新视野:从事实、观念再到规范》,法律出版社 2010 年版,第 147 页,原文使用的概念是"未成年人"。另外,西方学者也提出:"在与少年犯罪有联系的父母特征中,犯罪是最明显、最具有一致性的特征。"家庭因素与青少年犯罪之间存在着紧密的因果关系。参见[美]迈克尔·戈特弗里德森、特拉维斯·赫希:《犯罪的一般理论》,吴宗宪、苏明月译,中国人民公安大学出版社 2009 年版,第92－93 页。

② [美]Peter C. Kratcoski & Lucille Dunn Kratcoski:《青少年犯罪行为分析与矫治》,叶希善等译,中国轻工业出版社 2009 年版,第 127 页。

备,父母也可能不愿意或者无法惩罚自己的孩子。因此,初看起来似乎不成问题的现象,细看起来确实是很成问题的。许多事情都有可能是错误的。①父母对孩子关心教育的缺失或失误是导致青少年犯罪的基础性原因。单亲家庭和不正常家庭中对孩子教育的问题更容易发生或更多,因此会反映在家庭形式上的不正常与青少年犯罪有密切联系。但家庭因素的内在问题是父母对孩子的关爱和教育功能两个方面的缺失,这也会在正常家庭中发生。

所以,在众多分析青少年犯罪原因的因果关系中,只有家庭因素导致青少年犯罪的因果关系解释力最强,也最有说服力。实证性的调查研究也证明了这一点。青少年不与父母生活在一起,失去父母的关照,对其闲散于社会乃至犯罪有重要影响;家庭关系中存在诸多方面的不和谐;青少年罪犯更多的出自父母文化程度偏低的家庭;家庭教育功能的不良和缺失对青少年走上犯罪道路起了至关重要的负面作用。青少年犯罪在绝大多数情况下并非家庭成员直接教唆,但是家庭成员尤其是父母对孩子潜移默化的影响或者不良的教育方式则是不可忽略的重要因素。② 许多研究者都发现这样一个事实:青少年人的异常行为或者不当行为,与他们在家庭中感受到的情感压力和紧张关系存在着十分密切的关联性。③

(二)在宏观上犯罪趋势变化与家庭组织程度变化密切联系

美国经济学家史蒂芬·列维特在分析批判了若干可能会使犯罪率下降的因素之后,揭示了20世纪90年代美国犯罪率突然大幅度下降的根本原因。那就是在1973年1月22日,美国最高法院颁布罗伊威德法令,在全国范围内实现堕胎合法化。④ 美国最高法院的说法是,当一位女性不想要孩子的时候,

---

① [美]迈克尔·戈特弗里德森、特拉维斯·赫希:《犯罪的一般理论》,吴宗宪、苏明月译,中国人民公安大学出版社2009年版,第93页。

② 参见关颖:《关注未成年人、家庭及其城市——青少年犯罪问题的社会学思考》,《青年研究》2004年第8期,第9页。

③ [美]Peter C. Kratcoski & Lucille Dunn Kratcoski:《青少年犯罪行为分析与矫治》,叶希善等译,中国轻工业出版社2009年版,第128页。

④ 到1970年,美国已有纽约州、加利福尼亚州、华盛顿州、阿拉斯加州和夏威夷五个州宣布堕胎合法化,并且在全州推行堕胎手术。参见[美]史蒂芬·列维特、史蒂芬·都伯纳:《魔鬼经济学》,广东经济出版社2006年版,第138页。

那很可能是因为她觉得自己没有办法为孩子提供一个很好的家庭环境,可能是因为贫穷,也可能是教育水平不够,还可能是因为婚姻、健康等原因,觉得自己目前无法把一个孩子健康地养大成人。① 这也就避免了一个出生在不是很好或者不健康的家庭中的孩子走向犯罪的可能性。

家庭是社会组织的最基本的形式,家庭也是与青少年犯罪最为密切的因素。婚姻家庭状况直接影响青少年的成长,婚姻家庭方面的问题会直接导致青少年犯罪。在婚姻家庭方面变化最重要的指标就是离婚数量和离婚率。从离婚数量和离婚率的变化上就可以反映出微观社会组织化程度的变化。从表4可以看出自20世纪80年代以来中国离婚数量呈现迅速增长的态势。到21世纪,每年的离婚对数可能就意味着有上百万的家庭解体,到2007年和2008年离婚人群已经超过二百万对。离婚率在2000年以来持续上升,到2008年已经达到一个相当高的水平(见表5)。这反映出家庭这一最基本的社会组织形式在中国的变化,离婚对数和离婚率的增长能够反映出微观社会组织化程度下降的趋势。

表4　1980—2011年全国离婚数量　　　　　　　　　　单位:万对

指标	1980年	1990年	1999年	2003年	2006年	2009年	2011年
离婚对数	34.1	80	121	133.1	191.3	246.8	287.4

资料来源:中华人民共和国民政部网站。

当然,高离婚率并不能一定导致社会组织化程度下降,但当中国出现离婚率增长的同时,其他微观社会组织也在发生变化,所以离婚率的增长与社会组织化程度下降呈现同步性。在其他微观社会组织方面,如基层自治组织(居委会、村委会等)、社区组织(各类小型协会)和各种工作组织(帮教小组、调解委员会等)都出现了不同程度的弱化。这些情况与家庭的稳定性下降一起构成了微观社会组织化程度降低。

① 参见[美]史蒂芬·列维特、史蒂芬·都伯纳:《魔鬼经济学》,广东经济出版社2006年版,第139页。

表 5   2000—2011 年全国离婚率   单位:‰

指标	2000 年	2003 年	2006 年	2007 年	2008 年	2009 年	2010 年	2011 年
粗结婚率	6.70	6.30	7.19	7.50	8.27	9.10	9.30	9.67
粗离婚率	0.96	1.05	1.46	1.59	1.71	1.85	2	2.13

资料来源:中华人民共和国民政部网站。

微观社会组织化程度降低就意味着在微观层面社会控制力的下降。家庭稳定性下降就会导致家庭对家庭成员的控制力下降,同时家庭的教育示范功能也会削弱,青少年犯罪的可能性就会增加。其他各类社会组织弱化使得社会规范的约束力不能正常地体现,也会导致青少年犯罪。社会中各类人员的流动性增加,使原来的熟人社区、熟人组织变成了陌生人社区、陌生人组织,这是现代社会的特征之一,但现代社会同样也需要现代的社会组织,也需要相当高的社会组织化程度,以实现社会的控制力。中国青少年犯罪的迅速增加正是处于转型期的中国社会组织化程度下降的一个重要表现。传统的社会组织瓦解了、削弱了,新型的社会组织却未形成,社会规范失去了原有的约束力,而新的社会规范又没有有力的社会组织作为载体来实现其约束力。社会失范现象增多就成为转型期的中国社会一大特征。

(三)家庭功能的变迁、情感沟通较少与青少年犯罪

社会学家将家庭功能分为社会化、情感支持和彼此陪伴、性规则及经济合作四种功能。① 通过分解和归类,家庭功能还可以概括为:生活功能,经济功能,教育功能,情感沟通功能。改革开放以前,中国家庭的经济功能被极度弱化,而另外三项功能则有较强的发挥。改革开放以后,家庭作为原来的生活单位,逐步恢复了其经济功能,成为中国市场经济体制改革过程中非常有活力和生命力的经济组织单位。这不仅大大地推动了中国经济发展,还改变了中国的社会阶层结构。但同时也产生了一些问题,即家庭被过分强调其经

① 参见[美]戴维·波普诺:《社会学》(第十版),李强等译,中国人民大学出版社 1999 年版,第 389 页。

济功能而忽视了其社会化、教育和社会整合等功能。① 这些功能的弱化使得青少年在成长过程中行为规范程度下降,这种情况的后果也成为青少年犯罪增加的基础性因素。

有些国外犯罪学家在分析犯罪高发的原因时也强调家庭功能变迁的因素。梅斯纳和罗森菲尔德对美国文化中过分强调经济成功而使家庭功能中经济功能过于强大导致其他社会功能弱化。他们认为,这是美国社会中经济机构的绝对强势的影响力造成的,而其他机构诸如家庭、学校,甚至政治机构,都趋向于服从经济。"非经济机构例如家庭和学校这样的机构的主要任务是去劝导人们具有信仰、树立价值、承担责任,他们与市场这样机构的任务是不同的。但是,当这些非经济机构的地位被贬低并被强迫适应经济利益的考虑时,当它们被经济标准渗透时,成功履行它们独特的社会功能的能力就会被削弱。"这种情况成为一种常态时,犯罪产生的基础条件就已经具备了。梅斯纳和罗森菲尔德因此提出了大量的政策以增强这些非经济机构自身应对经济关系时的能力,并削弱经济对它们的影响。这就是在根本上消除犯罪产生的社会基础条件。首先,他们认为美国社会家庭都严重地受到经济利益的驱策,在这种意义上,家庭无法影响家庭成员的行为,而家庭应当是一种社会机构。通过采取诸如家庭度假、夫妻共同工作、灵活的工作时间安排、由雇主承担照看小孩的任务等政策,家庭能够增强自身应对经济关系时的能力。这些政策为父母们提供了很多自由,使他们得以从经济需求中分身而出,从而能够花费更多的时间和精力以履行家庭职责。② 这些措施实际上就是在把家庭还原成家庭本身,让家庭回归到正常家庭功能模式上去。家庭功能中社

---

① 参见陆学艺主编:《当代中国社会结构》,社会科学文献出版社 2010 年版,第 112 - 116 页。

② 参见[美]乔治·B.沃尔德、托马斯·J.伯纳德、杰弗里·B.斯奈普斯:《理论犯罪学》,方鹏译,中国政法大学出版社 2005 年版,第 188 - 189 页。这种理论实际上是对默顿的"紧张理论"的进一步发展。默顿认为,所谓"结构紧张"是指这样一种社会状态,即社会文化所塑造的人们渴望成功的期望值,与社会结构所能提供的获得成功的手段之间产生了一种严重失衡的状态。比如,某一社会,占统治地位的意识形态过于强调金钱、致富的重要性,而与此同时社会所能够提供给人们的挣钱手段又不多,这时候,社会就处于一种"结构紧张"的状态,这时社会矛盾、犯罪、冲突就会激增。(参见李强:《当代中国社会分层:测量与分析》,北京师范大学出版社 2010 年版,第 185 页。)

会化和教育功能的强化，增强了对青少年行为的约束力和规范性，犯罪发生的可能性自然就下降。

在各类家庭功能的实现上，无论是社会化还是教育功能都离不开家庭成员之间的情感沟通，特别是父母与子女之间的沟通交流尤其重要。通过对国内两个大城市的中小学生的调查发现，子女与父母的沟通情况不容乐观。从子女向父母倾诉这个方面看，很少交流和几乎不交流的中小学生在总体与分类中都占三分之一以上，并且在中学生中的比重还要高于小学生（见表6）。

表6　中小学生与父母情感沟通情况之一（我若有心事，会告诉父母）

	总是	经常	有时	很少	几乎不会	合计
总体 （N = 1092）	13.9%	19.2%	31.0%	18.0%	17.9%	100%
中学生 （N = 377）	10.4%	18.1%	33.3%	20.0%	18.1%	100%
小学生 （N = 715）	15.7%	19.8%	29.8%	16.9%	17.8%	100%

资料来源：相关课题组调查数据库。

从父母向子女交流感情方面看，很少与子女交流和几乎不交流的在总体与分类中都接近三分之一。这在中学生与小学生的比重较为接近。这些情况说明无论是从子女向父母的方向上，还是从父母向子女的方向上，情感沟通不足的问题已经到了相当严重的程度（见表7）。需要注意的是，这还仅是在大城市的调查，而在广大农村，问题还会更严重，因为大量的留守儿童长时期见不到父母，根本没有机会与父母进行情感交流。

表7　中小学生与父母情感沟通情况之二(父母会专门抽出时间和我聊天)①

	总是	经常	有时	很少	几乎不会	合计
总体 (N=1092)	14.1%	24.4%	29.4%	20.1%	12.0%	100%
中学生 (N=377)	11.0%	24.7%	32.7%	21.2%	10.5%	100%
小学生 (N=715)	15.8%	24.2%	27.7%	19.5%	12.8%	100%

资料来源:相关课题组调查数据库。

　　情感交流较少就会导致父母关爱的不足甚至缺失,其父母的规范教育与家庭的正向社会化功能也就无从谈起,这极易导致子女在人生成长过程中出现偏差,由出现越轨行为到不良少年,再到青少年犯罪。这一因果关系链的起点是家庭因素,也是最为基础性的因素。所以,预防青少年犯罪的重心应当回归家庭,从重视家庭的社会化功能与家庭成员之间的情感交流入手,采取相应的措施,实现家庭教育的作用。

　　(四)还原家庭的基本功能、回归家庭和预防前移

　　犯罪预防回归家庭本位需要系统性的社会政策,还原家庭的基本功能,使其作为社会的基本细胞,承担起主要的正向社会化功能,而不是片面的强调经济功能。这样才可以保证正常的家庭生活方式,确保正常的社会化模式,主流的价值观形成。

　　第一,需要保持家庭完整的持久性,完整家庭是良好家庭教育和家庭功能正常发挥的基础。需要在全社会树立正确的家庭观,同时让各类社会政策有利于保持家庭完整的持久性,比如减少两地分居、两地工作的政策,保障子

---

① 此次调查是 2011 年到 2012 年分别在 Y 市和 J 市进行的,每个城市都挑选中学的初一、初二年级和小学四、五、六年级的学生进行问卷调查,由南开大学周恩来政府管理学院季乃礼教授主持,硕士研究生李志亮具体实施。感谢他们对此次调查所付出的努力,并允许本文作者使用调查数据库。在此对参与此次调查的所有老师和同学表示感谢。表6和表7的统计数据均来自此次调查数据库。

女与父母同城生活的条件与政策；放宽流动人口的子女随父母就近入学的条件。这样能够对家庭长期稳定起到积极作用，使子女长期在父母身边，家庭教育和社会化功能才有可能实现。这也就是从家庭的稳定性上减少青少年犯罪发生的可能性，把预防工作回归家庭，将预防的重心放到家庭本身。

第二，要强化为人父母的教育观，加强这方面知识与意识的培训。特别是对年轻的父母，更要加强正向社会化观念的教育。因为父母的行为方式在很大限度上决定了子女的行为方式。已经有大量案例表明，坏的父母教育比没有父母教育还要糟糕，青少年在这种家庭环境中成长，导致犯罪的可能性会更高。所以预防前移应当放到养育子女之前、在组成家庭之时。在婚前、育前强化这方面意识和知识的培养与灌输，有利于子女将来的成长。这实际上是将青少年犯罪预防前移，在父母养育子女之前提前灌输知识与意识，了解青少年成长过程中的各种风险，提高预防青少年犯罪的主观意识，从而降低青少年犯罪发生的概率，消除导致犯罪的不良家庭因素。

第三，在养育子女的过程中，需要经常、随时和定期地进情感沟通，加强正向社会化的辅助教育。青少年在成长过程中容易出现逆反、情绪化等正常的心理变化，在这个时候更需要正向社会化的力量来引导，可以通过学校、社区来加强这方面的教育，但最重要的还是在家庭之中，父母与子女的情感沟通可以起到决定性的作用。子女的青少年阶段与父母产生一定的距离，需要自己的独立空间，开始具有独立意识。这个时候父母需要认识到这一阶段的特殊性，重视与子女的情感交流而不是忽视、放任他们。情感沟通中，正向社会化就会传递给青少年，从而减少越轨行为的发生。

第四，将家庭作为预防青少年犯罪的重心需要全社会共同关注家庭建设，关注父母与子女的关系，关注家庭中社会化功能的作用，进行必要的干预。城市与农村都同样需要重视家庭建设，重视现实生活中的父母教育缺位，重视父母情感付出的不足。因为这些都是可能引发青少年犯罪的因素，需要全社会的共同努力，真正做到青少年犯罪的预防前移。

第六章
犯罪社会学理论中的因果关系链

犯罪社会学(sociology of crime)是研究引发犯罪的社会因素的一门社会学分支学科。又称社会犯罪学或刑事社会学。主要研究犯罪现象及其与社会的相互关系,分析犯罪的社会因素,探索治理犯罪的对策。研究人的心理状态同犯罪的关系的一种理论。

一、发展历史

早期的犯罪社会学是由犯罪心理学研究产生的。最初犯罪心理学的研究,一般都从精神病理学入手。例如法国医师代斯皮纳(1812—1892)认为犯罪者缺乏道德感情,刑罚对他们不起作用,重要的是要予以教育或隔离。龙勃罗梭提到过天生犯罪人的精神特征是变质的精神状态。其学生加罗法洛则提到由于缺乏基本的道德感情(同情、正直)而实施的犯罪,属于自然犯的行为,其人则是典型的犯罪者。后来的犯罪心理学不同,侧重研究一般人的精神状态与犯罪的关系。在这方面具有一定代表性的是 S. 弗洛伊德的精神分析学和他的学生 A. 阿德勒(1870—1937)的个性心理学。弗洛伊德认为人的个性或人格是由"本我""自我"和"超自我"形成的。"伊德"是一切生来本能(如食、色等)的源泉。人们的活动方向,主要是由下意识的性本能决定的,犯罪也是如此。这就是有名的泛性欲说。从他的论述中可以看到,当"自我"

要求获得本能的满足而又不能按照"超自我"所要求的、能为人们接受的方式来实现时,就可能走上犯罪的道路。所以弗洛伊德认为刑罚是没有意义的。阿德勒不同意泛性欲说,认为犯罪的主要原因是"自卑感复合"。当人的生活本能在社会生活进程中受到压制,便产生自卑感,更由于不自觉的欲求而产生犯罪,其原动力则是遗传的与生俱来的征服欲或权势欲。伴随着资本主义而来的贫富悬殊,经济的社会的压迫加剧,又使自卑感和反抗心增强。这个学派用下意识活动对资本主义社会的犯罪现象进行解释,被称为深层心理学的犯罪理论。犯罪心理学既是犯罪社会学的重要组成部分,同时又发展成为一个独立的犯罪学分支学科。

19世纪30年代,比利时统计学者 A. 凯特策(1796—1874)和法国犯罪学者 A M. 盖里(1802—1866)。他们认为,犯罪是社会原因决定的,是社会自身的产物。任何社会,由于其本身孕育着犯罪的胚胎,都必然会产生一定数量的犯罪。犯罪统计学派运用统计方法,重视对犯罪社会原因的研究,对于以后犯罪学的发展作出了一定的贡献,也被称作"犯罪统计学派"。他们研究资本主义社会的犯罪现象与犯罪者的年龄、性别、种族、职业及其所在社会的经济、地理位置和季节、气候等条件的关系,指出犯罪的发生和消灭、增加和减少以及犯罪的类型均受社会环境影响,提出犯罪的社会原因说。

受这种观点影响,一批持犯罪社会原因说的学者,如德国刑法学家 F. von 李斯特、意大利犯罪学家 E. 费里等,于19世纪末和20世纪初形成了在刑法思想史上占有重要地位的刑事社会学派,创立和发展了犯罪社会学。1884年菲利发表了《犯罪社会学》一书,标志着犯罪社会学的形成。19世纪90年代,刑事社会学派成立了国际刑法学会。

20世纪以来,犯罪社会学有了进一步发展,在这一过程中,普通社会学理论、侵犯行为的社会心理学以及婚姻家庭社会学等分支学科的理论均起了重要作用。犯罪社会学成为综合犯罪学、社会学、心理学、生物学等多种学科知识的一个活跃的跨学科研究领域。在当代,犯罪社会学家加强了国际交流和比较研究,成为犯罪学研究中最为广阔的领域。

二、犯罪社会学关于犯罪原因的主要观点

西方犯罪社会学围绕犯罪原因问题形成了多种不同的理论,其中主要有:

（一）社会原因说

社会原因说的代表人物是法国犯罪学家、社会学家和法国法医学教授 A. 拉卡萨涅等。他们强调不能否认犯罪的个人原因,更应重视其社会原因。塔尔德批评了以意大利犯罪学家 C. 龙勃罗梭为代表的刑事人类学派提出的犯罪人类学理论,认为犯罪实质上是一种社会现象,可以用一般的社会规律来加以说明。拉卡萨涅则把犯罪比作细菌,把社会比作培养基。法国社会学家. 迪尔凯姆也用此理论研究犯罪问题,认为犯罪是正常的、必然的现象,不是社会的病理现象,原因是社会自身失去了控制力。当社会的尊严、权威、神圣逐渐削弱或丧失时,社会的连带性、结合性也随之崩溃,这种社会状况就是产生犯罪的母体。

（二）三元犯罪原因说

三元犯罪原因说的代表人物是菲利。他从个人原因、自然原因和社会原因三个方面分析犯罪,着重研究经济状况、工农业生产、社会教育、舆论、习惯等社会原因对犯罪的影响,主张进行社会改良。菲利曾任意大利刑法修改委员会负责人,这使他的犯罪社会学理论体现在刑事立法和刑法改革中,影响到后来的刑法发展。

（三）二元犯罪原因说

二元犯罪原因说的代表人物是李斯特。他批判了龙勃罗梭的天生犯罪说,也不完全同意菲利的三元犯罪原因说,主张从个人原因和社会原因两方面分析犯罪。他不否认遗传素质对犯罪的影响,但更强调造成犯罪的经济和社会的原因。

（四）失范理论

"失范"的概念最早是迪尔凯姆提出来的。美国结构功能主义社会学家罗伯特·默顿发展了这一概念,从社会结构的角度分析犯罪行为的原因。认

为社会一方面大力强调成功，一方面却没有提供获得成功的正当手段，或是本身限制了一部分人取得成功的可能性，人们不得不采取最有效的或者尽管是非法的手段，造成犯罪。

（五）差异交往说

差异交往说是1939年由美国学者E. H. 萨瑟兰提出。他认为人的犯罪和其他异常行为并非生来就会的，而是通过差异交往学来的。一个人由于与有犯罪倾向的个人或群体之间经常和密切交往，通过文化传播过程学会了犯罪。犯罪的可能性取决于他的年龄，与别人接触的强度，以及与守法者和违法者接触的比率。西方学者还从社会冲突等方面解释犯罪行为。苏联的犯罪社会学肯定社会因素是青少年犯罪的主要原因，并致力于提出具体的预防措施。

三、犯罪社会学的研究内容和与犯罪心理学的关系

（一）犯罪社会学研究的基本内容

1. 现实犯罪状况、犯罪类型、犯罪的地区分布。

2. 造成犯罪的主客观因素，包括个人的生理因素、心理因素、社会因素、地理因素等。

3. 犯罪的社会预测、社会防范、社会控制以及各种惩治对策等。犯罪社会学要求社会设法共同预防犯罪，避免个人因环境所迫而犯罪；强调对犯罪人区别对待，注重感化，对传统的报复主义和恐吓手段持批判态度。犯罪社会学的研究对各国刑法和刑事政策的制定、对监狱和狱政管理的改良有直接影响，对于防止和减少犯罪给社会造成的危害起着积极的作用。

（二）与犯罪心理学的关系

犯罪社会学与关系密切，在理论方面相互吸收和借鉴，在研究对象、研究方法上有许多共同之处。它们的区别在于：犯罪社会学是从社会环境方面寻找犯罪原因。它承认人类学、生物学和心理学因素与犯罪的联系，但认为这些不是犯罪的主要原因。它运用社会学方法，研究犯罪的社会性质。犯罪心

理学是研究人的心理状态同犯罪的关系的学科,特别注重研究犯罪者的动机、目的和犯罪行为的内在联系。它注意发现犯罪者的心理状态、精神状态及下意识活动与社会环境的联系,以此解释犯罪现象,揭示犯罪动机和行为的关系。它更多地借助于医学、生理学等自然科学的知识和技术。

四、犯罪社会学的若干重大理论

以对犯罪原因研究为基础,犯罪社会学形成了若干理论,每一种理论都提出了关于犯罪原因、犯罪分析、犯罪预测、犯罪预防等方面的系统观点。

（一）社会结构理论

犯罪的社会结构理论主要有社会解组理论、失范理论、相对剥夺理论等。

1. 社会解组理论

社会解组理论讨论的是社会结构的解体和重组过程中所引发的犯罪问题,也叫社会生态学理论,它是美国芝加哥学派提出的犯罪社会学理论。芝加哥学派认为,城市本来是一个"有生命的"有机整体,是一个历史形成的自然体系,城市的区位结构是由于城市自身的社会规律而形成的同心圆。这个犯罪同心圆理论是芝加哥大学伯吉斯等人通过在地图上标示,调查芝加哥违法犯罪少年居住地的分布,研究芝加哥犯罪情况后提出的犯罪学理论。

社会结构解体论认为,人们生活和活动在家庭、学校、游戏伙伴和团体之中,这些群体都适应于地区性的集体或大城市的某个市区,它们又反映了某个城市的历史过程。由于大量移民,如欧洲移民与南方黑人的拥入,不仅使人口过度稠密,而且导致原有社会结构的解体,这种社会结构的解体又进一步导致人们文化准则的混乱,使人们价值观发生严重混淆,不知道如何适应这种新的社会环境,从而导致个人的越轨和违法犯罪行为的增多。芝加哥学派认为,犯罪是社会和文化环境的产物,急剧的社会变迁、移民与人口流动等造成社会的迅速多元化,使各不相同的民族不自觉地共同生活在一起,使人们感到无所适从,因而犯罪率的上升也就在所难免。解决问题的办法就是要向新移入的居民灌输主流社会的文化,通过社会主流文化来形成对每个社会成员的有效控制。①

2. 失范理论

失范理论的代表性人物默顿认为,对犯罪的解释,应当到社会结构和文化结构中去寻找答案。每个社会都有自己所鼓励的文化目标,同时也给予实现这种文化目标的合法手段。如果人们缺乏其中之一,或二者同时缺乏的话,就会出现所谓的"失范"状态,于是导致犯罪的产生。默顿认为,恰恰是最成功的和最完全的适应一种特定社会的文化价值观念可能最终成为越轨犯罪行为的渊源,而美国文化正是这样一种文化。美国社会给了每个人一个"美国梦",但它并没有给每个人实现"美国梦"的合法手段。由于美国的政治、经济和社会结构并未给予所有阶层的人民提供平等实现美国梦的机会,这样就在文化价值目标和社会结构使其可以实现目标的"有限合法机会"之间形成巨大矛盾,造成了默顿所说的社会反常状态。这种反常状态减少了人们对合法手段的依赖,转而接受非法手段,即用犯罪的或越轨的手段来获得所希望的成功。②

根据这种理论,默顿还提出了如何有效的控制社会犯罪问题的对策,他认为,至少有两种解决办法:第一,增加竞争的机会,使人们能够更好地利用可得到的合法手段;第二,减少人们的欲望,以便目标与手段更容易统一。这种理论影响很大。但它很容易导致人们把犯罪仅仅看作是那些下层社会中缺乏机会和能力的人们的事,从而容易忽视上层社会的犯罪。

3. 相对剥夺理论

"相对剥夺感"是美国社会学家斯托弗1949年在《美国士兵》一书中首先提出来的概念。社会学家默顿在《社会理论与社会结构》一书对此进行系统阐释。他认为相对剥夺是指个体或群体对于自身相对状况所持的态度,是一种主观的心理感受。这种感受是一种社会比较的结果。后来,相对剥夺理论被运用于犯罪原因的论述。美国犯罪学家布劳夫妇认为,相对剥夺是导致犯

① 参见吴宗宪:《西方犯罪学》,高等教育出版社2023年版,第313-318页。
② 参见吴宗宪:《西方犯罪学》,高等教育出版社2023年版,第328-330页。

罪的原因。因为处于相对剥夺状态的人,一旦认为用合法手段不能克服自己的困境,就希望用包括犯罪在内的其他手段来达到目的。相对剥夺理论在解释上层阶级为什么会犯罪的问题上具有较强的解释力。在解释不同社会类型的犯罪率为何不同也有一定的解释力。相对剥夺与人们自身的经济社会地位几乎无关,即使是在物质丰裕的社会里,也会产生各种"相对剥夺"式的不满和愤怒。因此,犯罪率的高低与社会的富裕或贫困程度没有太大关系,而与社会的收入差距大小有很强的关系。①

(二)社会过程理论

1. 差异交往理论

差异交往理论也被译为不同接触论、差异接触论、不同联系论等。所谓差异交往就是指犯罪不是天生的,也不是人格缺陷和情绪障碍等病态造成的,而是在与他人的交往过程中所形成的,犯罪如同读书、绘画等其他行为一样,都是学习而来的。犯罪人的形成过程是在犯罪或违法团伙中学习越轨和犯罪的行为与价值观的过程。差异交往理论回答了社会解体论无法回答的一个问题,即同样在社会解组状态下,为什么有的人犯罪,而另一些人不犯罪?

差异交往理论认为,违法犯罪不是由于所谓社会结构解体的产物,而是源于另一种社会与文化结构,在这种社会与文化结构中,"赞同违法的论调超过了反对违法的论调"。违法犯罪的行为在这种社会结构中被认为是一种正常的行为。在这种社会结构中人通过相互交往活动,自然地学习了越轨和犯罪的价值观和手段,学会了使其越轨或犯罪行为合理化和正当化。②

萨瑟兰的差异交往理论比较适合解释少年犯罪和白领犯罪,但不能用来解释所有犯罪。它只强调了犯罪的社会学习过程,而完全忽视了其他因素对犯罪的影响。

① 参见吴宗宪:《西方犯罪学史》(第二版)第三卷,中国人民公安大学出版社2010年版,第1057－1058页。

② 参见[美]埃德温·萨瑟兰、唐纳德·克雷西、戴维·卢肯比尔:《犯罪学原理》(第11版),吴宗宪等译,中国人民公安大学出版社2009年版,第106－108。

2. 社会标签理论

传统的犯罪学理论都是围绕犯罪人展开的,忽视了刑事司法机关和社会对犯罪行为的反应。社会标签理论不再以犯罪人为中心考察和研究犯罪,它认为犯罪的形成原因并非单纯地存在于个人素质和社会环境中.而在于个人与社会的相互作用。社会标签理论认为,从来没有天生的犯罪者,犯罪和其他各种违法行为都是社会创造的,是在社会相互作用过程中被社会自身创制和规定的。"越轨不是某些形式的行为固有的特性,它是由直接或间接看到这些行为的旁观者赋予它们的特性。"正是社会组织通过制定规则创造了越轨行为。通过这些规则可以给某些社会成员贴上标签,标明他们是为社会所不容的人。违法犯罪行为就是被人们贴上违法犯罪标签的行为,违法犯罪者就是已被成功地贴上犯罪标签的人。①

标签论与传统的犯罪社会学理论有极大差异。它把犯罪行为与刑事司法机关、社会控制系统联系起来进行研究,重点关注继发性犯罪行为是如何发生的。

3. 社会控制理论

社会控制理论同样是从个人与社会的互动过程来解释犯罪的一种理论,与传统的犯罪社会学理论不同的是,它不是直接解释人们为什么违法犯罪,而是解释大多数社会成员为什么不违法犯罪的原因,从而间接地说明了社会犯罪的原因。

社会控制理论认为,家庭和学校教育的失败是导致犯罪的主要原因,因此主张加强家庭教养、强化父母对儿童的直接监管;严格学校教育;以社区为单位,让社会机构督促、吸引少年更多地参加合法活动,推进犯罪对策。这样,社会控制理论就把控制犯罪的责任从国家转移到社会层面,使社区和一般市民成为控制犯罪的主体力量。这与传统犯罪学把控制犯罪的责任主要

---

① 参见吴宗宪:《西方犯罪学》,高等教育出版社 2023 年版,第 379 – 380 页。

推向国家的主张有着根本的区别。①

（三）社会冲突理论

冲突理论是西方社会学一个重要的理论派别，它对犯罪社会学的发展必然要产生各种影响。社会冲突论源于马克思主义的阶级斗争学说，但又作了某种意识形态的修正，成为西方社会学内部的一个理论派别。在冲突论看来，社会中不同阶级之间，总是充满着矛盾与冲突，占统治地位的权力集团总是要强制推行自己的价值观念，维护其既得利益。犯罪的关键不在于他们实施了某种犯罪行为，而在于它处于某种社会"冲突过程"之中，因而被人为地认定为犯罪者。

1. 文化冲突论

文化冲突论是在 20 世纪 30 年代后半期形成的犯罪学的社会冲突论理论。文化冲突论认为，文化的冲突是产生犯罪的原因，犯罪则是与主流文化相冲突的下层阶级群体、少数民族群体和移民群体文化的产物。

塞林认为，社会存在着两种文化冲突。一种是原发性文化冲突，一般指的是不同民族之间固有的文化观念、价值尺度和行为习俗在规范意义上的剧烈冲突。这种冲突强烈地作用于持有相反文化特征的行为人，如东西方民族之间的文化。处于这种文化冲突之中的人，就有可能因此直接影响自己的行为规范意识。只有当文化冲突出现在规范意义上时，才可能因此导致各种犯罪。另一种是继发性文化冲突，继发性文化冲突也可以称之为第二次文化冲突，主要体现在第二代移民身上，它既可以表现为第二代移民坚持固有文化与所在国文化再次发生冲突，也可以表现为被所在国文化同化而与其原有民族文化的冲突。这种继发性文化冲突是一种广泛而普遍存在的，并能导致大量犯罪的文化冲突。文化冲突的极端反映就是针对社会主体文化意识而进行的犯罪。②

---

① 参见吴宗宪：《西方犯罪学》（第二版）第四卷，中国人民公安大学出版社 2010 年版，第 1169－1170 页。

② 参见吴宗宪：《西方犯罪学》，高等教育出版社 2023 年版，第 344－346 页。

文化冲突论的后期代表人物美国著名社会学家、犯罪学家沃尔特·米勒在 20 世纪 50 年代提出"下层阶级文化论"。这种理论认为,人类社会总是在不断地分化与重新组合之中,但始终存在着一个下层阶级。下层阶级基于其特定的社会生活环境和条件,其文化构成始终是一种可能导致犯罪的文化。这样,米勒就把处于社会底层的人说成是犯罪文化的制造者,把下层阶级说成是犯罪的主要来源,这显然是毫无根据的。①

2. 阶级冲突论

阶级冲突论又叫"激进犯罪学""新犯罪学"或"批判犯罪学"。这是一种理论主张纷繁驳杂的犯罪学新思潮,其理论主要源于马克思和"西方马克思主义"以及其他一些激进的社会变革理论。它源于 20 世纪 60 年代的反帝运动、反战运动、民权运动、学生运动等,但其直到 20 世纪 70 年代才提出激进犯罪学的基本框架。

阶级冲突论的基本理论假设是,犯罪本质上是统治阶级和那些成为刑事司法目标的穷人之间的阶级冲突。这个学说的核心内容是对分层社会的透视,他们认为,刑法是统治者控制穷人和其他少数集团的一种手段,他们把本阶级的道德要求利用价值标准强加于社会,并保护他们自己的财产和人身安全免遭少数集团特别是无产者的侵扰。同时,他们不断扩张违法和犯罪行为的概念界限,把那些潜在地威胁其利益的人也纳入其中。因此,不管穷人是否比其他阶层的成员更容易触法犯禁,都会受到更频繁的逮捕和严厉地处置,并随时都可能被认为是犯罪者。同时,下层社会对剥夺他们参与机会的社会制度,自然要产生深刻的敌意。在阶级冲突论看来,犯罪是一个"合理"的行为。犯罪人的犯罪是一种被迫的行为,因为社会的政治和经济状况使社会财富的分配不平等。

阶级冲突论认为,在资本主义社会里,犯罪具有不可改变的特点。在一个有着不平等的权力体系中靠强制力来约束社会,犯罪将会永存,因为统治

---

① 参见吴宗宪:《西方犯罪学》,高等教育出版社 2023 年版,第 352 - 354 页。

者需要将与他们的利益不一致的行为规定为犯罪,所以,犯罪实质上可以被视为一个阶级、阶层不甘于受另一个阶级、阶层支配的体现。①

犯罪的冲突理论注意到社会在确认犯罪时的政治、经济和社会结构的制约因素,表达了当代资本主义社会的基本问题和矛盾。然而,阶级冲突论犯罪学不能明确解释一个人发展成为犯罪的过程,其理论比较概括而缺少证据。

3. 女权主义犯罪学

女权主义犯罪学的产生背景是 20 世纪 60 年代以来的女性主义运动的迅速发展壮大。女权主义的核心理念并不清晰,但大致可以理解为解放女性,男女平权。但其经常表现出来的观点则是一种激进的性别观,主张彻底巅覆传统的社会性别结构。女权主义犯罪学出现了 20 世纪 70 年代,到 80 年代开始受到广泛关注。由于女权主义自身的驳杂,导致女权主义犯罪学也存在许多不同的派别,大致可以区分为自由主义、社会主义、激进主义、马克思主义等不同的立场。

女权主义犯罪学的主要存在形式是对以往的各种犯罪学理论的批判。认为他们虽然观点不同,但都是以男性为主要研究对象,无视女性的存在。他们认为,如果把女性犯罪纳入研究视野,则所有的传统犯罪学理论都将面临着崩溃的危险。女权主义的理论的一个重要来源是马克思主义,但是,他们对马克思主义同样进行了严厉地批判,认为马克思、恩格斯在对资本主义的批判中并未对女性和犯罪的关系详加探讨,几乎看不到女性的记述;历史唯物主义把资本主义的压迫结构简化为阶级剥削,忽略了性别歧视和各族歧视等具体形式的压迫。马克思、恩格斯所期望的社会结构变革仍然是一种以男性社会为前提的社会结构变革。女权主义犯罪学还对刑事司法过程进行了全面地批判。

女权主义犯罪学的最大影响是对刑事政策的影响。特别是欧美国家对强奸罪、堕胎罪、卖淫嫖娼的规定的修改,还有在家庭暴力、性骚扰等问题上,

---

① 参见吴宗宪:《西方犯罪学》,高等教育出版社 2023 年版,第 408－410 页。

明显受到了女权主义犯罪学的影响。①

女权主义犯罪学丰富了犯罪学的内容,引起了犯罪学家对女性犯罪问题研究的重视和反思,在犯罪研究中开始重视女性的视角和女性的生存体验与思维方式。但是,它与其说是一种理论,毋宁说是一种视角,正如有的学者所说,它是一朵尚未完全绽放的犯罪学奇葩。

五、社会结构的变迁与理论的演变

(一)组织结构变化与治理的多样化

当人类社会走过工业社会进入信息社会或称作后工业社会,精英主义政治理论进入了一个新的发展阶段,同时精英治理模式也出现了工业社会所没有的特征。这些特征使理论家不得不修正他们的理论,同时理论家们也发出了这样的疑问,信息时代的精英治理发生了根本性变化了吗?

从精英主义的理论分析中可以发现,如果组织结构不改变,仍然以科层制、金字塔式组织垄断组织形式,那么精英治理模式就不会发生多大改变。在信息社会一个重大的变化就是组织结构发生了改变,科层制组织不再是唯一的组织形式,出现了新型的组织结构。这种转变是从科层制组织本身的变化开始的。由于科层制组织本身存在的一些弊病,如信息传递的单向性、横向交流的缺失等,在信息时代为了克服这些弊病,首先对科层制组织进行改造。在减少层级、加强横向联络之后,金字塔式的组织变得扁平化。随之又出现了扁锥型组织。在信息技术不断发展之后,又出现了蛛网形组织和平行网络式组织。

组织结构的变化使得组织内部的权力关系也发生了变化。原有的等级制权力关系变成了等级制模糊、上下级消失的关系。新型组织里更多的是平等合作关系,上下级关系不明显或不存在,领导与被领导的地位差别不大或没有。因此,新型组织中精英与普通人的区别也不那么清晰。特别是在平行

---

① 参见吴宗宪:《西方犯罪学》,高等教育出版社 2023 年版,第 408 – 410 页。

网络式组织中很难找出哪里是精英,哪里是普通人;任何人都可以成为精英、成为领导者,任何人在网络上的某一个结点发挥突出作用,都可能会引起整个网络组织的回应和作用。网络使权力的行使从垂直方向转变为水平方向,这对个人来说是一大解放。等级制结构鼓励往上爬和超过别人,不断产生压力、紧张和忧虑。网络状结构则把权力赋予个人,网络中的人愿意互相促进。① 在新型组织中,工业社会的精英治理已经没有存在的组织土壤了,因为科层制已经瓦解了,等级制已经不见了。网络组织给了每个人成为精英的机会,精英治理也逐渐趋向网络成员共同治理。

当然,说科层制瓦解并不是说科层制已经完全退出历史舞台,在政府等正式机构中还广泛存在着科层制组织。精英主义还争辩说,信息社会仍然存在人与人之间素质与能力之间的差别,并且信息传递与发布也并不是平均的,精英仍然会比普通人发挥更大的作用,精英治理依然存在。精英主义进行这样的争辩并没有错,但是工业社会时期的精英治理已经发生了变化,由单一形式的精英治理转变为多样化的精英治理。也就是说,网络型组织等新型组织使组织中的精英多元化,组织中精英多元化就会使精英治理多样化。精英治理多样化同样也反映在委托—代理关系的改变上,这种工业社会的精英治理的代理关系在信息社会中也受到冲击,合作—共享关系也成为精英治理中的一种相互关系。当精英治理模式出现多样化时,也必然会影响到政治精英与大众之间的权力关系和治理模式。

(二)中产阶级与社会稳定

达尔认为,通过消除极度的贫困和改善生活水准,经济增长有助于减少社会和政治冲突。当经济冲突出现的时候,经济增长可为互惠的解决方案提供资源,以使各方都有所收获。经济增长同时提供给个人、团体和政府更多的剩余资源以支持教育,这样可以培养一个有修养的、有知识的市民阶层。②

---

① [美]约翰·奈斯比特:《大趋势——改变我们生活的十个新趋向》,新华出版社 1984 年版,第 272 页。
② [美]罗伯特·达尔:《论民主》,李柏光、林猛译,商务印书馆 1999 年版,第 176 页。

实行市场经济体制意味着政府指令性经济成分不是经济体系的主导,市场机制对资源配置起决定性作用。政府的作用被限制在一个特定的范围内,这就为民主所需要的有限政府创造条件。市场经济使人们出于对利益的要求,而将个人权利界定清晰,并且通过法律来确定下来。在社会结构方面,市场经济创造了一个庞大的追求教育、自治权、个人自由、财产权、法治和参与政府事务的中产阶级。分散化的企业生产和分散化的决策必然会带来越来越多的分散的组织。市场经济会所蕴含的多种经济成分,更加细密的社会分工,都使社会组织不断增加,不仅是经济组织,由经济组织会延伸出各种各样的社会组织。组织的增加就为大众参与提供了新的平台,参与的机会大大增加,就为大众民主的推进创造了条件。

中国的市场化改革在社会结构方面的一个重大成果就是培育了中国的中产阶级。中产阶级一向被认为是推进社会进步和维持社会稳定的中坚力量。在西方社会,中产阶级是维系精英治理模式的社会基础。中国中产阶级的出现和发展显示了改革的成果和社会的进步。但近些年来出现的中产阶级数量上萎缩和质量上下降的问题,说明市场化改革中过度精英化问题已经影响到了社会结构向良性方面的发展。

中产阶级之所以被称作中产,除了经济收入、社会地位处于社会中间甚至中间偏上的水平以外,更重要的是中产阶级有自己的生活方式,理性、稳定、闲适和精神上的富足,是中产阶级生活方式的特征。如果中产阶级放弃了自己的生活方式,也就不再"中产"了,极为可能流入下层阶级。最近几年在中国的中产阶级已经有了危机感,中产阶级正在逐步放弃自己的生活方式,也就是放弃了自身的社会结构特征。中国的中产阶级正在被不断分化瓦解,走到了"被消失"的边缘。日本作家大前研一在《M型社会:中产阶层消失的危机与商机》中阐述的穷者愈穷、富者愈富、80%的中产阶层向下流动的社会现象,在中国似乎有克隆的危险。更有专家指出,如果任由中国目前的经济社会问题发展下去,中国将会出现只有 5% 的富人和 95% 的穷人的局面。①
没有中产阶级,中国只会出现富人与穷人、精英与大众的尖锐对立。

　　由于全球金融危机、经济不景气和股市的波动、房价的上涨等因素,中产阶
级的经济收入和财产在近几年中迅速"缩水",中产阶级被迫压缩消费、减少开
支。更严重的是,由于这种物质上的紧缚,原本属于中产阶级的理性、稳定、闲
适和精神上的富足,也变成了紧张、惶恐、惴惴不安。社会的稳压器,瞬间变成
了加压阀。"理性"是现代社会最重要的特征。在一个社会的经济、政治、文化
诸生活中,中产阶级的理性常常通过他们对社会的责任感表现出来。一个失去
中产或者中产正在消亡的社会,无论从何种意义上都潜伏着巨大的理性危机。②
如果社会因此而使去了发展的动力,将是中国改革事业的根本性的损失。

　　著名社会学家陆学艺指出:温饱问题解决之后,贫富分化的现象有可能
急剧增加,社会阶层的流动就会慢慢停滞。对于中产阶级这样一个庞大的社
会群体的上升之路被堵死,社会的生机就会一点一点被掐死。如果中国在这
一阶段不能形成公正、合理、开放的社会分层结构和社会流动机制,就有可能
引发社会结构性矛盾,使中国经济的现代化发展面临停滞,甚至出现倒退。
所以,在中国翻天覆地的变化中,应该建立了一个最基本的秩序,让社会流动
畅通。一个社会的阶层流动越顺畅,社会就越稳定。③ 过度精英化的问题在
于使社会中的中产阶级向下流动,加入下层大众的行列,并且由于经济收入
和社会地位的相对剥夺感更强,这个群体会对社会有着更多的不满情绪。如
果中产阶级放弃了理性、舒适、高品位文化的生活方式,即便有中等收入,却
被庞大的生活支出压抑,这个群体也不再是中产阶级了。因为放弃了中产阶
级的生活方式,就是放弃了中产阶级的群体特征。消费上的局限,压迫式的
工作生活模式使这个群体逐渐丧失了自我认同,容易产生社会敌意。此时就

---

① 参见著名房地产独立评论人牛刀的文章《未来中国只有 5% 的富人和 95% 的穷人》,参见牛刀新
　浪博客。
② 参见《"被消失"的中产》,《中国新闻周刊》2010 年第 3 期,总第 453 期,第 27 页。原文使用的是
　"中产阶层"一词,其含义与中产阶级相同。
③ 参见《"被消失"的中产》,《中国新闻周刊》2010 年版第 3 期,总第 453 期,第 39 页。

会形成全体大众对精英群体的矛盾对立,而不是对社会结构的认同,这样就很难形成精英与大众的稳定状态。也有学者通过社会调查发现目前中国社会呈现出一个非常奇怪的"倒丁字形"的社会结构。由于其下层群体过大,而且下层群体与其他群体之间属于一种两极式的(或直角式的)连接方式,因而导致社会群体之间以致整个社会处于一种"结构紧张"的状态。"社会结构紧张",是指由于社会结构的不协调,而使得社会群体之间的关系处在一种对立、矛盾的或冲突的状态下,或者说,社会关系处于一种很强的张力之中。在这样一种状态之下,社会矛盾比较容易激化,社会问题和社会危机比较容易发生。①

(三)网络时代的大众参与

信息社会的各种变化不仅改变了组织结构,而且还深深地改变了人们的生活。通信技术和互联网技术的飞速发展,也改变了人们参与各种社会生活的方式,同样改变了大众的政治参与。科学技术的迅猛发展也为大众式民主的扩张提供了技术支持。计算机技术、通信技术和网络技术的日新月异让人与人之间的联系愈发紧密,并且在社会生活中出现了"信息爆炸"和"知识爆炸"的态势。信息交流的渠道更广泛和多样化,信息不对称现象大为减少;专业知识也不再神秘,学习平台的扩展,使专业学习变得更为容易。

通信技术和互联网技术改变了大众参与的渠道。普通人可以通过网络参与各种政治活动的讨论、调查,可以自由发表个人意见。渠道更为广泛,方式更加快捷,手段更为高效。并且通过互联网可以让其他人了解自己的意见,更容易引起共鸣和争论,更容易形成较为集中的意见。更为值得注意的是,这种信息的相互传递能够引起具体行动。集中的意见能够引发群体的行动。

信息的传播和技术的提升使普通人改变了对社会公共问题的看法,他们有些不相信代理人的行动,大众更加倾向于自己去参与公共活动。由间接参与转变成直接参与,这让大众能够把民主的理念进行发挥。间接民主在信息社会逐

---

① 李强:《当代中国社会分层:测量与分析》,北京师范大学出版社 2010 年版,第 185 页。

渐被人们淡化,直接民主受到人们的重视。产生这种变化的原因就是人们发现通过使用信息技术进行参与,可以影响决策的结果,能够产生实际的效果。由于新的信息技术使用起来更加简单方便,并且成本不断降低已经普及到大多数普通人。每个人掌握这些信息技术并非难事,而信息和知识的广泛传播和学习形式的改变使人们的认知能力能够很快地提高。人们认为自己能够理解社会公共问题,能够对这些问题形成自己的判断并提出自己的意见。这种改变与精英主义政治理论的一些观点和主张形成了鲜明的对立。精英主义认为大众没有能力对公共问题进行判断,既缺乏知识又缺少理智。当大众具备了知识和理智时,精英作为大众的代理人地位就受到怀疑,地位发生动摇。大众就会认为不需要精英作为自己的代理人,自己可以发表意见和决策。

在信息社会大众参与的意愿和动力被新技术激发出来,并且会随着技术的不断更新而不断增长。一旦大众参与被激发出来,会形成巨大的参与能量。这也是大众式民主不断扩张的原因之一。大众参与的巨大能量也改变了精英治理模式,使精英治理必须容纳大众参与的能量,特别是制度上能够承受这种能量的压力。精英阶层要将大众参与视为解决问题的一种重要方法,将一些公共问题直接交予社会公众进行讨论并形成决议。信息时代的大众参与将不再是民主政治生活的辅助性补充,而是主流性力量。精英治理与大众参与形成了新的关系,精英治理不能脱离大众参与,精英治理必须与大众参与相结合。大众参与成为精英治理模式中一个必需的环节,这也成为大众式民主的重要表现形式。

信息社会的社会基础使精英治理模式适用的范围缩小,于是其合理性受到挑战。但当代精英主义并没有放弃自己的观点,强调精英治理具有一定的刚性,在有些领域并不因组织结构的变化而变化,即便是在新型的组织结构中也会有杰出人物与平庸之辈的区分。所不同的是在信息社会中,人与人的水平更接近而成为精英的可能性和渠道也更多、更广泛。信息时代的精英治理仍然具有一定的合理性,但这种合理性的刚性正在弱化。信息时代并没有抹平人与人之间的差异,网络组织结构也并没有消除优秀杰出和平庸低下的区别,这些条件的存在就为精英治理的随时可能出现提供了社会基础,只是出现的可能性变小了。社会结构的变化使治理模式也发生变化,犯罪产生的机理也随之改变,并出现许多新形态,这也促使犯罪学理论不断向前发展。

六、犯罪学理论发展与增强理论解释力需要关注的若干问题

目前中国犯罪学研究中需要注意以下几个重点问题,这几个重点问题也是推进中国犯罪学基础理论发展的关键。

(一)犯罪原因研究需要与犯罪现象紧密结合起来,忽视犯罪现象的变化而空谈犯罪原因会使犯罪原因研究成为空中楼阁

犯罪现象的发生发展变化有其内在的规律,犯罪原因研究本身就是对犯罪现象的一种解释,因此犯罪原因研究的前提是对犯罪现象也要进行深入研究。有犯罪学家就指出,缺少犯罪现象论的犯罪原因论研究,从方法论到认识论上都存在严重问题。按照社会科学研究的一般规律,应当把对象的概念、本质、存在、表现、发展变化规律作为学科研究的核心,而犯罪学却不同,只把原因作为研究的核心,急功近利地迫切追求,遗忘和漏掉了更为重要的问题。这样就严重地限制了对犯罪现象本身的全面和深入的理论概括,当然就不可能产生出专属于犯罪现象的相应概念、范畴,不可能产生反映犯罪现象规律的系列基本理论观点,更无法形成关于犯罪现象的深入的理论体系,从而影响了犯罪学学科的成熟。①

---

① 参见王牧:《从"犯罪原因学"走向"犯罪存在学"——重新定义犯罪学概念》,《吉林大学社会科学学报》2009 年第 2 期。该文作者还指出,严格地说,今天的犯罪学实际还不是真正的犯罪学。真正的犯罪学应当是真正地研究犯罪全部内容的犯罪学,而今天的犯罪学却只研究犯罪的部分内容。有效防治犯罪的社会渴求,强烈地推动了犯罪原因的理论探讨,因而,犯罪学产生以来,始终就以犯罪原因的研究作为犯罪学学科的终极目标和核心内容加以追求,一百多年来都没有大的变化。在一般(非专著)的犯罪学著作中,犯罪原因几乎是所有犯罪学著作的核心内容,即使某些犯罪学著作有对犯罪现象的研究,但是,与对犯罪原因的研究比较起来,几乎是微不足道、可以被忽略的,使犯罪学成为实际上的"犯罪原因学"。要使犯罪学真正成熟起来,必须接受犯罪是必然存在的客观现象的结论,以犯罪现象是社会上的客观存在为前提,从整体上全面深入地研究和把握犯罪现象的本质、存在、表现和发展变化规律,实现对犯罪现象整体的科学认识。为此,科学的犯罪学应当重新定义为:犯罪学是研究犯罪现象的普通社会科学。

(二)犯罪原因研究中应该特别注意因果关系的分析

在犯罪原因研究中,不仅要分析各类相关因素、致罪因素的作用,更要注意分析与犯罪发生之间的因果关系。现在许多犯罪原因研究的文章当中,对相关因素分析得过多,而对因果关系分析较少,这就造成了结论与观点的解释力较弱的问题。这里需要特别注意以下几个问题:

1.存在同步性不等于一定存在因果联系。这是一个方法论上的基本常识,却常常被忽略,往往把同步性等同于因果性。改革开放以来,中国的经济社会文化等因素在指标上都呈增长趋势,中国的犯罪也呈现持续增长趋势,所以很多因素都与犯罪现象是同步增长态势,但不能简单地说这些因素都与犯罪存在因果关系。寻找正确的因果关系是犯罪原因研究的基本任务,但只是发现同步性还是很不够的,而且有些因素明显与犯罪有相关性,但不一定是同步性,相反可能还有一定的滞后性,这些因素的效用需要一段时间以后才会发挥出来,引发犯罪现象。

2.决定论与概率论的问题。决定论与概率论都是社会科学研究中用于解释因果关系的理论方法。一段时间内曾经过于倾向决定论而忽视概率论,随着科学哲学和实证研究方法的引入,概率论又被广泛应用,但又冷落了决定论,而事实上这二者是相辅相成的。决定论强调是一种必然性,这在规律分析上是非常重要的,而概率论揭示的是发生的可能性,在资源分配上是很有意义的。这二者在犯罪原因研究中都十分重要,不能偏废任何一种理论方法。

3.直接因素与间接因素之作用效力问题。在犯罪原因研究中,经常会分析直接因素与间接因素的关系问题。直接因素被研究得较多,因为这些因素与犯罪之间的关系密切,在分析时直接因素对犯罪人的效力明显,因果关系也较好确定。间接因素就大不一样了,这些因素与犯罪之间的关系不是那么紧密,需要一些传导性因素对犯罪人发生效用,因此在研究这些因素时也往往采取模糊处理的方式,但这样做的结果是这类犯罪原因研究似乎作用不大,也不好用于解释犯罪现象。所以,在研究间接因素对犯罪的效力问题时,需要注意效力的传递与转化,还要注意起中介作用的传导性因素的作用,这些传导性因素是强化、放大这些效力,还是弱化、缩减这些效力,这些分析在因果关系的确定中都十分重要。

多重因素的存在,无疑增加强犯罪学研究的难度,但仍然不能阻止犯罪学家们试图控制住某一因素,来观察其他因素的变化对犯罪人的影响。随着研究方法的更新和研究技术的提升,这些问题正在被——化解。对引发犯罪的微观因素的研究还会沿着它以前的轨迹稳健前进。更为重要的是,从微观因素出发形成的理论观点解释力愈来愈强,已经引起国外有关部门和机构的重视,预防和控制犯罪的重心也由重视宏观因素逐步转移到重视微观因素的改变。

(三)犯罪学研究成果解释力适用范围问题

这个问题现在普遍存在于犯罪原因研究当中,当一种犯罪原因研究的结论出来以来,能否具有较强的解释力,应当将这个结论解释一下当下的犯罪现象,看其适用的人群、适用的时间段、适用的地域、适用的犯罪类型,等等。现在犯罪学基础理论存在的解释力不足问题,其中一个原因就是当一个观点被提出来以后,没有经过检验、验证,缺少讨论与争鸣。这使理论自身缺少机会增强解释力。

一般来说,某种理论解释力的大小可以关注以下几个因素:

1. 一种理论的解释力要经过长时间的检验。一种理论在学术界被关注的时间越长,其解释力也越强。比如经济条件等诸因素如何产生犯罪,不同时期的相互关系能否相互印证。

2. 解释力的大小还与适用的地域相关。适用的越广,理论的解释力越强,同时也要注意,大国经验特别值得重视。一种理论如果在某大国得到适用,其解释力也是相当大的。

3. 一种理论的解释力会随着经济社会条件的变化而变化,但总是被人们关注。可能曾经热门的理论会被冷落,但经过了一定的时期又会焕发新的生命力。如社会解组理论、紧张理论等都曾被冷落,但经过一段时期,经过其他学者的改造又重新获得强大的解释力。①

　　分析犯罪学的理论解释力能够帮助我们增强理论的辨析度,我们可能不知道什么是正确的,但必须清楚什么是错误的。

　　犯罪原因研究是犯罪学研究的基础与核心。犯罪原因研究形成的理论可以称为犯罪原因论。犯罪原因论在犯罪学理论体系中占有核心的地位,它与犯罪学的所有理论都紧密相关,决定并影响犯罪学的其他理论,是整个犯罪学理论体系的出发点和基础。犯罪原因研究解释力的大小决定着犯罪学理论解释力的大小并且影响着整个犯罪学体系的发展。

① 有关对各种犯罪学理论解释力评价的论述可参见[美]乔治·B.沃尔德、托马斯·J.伯纳德、杰弗里·B.斯奈普斯:《理论犯罪学》(原书第5版),方鹏译,中国政法大学出版社2005年版,第122 - 123页,第169页,第170 - 172页。

第七章
犯罪学的因果关系链理论
与中国犯罪治理体系的演变

中国的犯罪治理体系就是中国的社会治安防控体系。中国的社会治安防控体系从建国初期到改革开放以后,经历了几个时代的变迁,其体系类型与运行特点都发生了较大变化,其间也有过曲折反复。本文力图从一种宏观历史的角度,描述中国社会治安防控体系的演变过程,理清其中的内在脉络,分析其发展趋势及演变规律。

一、1949—1965 年的社会治安防控体系

(一)1949—1956 年的社会治安防控体系

从时间阶段的划分来看,从 1949 年新中国成立至 1956 是一个特点鲜明的历史时期。这一时期,中国完成了国家政权的建立和巩固,形成了具有中国特点的国家结构、政权体系。

这一时期社会治安状况呈现出新旧政权交替时期的特点,针对新政权的破坏活动和危害社会秩序犯罪活动十分猖獗。新政权的政府组织建设正处于过渡期,许多地方还处在战争状态,地方公安部门很不健全,因此对社会秩序主要以军事管制为主,各地的军管会起着维护社会治安的主要作用。军事管制的特点是以战争状态来对待社会治安问题,采取严厉打击的措施维护社

会秩序。这一时期的基本社会特征是:巩固政权、完成生产资料的社会主义改造并在极低的起点上开始社会主义全面建设;执政党保持和发扬了战争年代的优良传统和革命斗志,政治动员力量和社会控制力十分强大;社会主义法制建设的创建主要以战争时期的单行条例为基础,刑事政策在犯罪控制方面发挥着基础性作用。①

此时政府的中心任务是巩固新生的社会主义政权,因此社会治安防控战略的制定与实施也反映了当时政府工作的中心任务。当时的防控战略主要是以阶级斗争为中心这样一种理念来制定的,所以打击、镇压和斗争是防控战略的主要内容。在 1949 年到 1952 年的 3 年间,中华人民共和国政府在全国开展了肃清国民党反动派在大陆的残余武装力量和土匪等镇压反革命运动,并开展了"三反"和"五反"运动。1955 年,又开展了第二次镇压反革命运动(肃反)。通过这次镇反,不仅给反革命分子以毁灭性打击,而且还利用这一有利时机,大张旗鼓地开展了禁烟、禁毒、禁赌和封闭妓院等活动。②

随着政权的稳固、政府组织的完善和犯罪数量的下降,中国的社会治安防控体系出现了由军事管制型向官僚治理型转变的特点。以法制化的管理代替军事化管制,不以战争状态对待社会治安问题。各地的公安部门、检察院、法院、监狱都在各自领域发挥着社会治安防控的作用。计划经济体制的确立使单位管理体制成为社会管理的基本体制,社会治安防控的基础都融入了各类基层单位组织中,单位承担起社会治安这部分社会管理职能。公安、司法部门在社会治安方面的方针措施也体现出明显的管制型特点,这也是与当时经济社会体制相适应的。

(二)1957—1965 年的社会治安防控体系

1956 年社会主义改造完成后,中国开始全面进入社会主义建设时期。这一时期经济社会建设全面快速发展,但这期间由于路线、方针的变换使社会

① 谢望原、卢建平等:《中国刑事政策研究》,中国人民大学出版社 2006 年版,第 108 页。
② 相关的犯罪统计数字可参见自康树华:《两种经济体制下中国犯罪状况与治理》,《南都学坛》(南阳师范学院人文社会科学学报)2003 年第 5 期。

治安状况出现了恶化与好转交替出现的局面,说明这一时期的社会治安状况的起伏与人为的因素制造社会动乱密切相关。社会秩序的混乱也是社会治安状况恶化的一种表现。每当一场政治运动给社会治安带来灾害时,通过及时的政策调整,都能较快地实现社会治安状况的好转。当社会治安防控战略的工作重心偏向阶级斗争时,就容易破坏社会秩序;当社会治安防控战略的工作重心偏向对犯罪现象的治理时,社会秩序就会恢复正常,犯罪现象得到遏制。社会治安防控体系也随着工作重心的变化而变化,但初步形成的官僚治理型防控体系还未健全完善就又被分解,法制化、正规化建设也总是被打断。官僚治理型防控体系屡受冲击,虽保留其基本结构,但内在组织长期处于不完善的状态。

具体来说,从1956年开始政府工作重心转移到经济建设上来,实施了新的社会治安防控战略,阶级斗争色彩趋于淡化,社会治安防控倾向对犯罪的治理。但从1957年至20世纪60年代初,几次政治运动又对社会秩序造成了较大的破坏,政府工作重心又偏向了阶级斗争,注意力不再集中在生产力发展上。这直接导致了1961年刑事犯罪数量急剧增加。通过方针政策的及时调整,实施了"调整、巩固、充实、提高"的八字方针,使经济重新走向了复苏的道路,到了1963年,社会治安又恢复正常。

从1957年开始,出现了"左"的思潮泛滥,刚刚形成的社会治安防控体系也受到冲击。1958年,一些地区出现了一股合并风,把公安、检察、法院三机关合并为公安政法部,有的检察机关合并为公安机关下的"法制室"或"检察科",人民调解委员会与治保委员会合并为治安调处委员会,各地撤消了铁路和水运专门法院。后来,中央政法机关也合署办公。1959年6月,全国人大决定撤消国务院法制局。① 直到1962年,司法组织体系才开始逐步恢复。1966年初,司法组织体系建设已经有些起色,逐渐要回归到正规化建设的轨

---

① 有关这一时期中国司法组织体系遭受的全面冲击可参见谢庆奎主编:《当代中国政府》,辽宁人民出版社1991年版,第209-201页;蔡定剑:《历史与变革——新中国法制建设的历史》,中国政法大学出版社1999年版,第95-97页。

道上,但又被随后而来的"文革"所打断。

（三）这一时期社会治安防控体系建设的分析

从总的战略方针上看,从中华人民共和国成立初期到1956年的这一阶段,在社会治安防控战略中,阶级斗争是一条主线,一切防控措施都以巩固新生的政权为目的,这一时期的矛盾关系主要是敌我矛盾。斗争的方式方法也是急风暴雨式的、残酷打击式的。这也是因为这一时期的政府理念沿用了革命战争时期的工作思路,一切都在你死我活、生死存亡之间进行选择,政府那时的中心工作就是巩固政权,所以社会治安防控战略也必须依据这个中心。所以,在这个时期的社会治安战略以阶级斗争为中心符合当时的社会形势,符合当时的政治需要。但是以巩固政权、阶级斗争为中心的社会治安防控战略有其限制性条件和适用的时期,当社会形势发生变化时,政权已经相当稳固了,再采取这种战略就会把社会中的各种矛盾关系全都不分性质地视为敌我矛盾,使本来可弱化的矛盾关系激化。因此,在特定历史时期的社会治安防控战略在完成了其历史使命之后,就必须用新的战略来替代它。

社会治安防控体系建设也随着战略方针的变化而变化,随着战略方针的摇摆而波动,法制化、正规化建设也一再被打断。这反映出防控体系由军事管制型向官僚治理型转变的一种曲折反复的过程,在这一过程中,必然会带有转型的阵痛。从个人到组织,再到全社会都有一个适应的过程,而对于习惯于运用斗争和军事手段解决问题的执政党来说,转型的阵痛会更加明显,在社会治安方面,运动式的治理就成为一种常用的手段。所以,在这一时期,中国的社会治安防控体系是在曲折反复中探索、建设、转型。

二、1966—1976 年的社会治安防控体系

从1966年开始的"文化大革命",社会治安防控体系遭到了全面的破坏,阶级斗争的理念弥漫到全社会。直到1976年"文革"结束,拨乱反正,社会治安秩序才又恢复正常。

"文革"十年是社会遭受全面破坏、法制遭受践踏的十年。在这一时期,

社会主义法制原则荡然无存，社会治安防控体系陷入瘫痪，人民群众正常的生活秩序和基本公民权利得不到保障，一大批流氓分子和"打砸抢"分子得以滋生，并横行于社会的各个领域，整个社会处于空前失范状态。①②

"文革"十年期间，军管会、革委会、党委等作为权力机构都具备了一定的社会治安职能，革委会和党委中，还设有专门的机构，分管政法工作。具体办事刑事案件和从事社会治安管理的主要机构有：公检法军管会、各级革委会中的保卫组织，一般叫"保卫组""政法工作组""保卫部""人保部"等，以及个别地区出现的临时专政机构。有些地方就以"造反派"的名义成立专政式的治安管理机构。这些机构都是强调阶级斗争，通过革命的手段形成专政秩序，但在具体工作上往往是混乱和无序的。机构和工作秩序的混乱使社会治安管理的质量显著下降，破案率大幅降低。

"文革"十年对中国的社会治安防控体系的影响是破坏性的，具体体现在以下两个方面。

一是破坏既有的社会治安防控体系。这期间，砸烂公检法的运动使社会治安防控体系遭到全方位的破坏。这种破坏不权体现的机构取消、职能废止等方面，重要的是中断中国社会治安防控体系的正规化、法制化进程。在经历了过渡时期军事管制型防控体系后，中国逐步确立了官僚治理型的防控体系，正在沿着正确的方面渐渐完善这个体系。然而这十年却打断了这个正在逐步建设的进程，由官僚治理型退回到过渡时期的军事管制型，这使前期的很多努力付之东流，损失了大量的人力资源、物质资源、社会资源。这迫使"文革"结束后，国家花费非常大的力量去重新恢复官僚治理型的防控体系。

二是严重损坏既有社会治安防控体系的社会基础。"文革"十年中，社会秩序遭到严重破坏，形成了社会的无序化和无政府状态。法制与社会规范刚

---

① 谢望原、卢建平等：《中国刑事政策研究》，中国人民大学出版社 2006 年版，第 109 页。
② 由于文革时期公检法机关基本上处于瘫痪状态，因此这一时期的统计数字是不完全的。此处数据参见康树华：《当代中国热点与新型犯罪透视》，群众出版社 2007 年版，第 14—15 页。也有研究成果表明，1973 年的刑事发案 53.6 万起，再创新中国成立以来的新高，将这一阶段称作"第四次犯罪高峰"。（参见冯树梁：《中国刑事犯罪发展十论》，法律出版社 2010 年版，第 13—14 页。）

刚形成又被打皮,法律在相当长的一段时间内失去权威,原有的社会治安防控体系的社会结构、组织体系都受到冲击和破坏。各种社会规范的缺失使得"文革"结束以后,失范行为愈来愈多。"文革"十年对社会基础的严重损坏,使得之后不得不面对双重难题:一方面恢复和重建官僚治理型防控体系,继续法制化和正规化的建设进程;另一方面又要面对和抑制"文革"的不良后果所带来的犯罪高峰,并时常拿出"严打"政策来抑制犯罪高发对社会秩序的危害。这两个难题在一定程度上形成了"文革"结束后在社会治安治理方面的矛盾之处。在相当长的一段时间内,这双重难题形成了社会治安治理政策上的两难选择。①

三、改革开放后社会治安防控体系的恢复与重建

1976 年以后,社会治安防控体系得到恢复,官僚治理型防控体系建设重新开始。改革开放也给社会治安防控体系的发展带来了新的历史机遇,社会治安综合治理理念的提出与实施,充实了正在不断完善的防控体系。

(一)社会治安防控体系的恢复与重建

社会治安防控体系的恢复与重建是从中国的司法体系建设开始的。1975 年宪法重新确立人民法院的地位和机构设置,开始人民法院的重建工作。1978 年恢复建立人民检察院。1979 年重新制定的《人民法院组织法》和《人民检察院组织法》是中国司法体系全面恢复的重要标志。从此至 20 世纪 80 年代,各级人民法院和检察院陆续建立起来。同时,各类专门法院、基层法院、基层检察院和人民法庭也在 20 世纪 80 年代逐渐建立并渐趋完善。1976 年后,公安机关也迅速恢复并扩编,逐步开始专业化、规范化建设。1981 年建立经济警察队伍,公安大学、警察学校也恢复建设。1983 年 7 月 1 日,国家安全部成立,承担原由公安机关主管的间谍、特务案件的侦查工作。各省一级

---

① 这个问题直到 2001 年"新世纪严打"结束后才有所缓解。在此之后,就没有出现过官方正式宣布的"严打"行动。虽然严厉打击犯罪行为的刑事政策仍然存在,但比起 20 世纪 80 年代和 90 年代已经缓和得多了。这也说明社会治安防控体系的法制化、正规化建设进程取得了相当大的成果。

政府设立国家安全局。1979 年 9 月,司法部获得重新建立。同时,中央要求各地方政府都要建立司法行政机构。到 1980 年底,全国大部分县级以上行政单位都建立起了司法行政机构。基层司法所的建设持续到 20 世纪 90 年代。人民调解组织也在 1979 年重新颁布的《人民调解委员会暂行组织通则》的指导下恢复建设。

以公检法司等机构为代表的恢复和重建使整个社会治安防控体系重新获得了组织保障,防控体系的建设又重新回到法制化、正规化的轨道上来。这也为以后的防控体系的加强与完善、社会治安综合治理的提出与实施打下了坚实的基础。

(二)"严打"与社会治安防控体系防控能力的全面加强

1976 年后,中国社会全面进入恢复与重建时期,同时也在承受着之前社会动荡带来的严重后果,犯罪高发就是其中之一。据统计 1977 年我国犯罪总数为 54 万起,1980 年的刑事案件猛增到 75 万件,1981 年更是上升到 89 万件,形成了新中国成立以来的第三次犯罪高峰。① 各类恶性案件频发,公共秩序混乱,群众失去了安全感。面对严峻的社会治安形势,中共中央于 1983 年 8 月 25 日发出《关于严厉打击刑事犯罪活动的决定》,提出从当时起,在 3 年内组织 3 个战役。同年 9 月 2 日,全国人大常委会通过《关于严惩严重危害社会治安犯罪分子的决定》,"严打"刑事政策正式形成并取得合法地位。从 1983 年 9 月至 1987 年 1 月,中国开始了"文革"结束后针对刑事犯罪的第一次"严打"。"严打"开始后,全国治安形势明显好转,全国各地发案率和发案数都显著下降。"严打"之后,全国的犯罪数量稳定在 50 多万起,到 1988 年又开始上升,达到 80 多万起。②

这一时期,恢复与重建的社会治安防控体系得到了加强,为社会治安综合治理准备了政治、经济与社会条件。

---

① 参见康树华:《当代中国热点与新型犯罪透视》,群众出版社 2007 年版,第 18 页。也有研究成果将这一时期称作"第四次犯罪高峰"。(参见冯树梁:《中国刑事犯罪发展十论》,法律出版社 2010 年版,第 14 - 15 页。)

② 参见谢望原、卢建平等:《中国刑事政策研究》,中国人民大学出版社 2006 年版,第 286 页。

（三）社会治安综合治理的提出与体系构建

经过 20 世界 80 年代的"严打"，重大刑事案件上升的势头还是很猛，从 1988 年开始中国的刑事犯罪案件总数又开始迅速增长。这种情况表明，光靠"严打"不能根本解决社会治安问题。"运动式治理"只能解决一时的问题，在短时期内改善了社会治安状况，但不能总是依靠"严打"来进行治理，而且"严打"对法制化建设还有一定的负作用。当时已经形成一种共识，即犯罪高发是社会中多种因素造成的，不能用单一手段治理，社会各个方面、政府各个部门应当联合起来进行治理，才能有效预防犯罪的发生。因此，社会治安综合治理作为一种新的社会治安治理理念、新的刑事政策、新的治理模式被提出和实施，并实现了体系构建。

早在 20 世纪 80 年代初，中央就意识到社会治安综合治理的重要意义。[①] 1986 年 2 月 21 日至 3 月 4 日的全国政法会议提出：社会治安综合治理，实质上是一项教育人、挽救人、改造人的"系统工程"，做好这项工作，需要走群众路线，靠全党全社会长期坚持。各级党委和政府要进一步加强对社会治安综合治理的领导，把它列为社会主义精神文明建设的重要内容之一，千方齐用，而不能仅靠某一部门。[②]

1991 年 2 月，中共中央、国务院做出《关于加强社会治安综合治理的决定》，全国人大又通过此同名决定，把社会治安综合治理用法律形式确定为我国社会治安管理的基本方针。在《关于加强社会治安综合治理的决定》中提出：社会治安综合治理的方针，是解决中国社会治安问题的根本出路。[③] 同年 3 月，根据中共中央要求，成立中央社会治安综合治理委员会（简称"中央综治

[①] 1981 年 5 月，中央政法委员会主持召开"京、津、沪、穗、汉"五大城市治安座谈会，中共中央批转的《五大城市治安座谈会纪要》中指出："争取社会治安根本好转，必须各级党委来抓，全党动手，实行全面'综合治理'。"这是中共中央有关"社会治安综合治理"词汇的最早出处。参见刘惠恕主编：《社会治安综合治理论》，上海社会科学院出版社 2006 年版，第 3 页和附录（一）。

[②] 《中国共产党新时期历史大事记·增订本》，第 204 页；王仲方主编：《中国社会治安综合治理的理念与实践》，第 10 页。转引自：刘惠恕主编：《社会治安综合治理论》，上海社会科学院出版社 2006 年版，第 4－5 页。

[③] 参见刘惠恕主编：《社会治安综合治理论》，上海社会科学院出版社 2006 年版，附录（二）。还可参见杨若何、周路主编：《社会治安综合治理新论》，重庆出版社 1994 年版，第 10 页。

委"），作为协助党中央、国务院领导全国社会治安综合治理工作的常设机构，下设办公室。由此，各级地方政府也纷纷成立各级综合委并下设办公室。综治体系逐渐建立起来。

2001 年 9 月 5 日，中共中央、国务院发布《关于进一步加强社会治安综合治理的意见》。这一重要文件始终坚持社会治安综合治理的方针，积极探索了在新形势下做好社会治安综合治理工作的新方法、新措施，以"切实维护社会政治稳定、努力为改革开放和社会主义现代建设创造更好的社会治安环境"作为基本的工作目标与任务。

另外，1992 年中国建立社会主义市场经济体制以来，市场机制也逐渐引入到社会治安防控体系中来。1984 年 12 月，广东省深圳市蛇口区公安机关组建了我国第一家保安服务公司——蛇口保安服务公司，中国保安服务业诞生。1988 年 7 月，国务院正式批准公安部《关于组建保安服务公司的报告》，各地保安服务公司开始逐步发展起来。2000 年 3 月 1 日，公安部发布了《公安部关于保安服务公司规范管理的若干规定》，明确公安机关是保安服务公司的主管机关，不能直接经营保安公司，保安公司是独立法人，自主经营。自此，保安服务公司明确了完全独立的市场主体地位。市场机制也在社会治安领域完全得到了运用。市场的力量也逐渐成为社会治安防控体系的重要补充。保安服务公司也被纳入社会治安综合治理的体系之中，形成了政府、市场、社会共同治理的新型模式。

四、中国社会治安防控体系演进特点分析

从中国社会治安防控体系演进的历史过程分析中可以发现演进的特点，找到基本规律与发展趋势。

（一）演进过程曲折反复：法制化、正规化建设是基本规律

从中国社会治安防控体系的演进过程可以发现，防控体系的类型在演进过程中不断发生变化，同时一种规律在这种类型变化中显现出来。

首先，在建国初期以稳固政权作为政府中心任务，在全国的战争状态刚

刚结束的条件下，社会治安防控体系是一种军事管制型的防控体系。各地的军管会行使了这部分职能，军队也起着维护社会治安的作用。但军事管制对于一个政权来说只能是一种临时性措施，不可能成为一种长期政策，不可能成为一种常态。所以军事管制型的社会治安防控体系在完成其稳固政权的任务以后就需要转型，从战争状态的军管转入和平时期的治理。所以，在中华人民共和国成立初期，军事管制型的防控体系是适应当时的历史条件的，完成了过渡时期的任务，军事管制型防控体系就需要转变为官僚治理型防控体系。

1956年社会主义改造完成以后，新中国已经稳固了政权。1954年宪法的颁布开启了中国法制化建设的大门，从行政管理体制到司法体制都进入了法制化、正规化建设时期。政府机构、司法机构、群众组织不断发展健全，社会治安防控体系也开始转变为官僚治理型，以公检法机构的建立为标志，法制化、正规化建设开始在《宪法》的指导下稳步推进。这可以说是中国社会治安防控体系的第一次转型。但遗憾的是，这一次转型尚未完全完成就被各种各样的政治运动打断，转型经历了曲折与反复。总结起来就是防控体系的法制化、正规化、官僚化建设不足，由于指导思想的变化，法制化、正规化建设出现反复，但转型尽管曲折还是在前进。直到"文革"以后，这一转型进程被彻底打断，并且出现了防控体系类型的倒退。

"文革"结束后，中国的社会治安防控体系又重新开始了法制化、正规化的官僚治理型防控体系建设。由于计划经济体制和单位制社会的基础性条件，这时建设的官僚治理型防控体系仍然是与这种经济社会体制相适应的管制型治理的防控体系。但防控体系的工作中心已经变为治理，而不是斗争，这是"文革"结束后防控体系建设的最大成就。

（二）转型的双重任务

在"文革"结束后，中国社会治安防控体系建设面临着恢复法制化、正规化的官僚治理型体系的基本任务，同时又面临着刑事犯罪迅速增加的严重问题，因此在现实的刑事政策中，往往形成了一种两难选择。即现实形势的需要严厉打击刑事犯罪,但"严打"本身又会弱化法制化建设的力量。所以防控体系的第一次转型,由军事管制型向官僚治理型的转变在改革开放后还一直进行。

随着改革开放的逐渐深入,市场经济体制逐步建立,中国的社会治安防控体系又遇到了新的问题,即管制型治理的防控体系又不适应市场经济体制和社会结构的转型。新的经济社会条件又要求社会治安防控体系进行新的转型,这可以称为第二次转型。由军事控制型转变化官僚治理型是经历了曲折、反复和中断才完成的,虽然防控体系成了官僚治理型,但法制化、正规化建设尚不充分,还存在很多存陷。在这种状况下,中国的社会治安防控体系又要进行第二次转型,就使法制化、正规化建设中各种问题与转型中的问题多重叠加在一起,使得第二次转型注定是艰巨、复杂、曲折的。第二次转型也面临双重任务,法制化、正规化建设的任务需要继续,同时又需要适应市场经济和转型社会,在官僚治理型防控体系中实现创新突破,构建新型的社会治安防控体系。

(三)演进过程与规律显示出未来的发展趋势

首先,从社会治安防控战略上看,新的思想、新的理念正在主导社会治安防控体系。在经历了以斗争为中心、以治理为中心以后,中国的社会治安防控战略正在经历新的转变。此次转变是以政府的新理念来确立社会治安防控战略的新重心,同时也是社会治安工作适应经济社会发展的需要,成为构建社会主义和谐社会的重要组成部分。根据《中共中央关于构建社会主义和谐社会若干重大问题的决定》,到 2020 年,构建社会主义和谐社会的目标和主要任务包括:基本公共服务体系更加完备,政府管理和服务水平有较大提高;社会管理体系更加完善,社会秩序良好。加强社会治安综合治理,增强人民群众安全感。中央政府也提出要建设公共服务型政府,这就意味着政府转型的目标已经确定,政府理念的转变也必然带来社会治安防控战略上的转变。社会治安防控战略也必须以公共服务中心,这也是对公共需求不断变化的调整和应对。

其次,从防控体系类型的转变上看,由军事管制型转变为官僚治理型防控体系是一种规律,但官僚治理型防控体系与不同的经济社会条件相适应会有不同的具体类型。与计划经济体制和单位制社会相适应的官僚治理型防控体系是一种管制型治理的防控体系,而与市场经济体制和公民社会相适应的官僚治理型防控体系则是一种公共服务型治理的防控体系。随着社会治安防控战略转变为以公共服务为中心,防控体系的类型也必将由管制治理型转变为公共服务型防控体系。

最后,在防控体系的具体内容上,在政府主导的前提下,需要部分引入市场机制,政府进行引导和规范,来满足公共安全需求,提供多样化的社会治安服务,以一种灵活的、分权式、多中心的公共安全工作体制来配置各类政府组织和社会组织,不仅维持社会治安秩序而且主动创造一种平安和谐的社会环境。可以说,未来的社会治安防控体系是政府管理和公众参与相结合、社会化与市场化相结合的多元网络式体系。

五、社会治安防控体系转型——由管制型向服务型转变

中国正处在由计划经济体制向市场经济体制转轨的变革时期,社会结构也处于重大的转型期,社会治安状况出现了许多新情况、新问题,各类犯罪活动呈现增长趋势,社会治安管理面临巨大的挑战。在构建社会主义和谐社会进程中,预防和治理犯罪成为一项极为重要的社会工程。面对社会的巨大变革,犯罪预防模式也必须做出相应的变革,在中国的犯罪预防采取的是社会治安综合治理的方式。目前这种模式已经不适应经济社会形势的变化,在犯罪预防和犯罪治理等方面都出现了问题,沿用多年的社会治安综合治理模式在新的形势下也应进行调整、完善。同时也需要从战略方针的高度来调整社会治安综合治理的模式。

中国目前的社会治安综合治理模式是一种以国家体制为主导的工作模式,保障社会公共安全的工作大多是依靠政府组织或政府附属组织来进行的。这种工作模式在很大限度上是与中国计划经济时代的政府体制一致的,

而当市场经济体制逐步建立,中国社会正在发生重大转型时期,社会公共生活空间和内容已有了极大的拓展,社会治安综合治理模式虽然进行了一些改革,但仍然不能适应社会转型的要求,也不能满足公众对公共安全方面的需求。所以,社会治安综合治理模式的变革,首先是政府管理模式的变革。政府在为社会提供公共安全保障方面需要解决一系列新的问题,特别是政府的体制创新包括管理模式的创新更是亟待解决的问题之一。在社会治安综合治理中,公共安全管理是政府管理的一个重要方面,它给社会提供的是"公共安全服务",根据目前我国社会治安状况来看,政府的公共安全管理必须用一种全新的理念来进行改革。

另外,社会治安综合治理模式的变革还包括引入市场机制、培养社会组织参与等方面的内容。重要的是这种治理模式的作用在于把政府、市场和社会组织参与等诸多力量整合起来,发挥合力,最终达到犯罪预防和犯罪治理的目的。

(一)当前政府社会治安防控体系中存在的问题

社会治安综合治理作为政府部门的一项重要工作,本身就是政府公共安全管理职能的体现,因此政府的社会治安综合治理工作模式的转型,从根本上说就是政府社会治安职能的转变。从政府公共行政的类型上看,公共行政分为统治行政、管理行政和服务行政。那么政府职能的转变在总体上即是由统治行政,经管理行政,最终过渡到服务行政。当前的中国公共行政改革是建立以人为本、以公共服务为中心的公共行政。在政府职能的转变上,体现为政府管制的松解,将一部分原来政府管制的事务交给市场去调节;还体现为政府职能向社会化服务的转变,将一部分政府职能交给企业和社会组织来行使。因此,在这个大前提下,政府社会治安综合治理工作模式的转型,也是由管制型向服务型转变。

1.目前的工作模式体现出传统计划体制的特征,并不适应市场经济体制。这套体制是在我国计划经济体制条件下建立的,在当时的条件下发挥了巨大的作用。这套体制具体运行的过程是在社会治安问题的治理中,"条""块"分别负责对系统、地区社会治安治理工作的组织和操作,它们以行政隶属关系为依托,运行的过程即是责任传递的过程。就某一省(直辖市、自治区)而言,地(省辖市)——县——街乡镇,是"块"上责任的三个层次的关系。"条"上的责任传递,在计划经济条件下的顺序为:系统——局——公司——企事业单位。① 现行社会治安综合治理政策要求一般的厂矿、学校、企事业单位、人民团体等与政府部门等共同承担治安责任,"一旦发生问题,要酌情追究有关部门、单位直接领导者的责任"。② 这是一种适用于计划经济的,而非适用于市场经济的社会控制模式。另外,这套体制是以权威政治为组织保证。目前,社会治安综合治理委员会办公室设在政法委,主要通过党的权威来协调、调度各种治安工作资源,这是一种典型的以权威政治作为组织保证的做法,之所以把其设在政法委也正是基于依靠党的权威性的考虑。但也正是这种体制使得社会治安综合治理工作处于一种微妙的地位。一方面这项工作十分重要,各个部门都非常重视;另一方面由于负责这项工作的组织机构没有处于政府的公共行政系列中,使得这项工作往往要处理多方面关系,工作成本变得非常大。③

2. 现存的社会治安综合治理工作模式还体现出一种功能上的"错位"。在这种工作模式中,政府组织特别是警察组织承担了很多本可以交给其他社会组织承担的职能。结果是管了很多不该管、管不好也管不了的事务。比如,"有困难找民警"成为公安部门体现"为人民服务"的标志性语言,但是目前出现的情况是群众有了任何困难都找民警,警察组织的工作就会不堪重负。毕竟警察组织不是经济部门,不是福利部门,不可能解决群众社会生活中的所有问题,如果处理其他方面的问题占去了大部分时间和精力,势必会影响警察组织在维持社会治安方面功能的发挥。虽然警察队伍人数和投入在逐年增加,但社会治安状况却没有好转,非是人员工作不努力,而是工作模

---

① 参见周路主编:《中国社会治安综合治理机制论》,群众出版社1999年版,第145页。
② 参见周路主编:《中国社会治安综合治理机制论》,群众出版社1999年版,第146页。
③ 杨正鸣、姚建龙:《转型社会中的社会治安综合治理体系改革》,《政治与法律》2004年第2期。

式本身出了问题。另一方面,公众对公共安全方面的需求日趋巨大,并且呈现多样化和个别化趋势,而目前的社会治安综合治理工作模式难以提供这些多样化和个别化的公共安全服务,难以满足日益巨大的安全需求。

另外,传统的工作模式在功能上主要以打击犯罪为主,预防犯罪为辅,所以当社会治安状况出现恶化,就会进行一次"严打"专项斗争,而新的经济社会形势要求社会治安综合治理的功能要以预防犯罪为主,尽量减少和避免犯罪的发生。综合上述各种因素,当前的社会治安综合治理模式必须寻求转型。

(二)社会治安综合治理工作模式转型的主要途径

中国的政府职能转变是一个渐进的过程,主要涉及政府与企业的关系、政府与市场的关系、政府与社会公共事务的关系等,政府职能转变所采取的途径主要有:职能重新定位、组织机构重新设置、权力重新分配、资源重新配置等。政府社会治安综合治理工作模式的转型同样也是一个政府职能转变的过程。转型的主要途径包括以下三个方面:

1.完善工作体制,对政府社会治安综合治理的职能进行重新定位。明确政府社会治安综合治理工作的职能是为社会提供公共安全服务,这是政府的重要职能之一。公安、司法等专业部门是从专业的角度提供安全服务,社会治安综合治理工作还要从更高层次上提供全方位的综合性的公共安全服务。其主要工作内容是协调各专业部门的工作关系,使社会治安治理工作形成合力,调动各种政府资源和社会资源提供更加全面的公共安全服务。这项工作的特点是综合性强,要发挥政府宏观管理的优势,将这项综合性的职能行使得富有成效。

在具体职能上,新的工作体制的职能还是两个方面,一是打击犯罪,二是预防犯罪,但工作重心在预防。现代犯罪学的研究成果表明,犯罪现象滋长蔓延的原因,并不在于对犯罪的刑罚不够严厉,治理犯罪也不能光靠严刑峻法。减少和避免犯罪行为的发生,是把预防犯罪作为最主要的工作任务。1982年以来,我国陆续颁布了一系列严惩严重犯罪的法律法规,不同程度地加重了对严重犯罪分子的刑罚。自20世纪80年代以来,每隔几年政府就会进行一次"严打"专项斗争。但是,近些年来我国刑事犯罪案件特别是重大案件却仍然持续上升,治安问题日渐突出。这说明社会治安的治理不能仅靠刑罚和"严打",这两种手段只能治理犯罪的表面现象,而要使社会治安状况实现全面好转,必须治理引发犯罪的根本原因和社会基础。从这一角度来看,预防为主、重在治本原则的提出,也是对我国整个社会治安工作进行历史反思所得出的一个必然结论。① 从政府工作的核心理念转变来说,社会治安综合治理工作也要从以打击斗争为主转变为公共服务为主,以预防犯罪为中心工作正是政府工作理念转变的体现。

2. 社会治安综合治理的组织机构进行重新设置,权力重新界定。在不改变目前社会治安综合治理机构归属党委系统的状况下,使社会治安综合治理机构也成为政府的一个部门,政府将其纳入政府部门系列中来,使其职能的实施在程序上更具合法性。以前的机构在党委领导下,虽然权威性很高,但权力界定并不具体。在成为政府的一个部门以后,社会治安综合治理机构也要有其具体的权力。其具体的职权应当有:对社会治安综合治理工作的规划权、协调各职能部门的权力、对社会治安综合治理工作的监督检查权、对工作效果的评估权,等等。

3. 社会治安综合治理机构将职能目标方面将综合效益视为最主要的目标。综合效益是把"生态效益优先、社会效益为主、兼顾经济效益"作为该机构职能的目标模式,即是生态效益、社会效益、经济效益的综合平衡。社会治安综合治理工作所要实现的目标不是一个单一性的目标,既要实现社会治安的工作目标,又要实现建设和谐社会的目标,还要讲求经济效益,不能不顾经济成本。所以,评价社会治安综合治理工作应当是一个综合目标评价体系,这其中包括三个方面效益的各类指标,同时不仅包括该机构自身的评价,也包括社会各界对这项工作的评价。

---

① 参见李成学、蔡文钦:《邓小平新时期社会治安综合治理思想探析》,《四川理工学院学报(社会科学版)》2006 年第 3 期。

（三）社会治安防控体系服务型模式的主要特点

政府的社会治安综合治理工作模式由管制型转变为服务型是为了适应新的经济社会形势对社会治安工作的要求，政府要为社会提供更多、质量更高的治安服务。那么服务型工作模式的主要特点也是区别于管制型工作模式的特点。

1.政府社会治安工作的重点是为社会提供公共安全产品和服务。这种产品和服务是一般性的、普遍性的、惠及全体社会成员的。

2.政府的社会治安工作并没有垄断所有的治安服务，社会组织和私人企业也可以提供个别化的、特殊性的安全服务。

3.政府不可能满足社会成员所有的安全需求，所以在需要的时候，政府会出资向社会组织和私人企业购买安全服务来满足社会的安全需求。

4.政府的社会治安综合治理工作坚持以人为本的价值理念，以满足社会的安全需求，提高人们的安全感为根本目的，预防犯罪、减少和避免犯罪行为的发生是政府社会治安综合治理工作的中心环节。[1]

六、在政府的宏观调控下实现社会治安服务市场化

改革开放所带来的经济结构和社会结构的变化，不可避免地带来对安全需求种类与方式的变化。公有制为主体、多种所有制经济共同发展的基本经济制度，使我国不同所有制的生产经营企业和其他经济组织大量发展，拥有私人财产的人数不仅数量增加，而且财富的绝对量也在不断积累和增加，相当数量的违法犯罪发生在私人所有权控制之下的场所和单位之内。经济结构的变化不可避免地带来对安全需求种类与方式的变化。[2] 经济条件的改变和社会阶级阶层的变化使得居民对于安全需求提出了更高的要求，主要表现是安全需求出现了多样化和个性化的趋势。居民已经不满足于政府所提供的一般性的公共安全服务，开始要求多样化和个性化的安全服务。

---

[1] 王茂祯：《预防犯罪是社会治安综合治理的中心环节》，《山东社会科学》2000年第2期。
[2] 参见郭太生：《中国保安业发展的条件分析》，《中国保安》2004年第21期。

另外,随着市场经济的发展,商品化的服务在居民的日常生活中逐渐增多,"花钱买服务"的观念已经深入人心。人们已经认可这种有偿服务的形式,这也使得有偿的安全服务进入居民生活成为可能。新型安全服务企业的兴起,物业公司、保安服务公司的快速发展,政府购买安全服务形式的出现。这些新情况都为社会治安综合治理市场化引入创造了条件

(一)社会治安服务市场化的含义

有学者认为,社会治安服务的市场化应包括以下几方面的含义:(1)在市场化运作的资金来源上,首先必须明确,纳税人(包括单位)有获得治安服务的权利,政府有向社会公众提供安全保证服务的义务。因此,综合治理工作市场化运作的主要资金来源,应当由政府提供,除了一些用于赞助治安项目的社会基金以外,不能再额外地增加社会公众的负担。如果个人或者组织希望获得额外的、特别的治安服务,如私人保镖等,则个人或者组织理所当然自己付费。因为政府只有向社会提供基本治安服务的义务。(2)对于基本治安服务,政府可以通过市场化运作的方式,吸引社团、企业甚至公民个人等来提供。例如,某区域治安状况差,政府可以出面招标,选择有条件的、合法的保安公司负责该区域的社会治安,政府出资购买该保安公司的服务。美国等国家所实行的私人保安公司、监狱制度,与此有类似之处。(3)对于额外的治安服务,政府也应当通过市场化运作的方式,鼓励企业、社团等组织甚至个人提供。例如,扶植、培育、引导、规范保安公司、私用治安产品企业等的发展。让老百姓能在获得政府基本的治安服务的同时,还能通过市场获得额外的、优质的治安服务。①

政府向企业、社会组织购买专门性的安全服务,以改善某些社区的治安状况,这种形式现已成为弥补政府专门机构工作力量不足的重要手段。同时市场化也为社会治安引入了竞争机制,不仅是在提供安全服务的企业之间、社会组织之间产生竞争,而且对于政府中的某些部门也是一种工作方式的改

① 杨正鸣、姚建龙:《转型社会中的社会治安综合治理体系改革》,《政治与法律》2004 年第 2 期。

变,也为政府工作引入了竞争机制。政府部门间引入竞争机制会使政府部门的工作效率大大提高。

所以,社会治安服务市场化的含义应当包括:(1)政府不是唯一的社会治安服务的提供者,政府只是负责提供普遍性的、一般性的、基础性的治安服务。(2)社会治安市场中以有偿服务为主要内容,辅以公益性的无偿志愿服务。(3)企业和社会组织受价格信号引导,提供个别化的、特殊性的治安服务。(4)社会治安市场中提倡公平竞争,以契约合同的方式确定供需双方的权利义务。

(二)政府对社会治安市场的宏观调控

在社会治安综合治理市场化的过程中,政府可以发挥宏观调控的作用。政府可以利用价格机制来调控安全服务的需求。如果社区居民认为安全服务价格偏高,无力付费享受企业提供的安全服务。那么在社区中,政府可以作为需求方通过付费的方式购买安全服务,如街道、居委会将一部分社区居民组织起来,如成立治安联防队,无偿或少量有偿地为社区治安服务。政府同样也可以向企业购买安全服务,来解决某一特定社区内的治安问题,比如大学、大型厂矿企业等,这种付费购买的安全服务可以视为政府增加了需求,影响了安全服务的价格,使得社区居民能够接受。

政府还可以通过价格机制来调节安全服务的供给,如对某些特殊安全服务的政府补贴和优惠政策,可以对相关企业实行税收减免,等等,这样实际上是降低了安全服务的价格,使社区居民可以接受,其最终目的是满足人民群众日益增长的对公共安全服务的要求。在社区防控犯罪市场中,政府可以发挥更加积极的作用,加大政府购买的力度,调节市场供求,以实现社会治安治理的目标。

(三)社会治安服务市场化对犯罪预防的作用

社会治安服务市场化使得安全服务成为一种商品,可以通过有偿服务的形式为社会成员提供个别的、额外的安全服务,这对于减少和预防犯罪也起到了相当大的作用。

首先,社会治安服务市场化使私人企业参与了社会治安综合治理,尽管是以赢利为目的,但却使提供安全服务的企业成为维护社会治安的一支重要力量,有效地弥补了由政府一方开展社会治安综合治理工作的空白。

其次,社会治安服务市场化满足了人们对安全服务更高的要求,这使得犯罪的难度和犯罪成本加大,起到了犯罪预防的作用。过去犯罪难度只体现在警察的工作效果上,现在不仅是警察的工作,而且有如保安公司等企业的工作都成为犯罪难度。同时,企业所投入的人力、物力和财力也加大了犯罪的风险成本,能够有效地预防犯罪行为的发生。

最后,社会治安服务市场化也使安全服务更加专业化,也就使犯罪预防成为一项更为专业化的工作。人们在除了警察工作这种专业化犯罪预防以外,还接受了像保安公司这样的专业化的犯罪预防。后者的专业化犯罪预防与人们的日常生活联系更加紧密,也使犯罪预防工作更有针对性。

七、社会组织广泛参与社会治安综合治理

中国社会转型期社会结构和社会生活方式发生重大转变,社会自组织能力也大大增强,社会组织不断出现和发展。其中有一部分参与到社会治安综合治理中来。

（一）当前社会转型期社会组织形式与结构的变化

过去政府主导的社会组织,如村委会、居委会和工青妇等官方组织在政府的领导下参与社会治安综合治理。当前新时期出现的非政府组织、非盈利性组织属于社会性组织,另外还有其他非专业性组织、群众自发成立的组织等。这些组织都以市场化形式或志愿者形式不同程度地参与到社会治安综合治理中来。

传统计划体制下的社会组织以政府控制的组织为主,组织的产生、活动和消灭都受政府指导。在社会转型期,社会组织产生的方式逐渐以自发组织为主,组织结构也较为多样化。大多数社会组织都采取传统的金字塔式的结构,但扁平结构、网络结构的社会组织也大量出现。新的组织结构形式使得

组织活动更加灵活,在参与社会治安综合治理中发挥着积极的作用。

(二)社会组织参与社会治安综合治理的变化

社会组织形式的变化引发了参与社会活动方式的变化,由过去的指派性参与,变成了社会组织的主动参与,出现了参与形式的多样化。

在社会治安综合治理中,社会组织的参与主要体现在参与社区治安的治理活动中,通常是社区公益性组织和非盈利性组织进行犯罪预防和犯罪控制。采取的主要措施是事前的预防措施。针对社区居民进行治安防范常识的宣传,提高居民的防范意识,及时发现社区存在的治安漏洞,及早解决。社区组织可以创造出各种各样的活动形式,能够充分调动起社区居民的积极性、主动性和创造性。在防控的对象上,包括各种违法犯罪、违反道德的行为、青少年不良行为及其潜在因素。这比其他提供安全服务的企业在预防范围上要广泛得多,并且工作也更为深入,效果更明显。另外,社区非盈利性组织作为民间治安力量,它不可能像公安司法机关那样综合全面地打击各种犯罪,必定要根据自己的特征有所侧重。在案件的性质方面,以侵犯财产权、人身权的案件为主。①

另外,通过民众的广泛参与,社区公益性组织还进行了一系列犯罪防控的群众活动。例如邻里守望、治安联防、小喇叭工程、打更工程等,主要是消除社区存在的时间、空间盲点,编制严密的预防犯罪网络,还表现在教育、帮助和矫正社区服刑人员,帮助出狱人员重返社会,巩固行刑效果防止累犯、再犯等。其中社区矫正最为集中地体现了民众参与对犯罪分子矫正的作用。②

现在,社会组织已经成为社会治安综合治理中一支不可缺少的力量,它能够有效地弥补政府力量的不足,同时又为社会治安综合治理提供了更为多样的防控手段。

---

① 参见马兵:《关于社区民间组织参与社区治安综合治理的若干思考》,《青少年犯罪问题》2004 年第 6 期。

② 参见申柳华:《民众与犯罪预防控制》,《云南大学学报》(法学版)2006 年第 1 期。

八、社会治安防控体系各要素整合模式的完善

在社会治安综合治理活动中,存在政府、企业、社会组织等诸多要素,政府无疑在其中起主导作用,但是也必须将这些要素整合起来,形成合力,才能创造出一个良好的社会治安环境。有学者指出,除政府中公安部门和专业化警察组织以外,还有四种维持社会治安的力量。一是政府出资,由公安机关实际管理使用,但实行市场化操作方式的半专业化队伍。如各个社区的社区保安队。二是专业化的保安公司。三是企事业单位自建保安组织。四是由基层社区组织动员的业余治安自治力量,主要是社区志愿者和治安积极分子。① 社会治安综合治理就是要由政府来整合这四种要素,共同维护社会治安秩序。总的看,这些要素可分为三类,第一类是政府性质的,如公安部门、政法部门等;第二类是市场化性质的,如专业的保安公司等;第三类是公益性质的,如社区志愿者和非盈利性的社会组织等。政府的主导作用是要市场化要素和公益性要素与政府工作有机结合起来。这种要素整合模式是社会治安综合治理必须要进行选择的治理机制,不同的要素整合模式会形成不同的治理效果。

社会治安综合治理各要素的整合模式主要包括以下四个方面的内容:

(一)政府的主导作用体现在以引导、宏观调控、间接治理为主要工作内容,以预防犯罪为工作中心

政府在社会治安综合治理中发挥着主导作用,由于它提供的是一般性的、普遍性的治安服务,所以这种服务就不可能体现个别性、特殊性。这就要求这种治安服务要起到引导、指导的作用。在政府治理工作中要正确处理直接治理和间接治理的关系,直接治理针对的是已经发生的犯罪行为或违法现象,间接治理针对的是各种诱发犯罪的因素,消除这些因素,预防犯罪的发生。综合运用各种治理手段,并向科学化、现代化方向发展完善。直接治理

① 参见陈建中、杨鞠:《推进社区治安资源整合 构建社会防控体系》,《上海公安高等专科学校学报》2006 年第 3 期。

主要是指运用法律和行政的手段实行的治理;间接治理主要是指运用教育的、思想的、文化的手段实行的治理。直接治理迅速及时,立竿见影,但重在治标;间接治理虽然过程长、收效慢,但它通过潜移默化深入巩固,重在治本。① 政府应该主动承担起间接治理的职能,并成为政府在社会治安方面的经常工作。

把犯罪预防作为政府的工作中心是因为社会治安综合治理的基本宗旨和基本要求在于预防犯罪。党中央提出对社会治安进行综合治理的基本用意,就在于广泛动员各方面的力量,更好地实施犯罪预防。当然,打击惩罚犯罪和教育改造犯罪分子也属于综合治理范畴,但社会治安综合治理更高层次的战略要求乃是预防犯罪。预防犯罪环节属于社会治安综合治理的中心环节。打击惩罚犯罪在综合治理中居于十分重要的地位,是首要环节。但决不是为打击而打击,为惩罚而惩罚,其积极意义在于预防和减少犯罪。教育改造犯罪也是综合治理的重要环节,目的是通过一系列教育、改造、挽救工作,使违法犯罪人员成为遵纪守法的公民,成为自食其力的劳动者。尽管打击犯罪和改造犯罪分子都围绕和有助于预防犯罪,但这种预防总的说是比较被动的。因为它的前提是针对已经发生的犯罪事实。相对来说,预防犯罪比二者更积极、更深远、更具战略意义。预防犯罪的效果是衡量社会治安综合治理工作成效的根本标志。从"治标"与"治本"的关系上看,预防犯罪重在治本,从消除引发犯罪的各种因素入手,化解各种社会矛盾,尽可能地减少犯罪的发生,使人们的生活更有安全感。②

(二)发挥市场机制的作用,运用市场机制来整合社会治安的各种要素

市场机制要求以有偿服务为基础,以价格机制为杠杆,通过各个市场主体对利益的追逐,对需求的满足,来实现各自的利益最大化。用市场机制来整合的各类市场主体中,包括政府专门机构的工作力量,如公安机关、综治部

① 参见董少平:《从治理体制优化到社会结构优化的转变——社会治安与社会稳定的生态分析》,《湖北行政学院学报》2004年第1期。
② 参见王茂祯:《预防犯罪是社会治安综合治理的中心环节》,《山东社会科学》2000年第2期。

门;盈利性企业,如物业公司、保安服务公司;非政府组织、非盈利性组织,如社区居民自发成立的联防队、社区志愿者组织。充分发挥政府机构的正式组织作用,充分运用政府出资购买、社会组织提供服务等多种方式,把综治工作融入社会治安的各种服务当中,成为居民生活服务不可缺少的一部分。

发挥市场机制的作用来整合社会治安的各种要素,也是将竞争机制引入社会治安综合治理当中,解决政府工作低效率的问题。用其他市场主体的高效率来带动政府部门的工作改革,提高社会治安工作效率。

(三)加快社会治安综合治理的社会化进程,将政府工作与社会活动有机结合起来

社会化是实现传统社会治安综合治理转型的一种重要途径,政府可以将一部分能够由社会承担的职能交给社会组织去实现。强调社会治安综合治理的政府责任,但并非主张政府包揽一切,而是要求政府应当注意将某些社会治安职能运用社会化的方式去实现。也就是说,政府可以将其提供基本治安服务的部分职能逐步地交由社会组织去承担,特别是犯罪预防职能,形成国家政府防范、社会防范、公民个人防范、有偿治安服务等多元化防范体系。这里所说的社会组织是广义的,包括政治国家之外的,属于市民社会的各种形式的组织,但主要是指企业和社团,如社工组织、保安公司、私家侦探社等。[①]

以解决警力不足问题为例。面对严峻的社会治安形势,世界各国普遍都面临警力不足的难题。在国外解决这一问题的有效办法是建立辅警制度,即从社会上聘请符合一定资格的民众履行部分警察的工作职能,如治安巡逻、维护道路交通秩序、社区治安管理等,但是他们没有刑事司法和治安行政管理的职权。这些被聘请的辅警大多为志愿者,没有工资,但是可以得到"服务补偿";部分享有一定行政执法权限的辅警可以得到薪金。[②] 中国的一些城市

---

① 参见杨正鸣、姚建龙:《转型社会中的社会治安综合治理体系改革》,《政治与法律》2004 年第 2 期。

② 参见申柳华:《民众与犯罪预防控制》,《云南大学学报》(法学版)2006 年第 1 期。

也在探索实行类似这样的制度,如交通协管员、治安巡查员等。这就是一种社会化的解决方式,政府可以通过其自身的组织力量,调动社会力量来协助政府完成某些社会治安职能。

(四)进行制度创新和技术创新,使社会治安综合治理处于一个不断发展的动态过程之中

传统的社会治安综合治理中的制度以领导责任制为主,并且发展出"一票否决制"等相关制度。新型的社会治安综合治理模式要求在目前领导责任制的基础上,不断进行制度创新,适应市场化和社会化的趋势,继续发展合同责任制,义务责任制等。

公共安全这类公共物品,与社会成员、社区公益性组织和提供安全服务的企业组织的参与程度密切相关,公共安全的提供既需要政府的集中控制,也需要市场的调节和补充。因此,对于市场化的制度安排应当是政府组织、企业组织、公益性组织和社区居民都应成为市场中平等的参与主体,各主体无论是作为需求一方还是供给一方都必须遵循公平、公正的市场经济原则。市场向所有符合条件的组织和个人开放。政府制定相关的法律法规,使市场行为符合公平、公正原则,界定市场中各参与主体权利与义务,使产权明晰、权责明确。市场中各个主体的分工是:宏观管理、集中控制的政府提供更多的间接服务(规范性的约束和强制力等),市场中的企业提供多样化、个别化的直接服务,公众和社会组织广泛参与。

对社会治安综合治理社会化的制度安排应当是政府的职能重新定位,权责相一致,交由社会组织行使的职能要有明确的法律规定和法律授权。新的制度安排注重充分发挥政府管理和社会自组织管理的双重优势,使它们在功能上实现优势互补,在责、权、利等方面进行合理的搭配和适度的分工与互制,并通过各主体在社会公共规范下积极参与、平等协商、良好协作,从而形成一种契约式的运作方式。在此运作方式下,各类具有关联性或互补性的组织、机构、团体和个体以及公共服务的各个领域,社区的各种资源力量整合成具有良好效能的新型社会治安综合治理系统,从而实现政府行政法制管理与

社区自主契约管理的统一,这必然会带来社会治安绩效的质与量的增值。①

　　社会治安综合治理坚持以犯罪预防为中心,就必须把人力防控与高科技防控有效结合起来。建立人防、物防、技防一体化的治安防控模式。树立以"人防为根本"的意识,强调人在社会治安防控中的特殊地位和作用。再先进的物防、技防也要有人管理操作,否则形同虚设。提高人防在社会治安防控体系中的主体功能作用及管理水平、防控效益。构筑"以物防为基础、以技防为方向"的观念。针对社会治安新情况、新问题的出现,加大社会治安基础设施的建设力度,提高技术防控的理论和实践的水平和效果,推广应用各类防范技术,例如电子防盗门、值班闭路电视、楼宇组外线监视器、机动车反劫盗报警网络系统等。② 不断进行犯罪预防方面的技术创新,使人防、物防和技防在防范技术手段上总是处于先进水平,使犯罪分子无机可乘,杜绝犯罪行为发生的可能性。

　　社会治安综合治理模式必须适应经济社会形势的变化,其形式与内容都应进行不断的调整与完善。当前我国正处于社会转型期,新的社会问题、社会矛盾都可能会引发犯罪。作为预防犯罪的战略方针,社会治安综合治理模式也要随着新问题的出现不断发展,这样才能形成一个动态的、良性循环的发展进程,才会实现社会治安综合治理的预期目标。

---

① 　参见周仕平、郁贝红《新型社区治安综合治理系统工程构建之探析》,《兰州学刊》2004 年第 3 期。
② 　参见马勇霞:《论我国转型时期的社会治安及其防控机制》,《宁夏社会科学》2003 年第 2 期。

第八章

因果关系链研究与犯罪预防重心的转变

在犯罪学的研究中,不仅要描述犯罪现象,解释犯罪原因,还要提出解决犯罪问题的方法,其中最重要的就是犯罪预防。对犯罪原因研究的最终指向,都是提出有效治理犯罪的策略和方法。因此,就有了犯罪原因指引犯罪预防的观点,但由于犯罪是一种复杂的社会现象,在犯罪原因研究出现变化时,犯罪预防的策略也会出现转变。特别是犯罪预防的重心会因对犯罪原因的认识和研究重点的变迁而发生转移。犯罪原因与犯罪预防之间关系的基本原理,决定着中国犯罪预防策略的变迁,其中的重心转移也反映出中国犯罪学研究的历史发展变化。

一、犯罪预防的含义与犯罪原因关系的基本原理

对于犯罪预防,犯罪学界的专家已经作了比较准确的定义。所谓犯罪预防,就是根据对犯罪原因的科学分析,采取有针对性的措施,割断或者削弱犯罪与其原因之间的因果联系的行为体系。[1] 这种定义已经在学术界形成共识,并没有太大的分歧。所不同的是对犯罪原因的分析有着不同的观点,也引发了对犯罪预防定义中基本内容的差异。国内还有犯罪学家为犯罪预防

---

[1] 康树华:《犯罪学通论》,北京大学出版社 1996 年版,第 592 页。

所下的定义是:国家、社会(群体、组织)和个人所采取的旨在消除犯罪原因、减少犯罪机会、威慑和矫正犯罪人,从而防止和减少犯罪发生的策略与措施的总和。① 这里提到了犯罪原因和犯罪机会,实际上是将犯罪的环境条件和犯罪的诱发因素从整体的犯罪原因中分离出来,这样就可以与不同类型的策略与措施相对应。

日本刑法学家大谷实认为:"犯罪预防,本来是通过①消除引发犯罪的各种原因;②对诱发犯罪发生的各种条件做工作;③强化促进成为抑止犯罪的原因的各种条件来事先防止犯罪发生的。"②他在这个定义中将犯罪原因分为引发犯罪的原因、诱发犯罪发生的条件,另外还涉及抑止犯罪原因的条件。还有美国的犯罪学家从犯罪的一般理论的视角提出一系列对制定具体的刑事政策有重要价值的建议。这种理论把犯罪原因分为两类:(1)影响犯罪性的因素,这些因素对人们是否实施犯罪的那种倾向的形成及其强烈程度有影响;(2)影响犯罪行为的因素,这些因素是指那些可能会助长犯罪事件发生的环境条件。犯罪的一般理论对犯罪原因的这种区分,有助于增加制定刑事政策的针对性,使刑事政策的制定者可以通过不同的刑事政策,干预不同的犯罪原因,从而控制和减少犯罪的发生。③ 这种理论直接将犯罪原因分类,并分别对应不同的刑事政策。④

从中外犯罪学家对犯罪预防的定义中可以发现,犯罪预防是基于犯罪原因分析研究而采取的消除和减少犯罪的各类策略和措施的总和。犯罪原因是犯罪预防的基础。从犯罪学的理论体系来看,犯罪原因研究无疑占有绝对重要的地位,犯罪学也曾被认为是"犯罪原因学"。这种说法虽然受到过许多批评,但从中也可以发现犯罪原因研究在整个犯罪学理论体系中的重要性。⑤

① 储槐植、许章润等:《犯罪学》,法律出版社1997年版,第269页。
② [日]大谷实:《刑事政策学》,黎宏,译,法律出版社2000年版,第299-300页。
③ [美]迈克尔·戈特费里德森、[美]特拉维斯·赫希:《犯罪的一般理论》,吴宗宪、苏明月,译,中国人民公安大学出版社2009年版,中文版序:第15页。
④ "刑事政策"的准确含义和译法应为"犯罪对策",即包含犯罪预防和犯罪治理的各类政策、措施和方法。对"刑事政策"含义的分析在本文后面还会涉及。
⑤ 王牧:《犯罪原因论概述——兼论犯罪学的基本范畴》,中国检察出版社2003年版,第36页。

从犯罪预防的视角来看，犯罪原因研究是犯罪预防的起点与基础，犯罪预防的策略必须基于犯罪原因的研究成果，这样犯罪预防的策略才有针对性。这是犯罪原因与犯罪预防二者关系的基本原理。换个角度说，如果犯罪预防策略的效果不佳，那一定是在犯罪原因研究上出了问题。

但是这仅仅是基本原理，问题在于犯罪原因的多样性和复杂性使犯罪预防也呈现出层次性和多样性，犯罪预防策略的效果也因所针对的犯罪原因的不同而具有很大差异性。有些策略的作用是潜移默化的，有些策略的作用是立竿见影的。有些策略对犯罪态势的影响是短期内可以看见的，而有些策略对犯罪趋势的改变需要十年、二十年才会显现。因此，在犯罪预防上，就出现了一个策略选择的问题。在不同的时期，选择不同的犯罪预防策略，也表现为犯罪预防的重心的不同。随着策略的变化，犯罪预防的重心也随之变化。

二、犯罪原因分析与相对应的犯罪预防策略层次

对犯罪原因的结构分析和类型分析一直是犯罪学家研究的重点。从犯罪学的发展历史上看，由犯罪生物学逐渐发展到犯罪社会学、犯罪心理学，犯罪原因由单一因素研究（如犯罪人的生物原因），逐步发展为多因素研究。在多因素研究的大背景下，犯罪学中出现了紧张理论、社会控制理论、冲突理论等犯罪原因研究的重大理论。在这些理论中都基于各自对犯罪原因的分析提出了犯罪预防的策略。从犯罪预防的角度看，从犯罪发生的过程来分析犯罪原因更有利于制定和选择有效的犯罪预防策略。

（一）犯罪原因的递进层次分析

从犯罪作为一种社会现象的产生原因到犯罪作为一个具体的个人行为的发生原因，犯罪原因内部存在着层次结构关系。这种层次结构关系是一种，由深层次原因到表面性原因，由宏观原因到微观原因，由内在原因到外部诱因的递进层次结构。笔者认同国内著名刑法学家王牧教授对犯罪原因基本范畴的研究。他将犯罪原因分为犯罪根源、犯罪基本原因、犯罪直接原因、

犯罪条件、犯罪诱因和引起犯罪的其他因素以及犯罪人的犯罪个性等。① 这种对犯罪原因的类型划分,符合犯罪发生过程,并且是递进层次关系。

犯罪根源是一种非常抽象的犯罪原因的表述,基本上属于哲学意义上的探讨,在这里不作为犯罪学研究中的犯罪原因来分析。犯罪基本原因一般是指与一个社会的生产关系和上层建筑方面有直接联系的产生犯罪的原因。这在不同的社会里,它的内容是不同的,例如社会政治、经济制度以及与此相联系的其他方面的一些问题等。② 犯罪基本原因是在宏观层面上的犯罪原因,如宏观的经济社会状况,宏观上的社会矛盾和社会问题,等等。犯罪基本原因在研究犯罪趋势和整体犯罪态势时能够起到宏观分析的作用,有助于对形势的判断和对大趋势的把握,确定犯罪治理的大思路。

犯罪直接原因一般是指与人们生活有直接联系的政治、经济、文化、道德等社会环境方面产生犯罪的原因。它是犯罪产生的更近层次的原因,直接决定犯罪的产生。一个社会里近期内犯罪动态的变化,一般是与犯罪直接原因联系更大一些。③ 在这个层次上,犯罪直接原因是中观原因和部分微观原因,直接与人们的生活相联系。具体表现为一定区域内的、一定时间段的、某个社会群体的、某个类型犯罪的犯罪原因。如区域内的社会矛盾突出,某个时期大量人口的涌入导致社会规范破坏,道德失范和社会解组情况严重,等等。需要指出的是,这个层面上的部分微观原因也是以某种类型化的因素出现的。如未获得良好家庭教育的青少年,在落后社区内的不良行为群体,从学校辍学的学生,等等。

犯罪条件指使犯罪产生成为可能的环境和影响等各种因素。它对犯罪的产生的影响力性质与犯罪原因不同,原因是决定性的,而条件是可能性的。

---

① 王牧:《犯罪原因论概述——兼论犯罪学的基本范畴》,《犯罪学论丛》(第一卷),中国检察出版社2003年版,第36页。

② 王牧:《犯罪原因论概述——兼论犯罪学的基本范畴》,《犯罪学论丛》(第一卷),中国检察出版社2003年版,第36页。

③ 王牧:《犯罪原因论概述——兼论犯罪学的基本范畴》,《犯罪学论丛》(第一卷),中国检察出版社2003年版,第36页。

除此之外,犯罪条件对犯罪产生的影响几乎与犯罪直接原因没有大的差别。从预防和控制近期犯罪发生来看,解决犯罪直接原因和条件问题有着直接和迅速的效果,而且可操作性也大。① 在这个层面上有部分中观原因,主要是微观原因。犯罪条件作为犯罪原因表现为在一定的环境下,相对于其他环境,犯罪行为更容易发生,犯罪人更愿意选择犯罪行为。具体表现为,区域性的、某个时期的环境,产生了较多的犯罪,某类人群更容易实施犯罪,容易产生犯罪人的家庭、社区环境,等等。

犯罪诱因是指与作出实施犯罪决定有关的外部影响或直接挑起的因素。它们可能是挑拨、劝说、唆使、刺激等行为,也可能是各种其他的事件,甚至也包括进行犯罪的方便和可能的一些条件。实际上,从犯罪诱因的性质上看,它是具有某些特殊性的实施犯罪的条件,所以有时还叫作犯罪助因。② 这类原因在犯罪原因中是非常具体的因素,完全是微观因素。在某个具体的时间点、某个地点,某个人或某个物的出现或行为,都会是犯罪诱因。犯罪诱因在犯罪原因研究中并不占有多少比重,更多地是将其与犯罪条件合并研究。但是犯罪诱因在犯罪预防中却有着重要的地位,对犯罪诱因的控制成为抑制犯罪动机的重要策略。

(二)不同层次的犯罪原因所对应的犯罪预防策略

著名犯罪学家萨瑟兰曾指出:人们已经用两种综合方法减少犯罪和少年犯罪的发生:一种是减少重复型犯罪的数量,另一种是减少初次犯罪的数量。在每一种方法中都存在数百种不同的政策和程序,但是它们可以划分为三大类:惩罚型方法、防御型方法和干预型方法。③ 国内也有学者认为,犯罪预防有两种基本策略。"一种是作为人格塑造和社会设计的犯罪预防策略,这种

---

① 王牧:《犯罪原因论概述——兼论犯罪学的基本范畴》,《犯罪学论丛》(第一卷),中国检察出版社2003年版,第36页。

② 王牧:《犯罪原因论概述——兼论犯罪学的基本范畴》,《犯罪学论丛》(第一卷),中国检察出版社2003年版,第36页。

③ [美]埃德温·萨瑟兰、[美]唐纳德·克雷西、[美]戴维·卢肯比尔:《犯罪学原理(第11版)》,吴宗宪等译,中国人民公安大学出版社2009年版,第674页。

策略着眼于人与社会自身的完善,力图在人与社会的全面发展过程中——即在构建和谐社会过程中实现对犯罪的避免;另一种是作为社会控制的犯罪预防策略,这种策略着眼于社会的硬性控制,力图通过刑罚威慑、警察力量以及道德高压来实现对犯罪的遏制。"①这些观点都关注了犯罪预防策略两个重点,即预防犯罪使其未能发生或避免犯罪,通过刑罚威慑防止犯罪再次发生。从犯罪学的发展史和犯罪预防实践过程上看,基于犯罪学基础理论发展出的犯罪预防策略主要有三种:刑罚预防(或者称为司法预防),社会预防和情境预防。这三类策略成为现代犯罪预防的三大支柱。② 对不同层面的犯罪原因侧重不同,将导致在犯罪预防策略选择上重心的差异。

重视犯罪基本原因会着重采取社会预防策略。这种预防策略是犯罪的基本预防,目的在于避免犯罪的发生,方法是实施各类社会政策,改进社会福利,从而起到预防犯罪的作用。在具体策略上,需要在经济、政治、社会、教育等方面采取促进社会健康发展的措施。犯罪社会学家认为主要是社会因素造成了犯罪,因此必须要改善社会环境,消除犯罪的基本原因,并以此来代替刑罚。③

与犯罪直接原因对应犯罪预防策略是社会预防、家庭预防、社区预防,并在某些环境条件部分与情境预防重合。由于犯罪直接原因是与人们的生活直接联系的,因此社区或者区域性的预防措施就成为重点。在人们生活的区域,从家庭到社区,消除其中可能引发犯罪的因素,是这个层面犯罪预防的重点。这个层面的社会预防可以分为两种类型:以个体动机为目标的犯罪预防与寻求改变公共性的相互作用或集体过程。前者称为发展犯罪预防,后者称为社区犯罪预防。发展性预防措施主要关注以下因素:可能预示着犯罪将来

---

① 赵宝成:《犯罪学专论》,中国人民公安大学 2005 年版,第 81 页。
② 参见张远煌:《犯罪预防观念之演进与当代犯罪预防政策之确立》,《河南警察学院学报》,2013 年第 1 期,第 19 页。还可参见庄劲、廖万里:《犯罪预防体系的第三支柱——西方国家犯罪情境预防的策略》,《犯罪研究》2005 年第 2 期,第 20 页。
③ 〔意〕恩里科·菲利:《犯罪社会学》,郭建安译,中国人民公安大学出版社 2004 年版,第 191 - 192 页。

发生的风险因素;可能减少犯罪发生的保护因素;可能使年轻人摆脱犯罪的阻碍因素。① 社区预防则更关注社区作为一个整体的内在联系,发挥社会资本的作用。由于区域的范围可大可小,在策略选择上有一部分还可以适用情境预防策略,如城市空间分布,针对城市中不同人群的分布区域采取不同的预防措施。

犯罪条件对应情境预防。在犯罪预防中,情境预防是非常直接地、非常具体地指向预防各类可能的犯罪行为。情境预防一般来说采取三种相互关联的基本形式:增加犯罪的难度,如加大犯罪目标的获取难度或者阻碍犯罪的实施;增加可预见的风险,增加犯罪以后被侦缉与逮捕的风险;降低犯罪回报,在一些案件中,这可能要通过去除犯罪目标来实现。② 在城市犯罪预防、社区预防和青少年犯罪预防中,情境预防都发挥了巨大的作用。自20世纪90年代以后,情境预防逐渐在西方国家兴起并开始在世界各国采用。情境预防可以说是所有预防策略中见效最快、最具操作性和可行性的预防策略。

犯罪诱因对应情境预防和刑罚预防。犯罪诱因与犯罪行为连接为一体,甚至有时可以视为犯罪行为的一部分。犯罪诱因是非常具体的人、行为或物,处于犯罪发生的原因顺序中的最后一环,属于微观原因。由于与犯罪行为紧密连接,因此刑罚预防会起到相当的作用,对犯罪起到司法控制的效果。也有学者认为此时的预防属于犯罪控制,即将犯罪控制和约束在一定范围和一定程度内,所以此时的犯罪控制与犯罪预防还存在一定区别。此时的犯罪控制是基于犯罪条件的揭示,由国家与社会采取各种措施与方法,致力于减少、消除犯罪发生的致罪因素,表现为对于已成定势而处于临界状态发生的犯罪,从犯罪实施的时空等条件上予以限控与遏制。③ 由于在这一环节,情境

---

① [英]麦克·马圭尔、罗德·摩根、罗伯特·赖纳:《牛津犯罪学指南(第四版)》,刘仁文、李瑞生等译,中国人民公安大学出版社2012年版,第680、673页。

② [英]麦克·马圭尔、罗德·摩根、罗伯特·赖纳:《牛津犯罪学指南(第四版)》,刘仁文、李瑞生等译,中国人民公安大学出版社2012年版,第680、673页。

③ 张小虎:《犯罪预防与犯罪控制的基本理念》,《河南省政法管理干部学院学报》2008年第1期,第68页。

预防还发挥着较大的作用,消除或避免致罪因素和犯罪诱因仍然在许多地方是采取情境预防的措施。因此笔者还是继续采用"犯罪预防"的概念,而不在此与"犯罪控制"进行区分。①

从犯罪原因的层次结构分析中可以发现,犯罪基本原因、犯罪直接原因、犯罪条件、犯罪诱因之间存在一种层次递进关系。这种层次递进关系在犯罪人与犯罪行为之间构成了一条因果关系链。在这条因果关系链上,每一种犯罪原因就是一个环节。从犯罪预防的角度看,强调重视其中某一个环节,就会使犯罪预防策略的重心放在这个环节上,各类措施也会集中在这个环节上。但同时需要指出的是,犯罪预防策略的重心放在某一环节上,就会对其他环节的预防策略有所削弱。策略重心的变化,也会使实放策略的具体措施有所变化,进而引起整个犯罪预防态势的变化。

三、中国犯罪原因研究的演变与犯罪预防策略重心的变迁

犯罪预防与犯罪原因有着密不可分的关系,犯罪原因研究的变化也直接引起犯罪预防策略重心的变迁。与之相应的社会政策、刑事政策的变化也影响着犯罪预防策略。从犯罪预防策略重心变迁看社会政策的影响,从刑事政策的变化看犯罪原因对犯罪预防策略的作用。

(一)20 世纪 80 年代至 20 世纪末的犯罪预防策略重心

20 世纪 80 年代到 20 世纪末中国关于犯罪原因的研究,对于犯罪现象本身的认识和犯罪预防都产生了极大的影响。这一时期的犯罪原因研究对中国犯罪学的发展具有重大历史性意义。在厘清犯罪原因概念这一核心以后,犯罪学逐渐摆脱了哲学性的、纯理论上的思考。将犯罪的起源、犯罪产生的根源等概念剥离出犯罪原因研究,这使犯罪学理论由哲学走向了科学。这也

---

① 有学者认为,区分犯罪预防与犯罪控制的理论意义和实践意义均不大,而且两者也难以区分,犯罪事先预防措施同时也是在控制犯罪,犯罪的事后控制又何尝不是在预防犯罪? 两者如果说有区别也仅仅是表达的角度不同而已,犯罪控制从犯罪的规模出发,犯罪预防从犯罪的时间出发。前述两者的区别可以视为狭义上的区别。在广义上,犯罪预防可以包括犯罪控制,犯罪控制亦可以包括犯罪预防。(可参见刘广三:《犯罪控制宏论》,《法学评论》2008 年第 5 期,第 27 - 28 页。)

使以后对犯罪原因中诸多因素的研究是以一种科学的理念、科学的判断标准来推进，也为犯罪学实证研究开辟了广阔的道路。从单一因素研究转向多因素研究，特别是宏观上、综合性的犯罪原因研究，对中国犯罪学基础理论的发展提供了坚实的理论支撑。由此产生一系列关于中国犯罪学基础理论的研究成果，这也直接带来了中国犯罪学近 20 年的繁荣。中国犯罪学由探讨具有哲学特征的犯罪根源开始，逐步发展对单一因素深入细致的研究，再到综合性、系统性的多因素研究，将犯罪原因集中在各类社会因素上，为犯罪预防策略的形成打下坚实的基础。① 犯罪原因研究的这种发展体现在犯罪预防策略上就是以一种综合治理的方式来预防犯罪。在当时已有的社会组织体系和社会政策体系的基础上，集中多个政府部门和社会各方力量，共同预防犯罪（特别是青少年犯罪）。社会治安综合治理最终上升到法律层面，成为国家刑事政策的主要组成部分。②

另外，通过"严打"来治理犯罪，对已经发生的犯罪实施严厉打击，力图用刑罚威慑来达到刑罚预防的目的。从 20 世纪 80 年代到 20 世纪末一共进行

---

① 参见康树华：《中国犯罪学研究现状与发展趋势》，《上海市政法管理干部学院学报》2002 年第 4 期。文章中还认为，有关犯罪原因的分析，曾是我国犯罪学理论的热点问题。以往争论所取得的进展，至少经历了两个阶段。在第一个阶段，进展主要体现在两个方面：一是论证了社会主义社会中存在着犯罪，原因不应在社会之外寻找，至少，社会内同样存在着犯罪的各种原因；二是不再认为犯罪原因只是单一的，其他致罪因素都不过是条件而已，对犯罪原因可以从多层次多角度进行研究。在研究犯罪原因方面取得进展的第二个阶段表现在：学术界的研究不仅借鉴西方国家犯罪学方面的研究成果，而且注意运用相关学科的研究方法，使研究更加广泛、细致，因而更为深刻。笔者认为这两点总结中第一点是将犯罪原因研究科学化的第一步，即从犯罪产生的社会因素入手而不是其他因素，这将犯罪原因研究进行了准确定位。第二点是研究方法的变革，同样是推进犯罪原因研究的科学化。

② 1991 年 2 月，中共中央、国务院做出《关于加强社会治安综合治理的决定》，全国人大又通过此同名决定，把社会治安综合治理用法律形式确定为我国社会治安管理的基本方针。在《关于加强社会治安综合治理的决定》中提出：社会治安综合治理的方针，是解决中国社会治安问题的根本出路。这是中共中央、国务院第一次以综合治理为主题向全国发出的正式的法规性质的文件。该文件还提出：社会治安综合治理的基本任务是：在各级党委和政府的统一领导下，各部门协调一致，齐抓共管，依靠广大人民群众，运用政治的、经济的、行政的、法律的、文化的、教育的等多种手段，整治社会治安，打击犯罪和预防犯罪，保障社会稳定，为社会主义现代化建设和改革开放创造良好的社会环境。将社会治安综合治理的工作范围归纳为"打击、防范、教育、管理、建设、改造"6 个方面，进一步强调了"谁主管谁负责"的原则，明确规定了政法部门在综合治理中的任务，指出公安机关在综合治理中居于特别重要的地位。参见刘惠恕主编：《社会治安综合治理论》，上海社会科学院出版社 2006 年版，附录（二）。

了两次"严打"。这两次"严打"都明显改变了犯罪趋势的发展态势,起到了刑罚预防的目的。① 但同时也要看到刑罚预防的局限性,在两次"严打"使犯罪增长趋势得到遏制之后又迅速反弹,形成了新的犯罪高峰。此时的刑罚预防是在"打击"犯罪的大背景下产生的作用,打击犯罪还未被治理犯罪取代,刑罚预防的效果在这种运动式的"治理"中效用逐渐递减。

纵观20世纪80年代至20世纪末中国的犯罪预防策略,其重心集中在犯罪原因链条的前端和末端,即集中在消除犯罪基本原因以采取社会预防的策略,集中在消除犯罪诱因、打击犯罪行为以刑罚威慑("严打")预防尚未发生的犯罪。但需要指出的是,这一时期的社会预防是以传统计划体制的社会管理方式进行的,主要是以政府管制为主要手段,辅以社会支持(家庭、学校和社区的支持)。

这一时期由中国社会正处于转型期,传统的计划体制瓦解,社会结构发生重大变化,社会政策出现一时的空档期,各类社会矛盾逐渐显现,因此社会预防的策略并未有太好的效果。中国的犯罪趋势仍然是不断增加的态势。所以,这一时期中国犯罪预防策略的重心实际上是集中在犯罪原因链条的末端。

(二)21世纪前十年的中国犯罪预防策略重心

进入21世纪后,中国的犯罪学发展进入了一个新阶段。犯罪学家们开始反思过去20年的中国犯罪学研究。既反思犯罪原因研究,也反思犯罪预防策略。进入21世纪后,以犯罪原因研究为代表的犯罪学基础理论发展进入调整、充实阶段,逐渐科学化、精细化,稳步前进。随着犯罪原因研究的精细化、

① 自改革开放以来,中国明确实施的"严打"一共有两次,分别是在1983年和1996年,这两次"严打"都改变了犯罪趋势的走向。有学者指出,改革开放三十多年以来,中国的犯罪率总体上呈上升趋势。其中,在1983年和1996年犯罪率出现两次较大的转折,这跟1983年和1996年两次"严打"政策有关。1983、1996两年犯罪率达到峰值,通过"严打"使得犯罪率又迅速下降,从而犯罪趋势中出现两次明显的转折点。其中,尤属1983年第一次"严打"的打击规模最为庞大、打击力度最为严厉,相应的1983年成为最显著的转折点。虽然2000—2001年还进行了网上追捕逃犯的"新世纪严打",但是打击力度上不如1983和1996年大,所以在犯罪趋势上并没有出现较显著的拐点。(参见梁亚民、杨晓伟:《中国城市化进程与犯罪率之间关系的实证研究——基于结构突变的协整分析》,《犯罪研究》,2010年第4期,第18-19页。)

科学化,实证研究兴起,中国犯罪原因的发展也不像前 20 年那样高歌猛进,而是注重理论假设与验证的科学性,注重逻辑上的完整性,每一个观点的提出都力图避免大的逻辑漏洞。中国的犯罪原因研究在本土化和国际化双重趋势作用下,已经逐渐形成自己的理论体系和特点,现在进入了精细化发展的阶段,需要弥补前期快速发展的理论缺点和漏洞。同时,在某些方面已经出现了理论创新,如"化解阻断模式""关系犯罪学"等理论观点的提出,促进了犯罪学基础理论的发展。应该说,这一时期的犯罪原因研究是回归了犯罪学基础理论正常的发展轨道,前 20 年的高歌猛进在一些基础环节上留下了许多"欠账",这一时期是在"还账"和修补基础。在犯罪原因研究中注意到了各种因素的相互联系与因果关系,其中还包括各类因素在因果关系中效用上的差异,各类因素的作用也得到了更为准确的解释。一些经济学、社会学、心理学专业的学者加入犯罪原因研究行列,他们将经济发展、贫富差距、城市化等因素作为研究对象,研究这些因素与犯罪之间的相关程度。这不仅丰富了犯罪原因研究的成果,而且还将犯罪原因科学化向前推进。这种变化也使犯罪原因从注重宏观因素研究逐渐变为注重中观因素和微观因素研究,这也为情境预防策略的兴起打下了理论基础。

在反思犯罪原因研究的同时,中国犯罪学界也在反思犯罪预防策略。20年的经验已经显示出过度强调刑罚预防的局限性。在两次"严打"以后,刑罚预防出现了常态化、制度化的态势。特别是 1997 年《刑法》进行大修改以后,以 1996 年的"严打"为终结点。2001 年和 2004 年也有所谓的"严打",但都可以归入公安部门针对某几类犯罪的专项整治斗争,并不是完全意义上的"严打"。另外,在过去 20 年中,犯罪原因研究成果没有对社会预防策略给予足够的支持,并且由于体制改革、城市化、社会政策变迁等原因,前 20 年的社会预防并没有收到良好的效果。在由计划体制向市场体制转型的过程中,原有的社会政策体系逐渐瓦解,但新的社会政策体系尚不健全,一些社会群体游离于社会政策之外,造成了大量的潜在犯罪人。① 所以,在 20 世纪 80 年代至 20 世纪末,中国犯罪预防策略重心集中在犯罪原因链条的两端是不太成功的。

在这种反思中,中国的犯罪学继续向前发展。在犯罪原因研究中,大量的研究集中在了"犯罪条件"——这一犯罪原因链条中部的因素。犯罪学家们希望通过切断犯罪原因链条来实现犯罪预防的目标。与社会预防和司法预防相比,情境预防显得更简捷、更经济,无需改变现有的社会结构和社会制度,所关注的是直接导致犯罪的因素,是一种即刻和直接作用于犯罪的预防犯罪方法,所以在具体的预防实践中能够迅速见效。并且,情境预防不需要投入大量的资金,在现实生活中易于掌握和大量运用。尤其在我国目前面临犯罪高峰,社会治安状况严峻的情况下,注重情境预防的作用显然更具现实意义。②

情境预防的兴起也与西方犯罪学中三大古典主义理论复兴有密切关系。中国犯罪学界在 2000 年以后大量引进西方的这些理论与实践做法。在西方实证主义犯罪学在 20 世纪遭到巨大挫折以后,古典主义犯罪理论重新获得发展机遇。理性选择理论、日常生活理论、环境设计预防理论在 20 世纪 70 年代以后被广泛研究与运用,并且在实践中获得了巨大的成功。不仅转化为可行

---

① 关于中国的公共服务和社会政策体系转型中的问题可参见郁建兴:《中国的公共服务体系:发展历程、社会政策与体制机制》,《学术月刊》2011 年 3 月第 3 期。此文指出,总体上讲,20 世纪 80—90 年代的公共服务体系改革,实现了从单一供给主体到多元供给主体的转变、从国家免费供给到居民付费享受的转变,公共服务的供给效率与服务质量大大提高,从根本上改变了计划经济时期公共服务供给的总体短缺状态。但由于发展主义意识形态的影响,以及财权不充分的属地化公共服务供给模式,导致各级政府的公共服务投入和供给严重不足,大大降低了公共服务的普遍可及性,大部分贫困群体、农村居民、灵活就业人员和转移劳动力处于公共服务供给的边缘化地位,造成了城乡间、区域间、群体间比较显著的公共服务差距。公共服务的供给不足和供给不均,进一步导致社会发展与经济发展相对失衡,社会公平状态不断恶化,社会矛盾不断累积,社会需求难以满足,从而对社会稳定和未来发展构成了挑战。(参见郁建兴:《中国的公共服务体系:发展历程、社会政策与体制机制》,《学术月刊》2011 年 3 月第 3 期,第 8 页。)
② 官国权:《犯罪原因论的变迁与我国犯罪预防之应对》,《武夷学院学报》2011 年第 6 期。

的犯罪预防策略,也取得犯罪预防的效果。① 所谓情境预防,就是对于某些高发生率的犯罪,通过直接管理、设计、调整的方式系统和永久地改变环境,从而尽可能地使行为人认识到犯罪行为难度和危险性的增加,收益减少,最终达到减少犯罪的目的。②

情境犯罪预防理论提出了如下的五大类预防犯罪的措施:通过控制目标或者犯罪工具,增加犯罪难度;通过加强正式或者非正式的监控增大犯罪风险;通过财物识别以加大损失补偿的可能以减少犯罪的收益;通过减少同侪压力或减少冲突降低面对犯罪挑衅的可能性;通过设立规则来削弱犯罪借口。③ 这些措施被广泛应用在城市区域犯罪预防和社区犯罪预防,相对于传统的司法预防和社会预防,收到了良好的效果。

因此,在21世纪的前十年,中国犯罪预防策略的重心发生了转移,将重心放在了犯罪原因链条的中部,即集中在犯罪条件与部分犯罪诱因上,采取情境预防的策略。具体采用城市街区防控、犯罪地理信息防控、犯罪影像监控等技术④,实施社区预防、被害人预防等措施,配合以邻里守望、社区警务等方法,以情境预防为核心,构建起社会治安防控体系。⑤

---

① 参见[英]麦克·马圭尔、罗德·摩根、罗伯特·赖纳:《牛津犯罪学指南》(第四版),刘仁文、李瑞生等译,中国人民公安大学出版社2012年版,第674-678页。关于情境预防的理论介绍、具体策略和技术实施还可参见庄劲、廖万里:《犯罪预防体系的第三支柱——西方国家犯罪情境预防的策略》,《犯罪研究》2005年第2期;刘晓梅:《20世纪90年代以来英国犯罪预防理论与实践》,《犯罪研究》2009年第6期,第74-75页。

② 参见李蕤:《"两最"视野下侵财犯罪预防之实践与发展》,《北京警察学院学报》2013年第6期,第91页。文中还提到:现阶段,我国城市的发展和治安状况与20年前的英国、美国、日本等国相类似。在当时的英美等国,情境预防理论逐步形成和完善,对防范犯罪起到不容忽视的作用。该理论的原理是从被动预防转变为主动预防,犯罪预防的视角不再仅局限于潜在的犯罪人,而是从对潜在犯罪目标的加固、对可能犯罪机会的减少、对犯罪环境的改变等多角度开展犯罪预防。

③ 刘涛:《表现型犯罪的情境预防——一个西方犯罪学视角的观察》,《犯罪研究》2012年第2期。

④ 这方面的研究成果很多。可参见朱玉兰、刘峘、汪磊:《基于犯罪预防的城市居住空间规划途径探讨》,《城市》2006年第5期。严栋柱、毛媛媛、董衡苹:《基于犯罪预防的城市规划研究与启示》,《犯罪研究》,2009年第5期。

⑤ 这方面的研究成果也有很多。可参见刘晓农、叶萍:《破窗理论与流动人口犯罪控制》,《河南社会科学》2013年第4期。刘建华:《犯罪预防体系与预防被害策略——兼论社会治安防控网络体系建设》,《公安研究》2012年第7期,第29-30页。闫刚:《基于警务视角的犯罪控制技术及对策》,《南京航空航天大学学报》(社会科学版)2013年第2期。

需要指出的是,尽管中国犯罪预防策略重心转移到犯罪条件与部分犯罪诱因上,以情境预防为核心,但并未减弱刑罚预防的力度,打击犯罪仍然是刑事政策中的主题。这也带来了一系列问题,最大的问题就是采取了诸多情境预防的措施,但仍然是犯罪高发,犯罪增长的趋势没有发生改变。

四、当前犯罪原因研究与犯罪预防策略选择的困境

德国著名刑法学家李斯特曾指出:"利用法制与犯罪作斗争要想取得成效,必须具备两个条件:一是正确认识犯罪的原因;二是正确认识国家刑罚可能达到的效果。"[①]在经历了犯罪预防策略重心的变化以后,中国犯罪预防策略选择正在这两个方面遭遇到不同程度的困境。

(一)犯罪原因研究上的困境导致犯罪预防策略选择上的困境

进入 21 世纪后,中国犯罪学界对犯罪条件的研究逐渐深入,也可以说对犯罪的环境原因研究更为精细。犯罪空间研究、犯罪时间研究、犯罪手段研究不断涌现,各类犯罪环境因素研究的理论也被重视起来,如破窗理论、犯罪社区理论等。与此同时,情境预防也被广泛重视并落实为各类情境预防措施。各地城市大量装配摄像头就是其中一种代表性的措施。但情境预防措施的作用在于增加犯罪的难度,减少犯罪的机会,以及增大犯罪后被抓获的机率,并未从根本上消除犯罪产生的社会基础。从宏观上说,犯罪基本原因和直接原因没有得到改进,还在不断制造大量的潜在犯罪人,所以犯罪的情境预防虽然有效,但并未减少犯罪总数量,而且还在不断增加,犯罪数量不断增长的趋势仍然没有改变。与以往不同的是,形成了犯罪高发区域与犯罪低发区域划分更加明显的态势,在城市中尤其如此。出现这种情况取决于对情境预防投入的多少。因此,虽然在情境预防上投入很多,在某一区域也能取得很好的效果,但产生犯罪的社会基础没有改变,还在有大量的潜在犯罪人不断涌现,所以情境预防实施得很好,但犯罪依然高发。

---

① [德]李斯特著、[德]施密特修订:《德国刑法教科书(修订译本)》,徐久生译,何秉松校订,法律出版社 2006 年版,第 15 页。

从犯罪学的发展角度看,犯罪原因研究大量集中在犯罪条件或犯罪环境因素上反映出的是犯罪学基础理论发展上的问题。在犯罪原因研究中,不仅要分析各类相关因素、致罪因素的作用,更要注意分析与犯罪发生之间的因果关系。现在许多犯罪原因研究的文章当中,对相关因素分析得过多,而对因果关系分析较少,这就造成了结论与观点的解释力较弱的问题。具体来说,主要是存在:将同步性当做相关性的问题,认为有同步关系即是有因果关系;对直接因素与间接因素关系认识不清的问题,在直接因素与间接因素之间的因果联系研究不足,使结论缺乏说服力;决定论与概率论的运用问题,二者在犯罪原因研究中各有各自的适用领域,不能因为重视一个而否定另一个。

犯罪学界进行犯罪原因研究的目的是一方面是为了解释犯罪现象,另一方面是为了犯罪预防。犯罪原因研究的成果能否对犯罪预防产生指导作用,也是检验其解释力大小的一个重要标准。在解释力不强的条件下,理论观点的指导力也就不强。总的看,犯罪对策出了问题,那一定是犯罪原因研究的某些方面出了问题。当然指导力还涉及操作性问题,这使得理论观点要在解释力较强的前提下,提出具有可行性的措施和方法。因此,犯罪预防策略选择上的困境实际上是犯罪原因研究的困境,也是中国犯罪学基础理论研究的困境。

(二)犯罪预防策略在刑事政策中地位的困境

长期以来,中国的刑事政策一直是以刑罚为中心的,从"严打"到"宽严相济"都是用刑罚理念来指导整个刑事政策,或者干脆就认为刑事政策就是刑罚的政策。这种认识也导致犯罪预防策略长期以刑罚预防为重心。

从概念本源上看,"刑事政策"一词的含义并非只是刑罚。刑事政策(criminal policy)这个术语出现在 19 世纪,只有到 20 世纪初的社会预防对策出现后,刑事政策的概念才算真正形成。所以,"刑事政策"中的"刑事"理解为"犯罪现象"比较合适;而"政策"理解为"对策"才合适。这样,从汉语上看,西语上的所谓的刑事政策实际应当是犯罪对策。① 刑事政策的核心是预防犯罪,但不能仅仅把预防犯罪视为用刑罚威慑来预防。对已经发生的犯罪进行惩罚,来达到预防未来的犯罪的目的,在理论上和实践中效果都不甚理想。也就是说,刑罚是刑事政策的一部分,但刑事政策的核心和重点不是刑罚。② 目前虽然已经认识到了刑罚不能很好地起到犯罪预防的作用,但是一时又扭转不过来,一时也没找到合适的方法,所以一遇到某一类犯罪形势恶化的情况,又会抓起刑罚这一措施。这也显示出我国的刑事政策体系并不完善,犯罪对策体系尚有许多不足。中国犯罪预防策略重心选择的另一个困境就在于此,重心放在刑罚预防上已经不适应当前的形势,但是放在其他方面又缺乏基础。自1980年代开始建立的社会治安综合治理体系,经历20多年的发展,也未能适应当前经济社会发展的要求,也不能满足民众的公共安全需求。③

犯罪预防在刑事政策中的核心地位也没能完全确立,在"打防结合"的大

① 参见王牧:《职务犯罪预防的刑事政策意义》,《国家检察官学院学报》2007年第1期,第90页。日本刑法学家大谷实认为刑事政策是国家机关(国家和地方公共团体)通过预防犯罪、缓和犯罪被害人及社会一般人对于犯罪的愤慨,从而实现维持社会秩序的目的的一切措施政策,包括立法、司法及行政方面的对策。([日]大谷实:《刑事政策学》,黎宏译,法律出版社2000年版,第3页。)在这个定义中,大谷实也认为刑事政策是针对犯罪的各种对策,并且刑事政策首要的任务是预防犯罪。

② 王牧教授就曾指出:虽然刑事政策概念在逻辑上包括刑罚,但是,这个概念的基本理论蕴涵和价值趋向却是在排斥并超越刑罚。所以说与惩罚相对立的"预防"是刑事政策的核心。不能简单地把刑事政策理解为"惩罚"和"预防"并举,更不能按照我国政治生活中对"政策"概念的理解把刑事政策概念理解为对付犯罪的各种"政策和策略",尤其是不能把刑事政策仅仅理解为运用刑罚惩罚的政策,这种理解本质上说是错误的。(参见王牧:《职务犯罪预防的刑事政策意义》,《国家检察官学院学报》2007年第1期,第91页。)

③ 中国的社会治安综合治理体系是一种以国家体制为主导的工作模式,维护社会治安的工作大多是依靠政府组织或政府附属组织来进行的。这种工作模式在很大程度上是与中国计划经济时代的政府体制相一致的,而当市场经济体制逐步建立,中国社会正在发生重大转型时期,社会公共生活空间和内容已有了极大的拓展,社会治安综合治理体系却没有相适应的转型。现有体系已不能纳容新时期的社会公共生活,也不能满足公众对社会公共安全方面的需求。公众对社会公共安全方面的需求可以分为基本安全需求和额外安全需求,其中额外安全需求是个性化的需求,这些安全需求汇集在一起就形成对公共安全的多样化需求。这种多样化的需求面对的是单一性的社会治安综合治理体系,提供的是单一的社会治安秩序,并且还带有相当大的管制式治理的成分。(参见王焱:《转型与发展:社会治安防控体系研究》,天津社会科学院出版社2012年版,第175页。)

背景下，往往是先立足于打击犯罪，预防犯罪就被摆到次要地位了。因此中国犯罪预防策略重心出现了摇摆不定，已经由原来的刑罚预防转移出来，但又不能完全放在情境预防上，因为毕竟情境预防的理论与实践很难支撑起整个犯罪预防策略体系。中国的刑事政策体系也没有给出犯罪预防策略合适的位置。

五、因果关系链与犯罪预防策略重心回归社会本位

面对犯罪预防策略重心选择的困境，如何选择？还是应当遵循犯罪预防的基本原理，从犯罪原因链条与犯罪预防的关系，犯罪预防与刑事政策的关系中去寻找答案。中国犯罪预防策略重心经历了从以刑罚预防为重心到以情境预防为重心，对应的犯罪原因链条中的因素是从关注犯罪诱因到关注犯罪条件等中间环节，而对犯罪基本原因、直接原因，也就是对产生犯罪的社会基础关注不够。这种犯罪预防策略的结果是一方面犯罪基本原因、直接原因在不断产生大量的潜在犯罪人，而犯罪预防策略重心放在了犯罪原因链条的后部，使得犯罪预防在一段时间内、一定区域内能够取得成效，但在整体上、宏观上不能改变犯罪增长的大趋势。这就是国家对司法、警察和相关部门投入巨大，也采取了先进的技术防范措施，但是犯罪数量依然增长、公共安全形势仍然不容乐观。

所以，现在应当重视犯罪原因链条中的前端和前部因素，让犯罪预防回归社会本位，增加社会预防的投入和力度，逐步消除产生犯罪的社会基础。

（一）犯罪预防策略重心回归社会本位的现实理由

1. 刑罚预防的局限性已经充分显现并且被社会各界认知。刑罚预防功能来自古典刑法理论。边沁认为刑罚有四个目的或目标：（1）预防一切犯罪。（2）预防最严重的犯罪。刑罚让犯罪人选择危害性较轻的方式来实施犯罪。（3）减轻危害性。通过犯罪仅仅造成与他预期的好处相一致的损害，而不要造成超过犯罪人作为犯罪目标的好处的损害。（4）以最小的代价预防犯罪。

刑罚的最后一个目的是尽可能从低廉的费用预防犯罪行为的发生。① 但这四个目标在现实情况中一个也没有实现。因此犯罪学家菲利就指出："刑罚，并不像在古典派犯罪学者和立法者的主张影响之下而产生的公众舆论所想象得那样，是简单的犯罪万灵药。它对犯罪的威慑作用是很有限的。因此，犯罪社会学家自然应当在对犯罪及其自然起因的实际研究中去寻找其他社会防卫手段。"②从中国的实践经验中也反映出这样的结论。几次"严打"的效果并没有期望中那样好，刑罚威慑没能起到长期预防的作用。单纯依靠刑罚无法解决社会中的犯罪问题。并且当威害社会公共安全的犯罪越来越多，犯罪对象愈发指向不确定的人群，人们几乎看不到刑罚预防的作用。③

2. 情境预防虽然有效但却很有限，并未从根本上解决犯罪问题。情境预防是通过改变犯罪条件来减少犯罪机会，削弱犯罪人的犯罪动机，降低犯罪发生的概率。这种预防策略最大的问题就是时空的局限性。西方有学者曾指出，情境预防具有其致命的"软肋"（Achilles heel），就是情境预防仅仅片面地关注犯罪机会，这样就有意地忽视了导致犯罪发生的内在社会性因素，从而意味着该预防措施只是将犯罪予以转移而不是消除犯罪的产生根源。当因为在社会的下位流动（social dislocation）和弱势地位而成为"越轨者"（deviant）的个人发觉某个犯罪机会被阻止之后，就会继续实施新的犯罪或者选择另外一个缺少保护的犯罪目标。④ 犯罪人会从设置了情境预防的区域流动到缺乏情境预防的区域，会从富人区（预防投入高）流动到穷人区（预防投入低）。这种情况会在城市内部的区域之间发生，也会在城市与城市之间发生。所以，从实现情境预防效果有角度讲，情境预防需要一种更加包容和公正的

① 参见吴宗宪：《西方犯罪学》（第二版），法律出版社 2006 年版，第 48 页。还可参见［英］边沁：《道德与立法原理导论》，时殷弘译，商务印书馆 2000 年版，第 224 – 225 页。二者译文有所不同，这里采用的是《西方犯罪学》中的译文。

② ［意］恩里科·菲利：《犯罪社会学》，郭建安译，中国人民公安大学出版社 2004 年，第 191 – 192 页。

③ 尤其是近几年发生的公交车纵火案、校园杀童案、恶性抢劫杀人案，犯罪人并非不知道其行为是属于重罪，将受重刑惩罚，但仍然实施犯罪。这从一个侧面反映出刑罚预防的局限性。

④ ［澳］亚当·斯通，［澳］阿德里恩切尼，［澳］罗伯怀特：《犯罪预防：原理、观点与实践》，赵赤译，中国政法大学出版社 2012 年版，第 86 页，第 104 页。

方法,而不是将犯罪问题简单地由富裕地区向贫穷地区转移。情境预防一定需要社会预防来补充和加强。①

(二)犯罪预防策略重心回归社会本位的现实条件

经过 30 多年的探索和实践,犯罪预防策略重心回归社会本位时机已经成熟,条件都已具备。简单来说,具备了政府和社会两个现实条件。

1. 政府工作的重心逐渐转向提供公共服务和实施社会政策。2002 年以来,中国政府通过社会政策体系建设、公共财政体制改革和公共服务供给机制创新,基本建立起了一个相对完备的公共服务项目体系,公共服务投入稳步增长,多元供给机制不断成熟和扩展,初步实现了公共服务供给的普遍可及性目标。中国各级政府正在由"经济发展型"政府转变为"公共服务型"政府。自 2003 年起,中国的社会政策发展进入一个新阶段社会政策的基本理念,由管人、治人,转变为尊重人、服务人;社会政策的本质由国家权力转变为国家责任(民众的权利,民众有权要求国家尽到应尽的责任);社会政策的主体由政府转变为政府与社会的合作;社会政策的服务对象由特殊群体(这是社会排斥的结果)转变为覆盖城乡、覆盖所有阶层的全体社会成员(这是社会融合的结果);社会政策的价值目的是满足民生的基本需要。在整个政策体系中,社会政策的比重逐渐加大,即将超越经济政策,中国将进入"社会政策时代"。②

2. 社会治理成为主流,社会组织成长壮大。中国已经由社会管理逐步走向社会治理,治理主体由单中心向多中心转变,政府必须与各种社会组织一起形成协作网络,在共同分担社会责任的基础上形成多元协同治理机制,共享公共资源,参与公共治理,并使各方共同受益。③ 改革开放以来,中国的市

---

① [澳]亚当·斯通,[澳]阿德里恩切尼,[澳]罗伯怀特:《犯罪预防:原理、观点与实践》,赵赤译,中国政法大学出版社 2012 年版,第 86、104 页。

② 有关中国公共服务体系改革发展历程和社会政策成长阶段的观点可参见:郁建兴:《中国的公共服务体系:发展历程、社会政策与体制机制》,《学术月刊》2011 年 3 月第 3 期。景天魁:《论中国社会政策成长的阶段》,《江淮论坛》2010 年第 4 期。

③ 俞可平:《推进国家治理与社会治理现代化》,当代中国出版社 2014 年版,第 74 页。

场机制不断成熟,社会组织也获得了空前发展,为复合式公共服务供给机制创新提供了有利的社会条件。社会组织可以承担各类社会治理工作。2002年全国共有社会组织24.4万个(包括社会团体和民办非企业单位),到2014年全国共有社会组织60.6万个。① 随着当代中国公共服务需求的日益增长和多元化,社会组织在政府的公共服务供给中扮演着越来越重要的参与角色,如直接参与服务提供、反映公众的服务需求、评估服务质量与绩效等。犯罪治理、犯罪预防也是社会治理体系的一部分,社会组织的成长壮大为犯罪预防回归社会本位提供了条件。

(三)犯罪预防策略重心回归社会本位的实现途径

1. 在刑事政策体系中确立犯罪预防优先的理念②,以犯罪预防为核心,以社会政策为支柱,构建犯罪预防策略体系。李斯特主张"最好的社会政策就是最好的刑事政策,社会政策比刑罚及有关处分的作用大得多"。这种观点也可以理解为,最好的社会政策就是最好的犯罪对策。李斯特认为,"社会政策的使命是消除或限制产生犯罪的社会条件;而刑事政策首先是通过对犯罪人个体的影响来与犯罪作斗争的"。③ 因此社会政策起到的是犯罪预防的作用,其意义要优先于刑事政策。当刑事政策以犯罪预防为核心时,社会政策就会成为支柱。

2. 在犯罪原因研究中重视犯罪基本原因、直接原因与社会政策的关系,发现其中的因果关系,为犯罪预防中的社会政策提供依据。有学者指出,从长远来看,通过税收政策、社会福利政策等公共政策(社会政策)的调整来解决社会问题,消除犯罪原因,较之通过刑罚遏制和监狱行刑来减少犯罪,其成本更低而效益(效果)更佳;通过增加教育投入,发展教育事业,提高全民族整体素质来减少犯罪的发生,较之通过税收政策、社会福利政策等调节社会分配

---

① 参见民政部《2002年民政事业发展统计公报》和民政部《2014年社会服务发展统计公报》。
② 此处的"预防优先"理念吸收了李景华博士的部分观点。参见李景华:《反腐败预防优先理念研究——以俄罗斯为范本》,中国政法大学博士论文,2011年。
③ [德]李斯特著,[德]施密特修订:《德国刑法教科书》(修订译本),徐久生译,何秉松校订,法律出版社2006年版,第15页。

来减少犯罪的发生,其成本更低而效益(效果)更佳。[①] 目前,中国犯罪学界在犯罪原因研究中犯罪原因与社会政策关系的研究成果还不多,但有一些成果已经显示出较强的解释力与指导力。如在流动人口犯罪(或者称为迁移人口犯罪)的研究中,发现正式的制度保障(户口制度)对犯罪率的影响,以及非正式社会支持水平对犯罪率的影响。[②] 犯罪基本原因、直接原因中许多因素都与社会政策密切相关,改进、优化社会政策即是改变犯罪基本原因、直接原因,起到犯罪预防的作用。

3.重视社会力量在犯罪预防中的重要作用,发挥社会组织、社区的参与作用,构建社会预防体系。国际预防犯罪中心通过调查多个国家犯罪预防的情况,得出的结论是:不论是增加还是减少传统的警察、法官和矫正手段,对犯罪都没有重大的影响,但是,很多针对问题青年的预防项目却能有效减少犯罪。评估结果显示,预防方案比传统的警察、法庭和矫正手段经济得多。更重要的是,解决犯罪问题最有效的方法是动员社区(包括学校、房管部门、社区服务以及警方)的所有部门,找出犯罪诱因,共同合作应对犯罪。[③] 完善的社会预防体系应当包括社会政策预防、社会组织预防、社区预防、家庭预防,而这些犯罪预防体系都会交织、重叠在社区。在社区中,实施社会政策,社会

---

① 赵宝成:《犯罪学专论》,中国人民公安大学出版社 2005 年版,第 90 页。

② 这方面的研究成果已经有一定数量。仅以一篇有代表性的论文为例,郑筱婷、蓝宝江:《犯罪率的增长及其差异:正式与非正式社会支持和保障的视角——基于中国 1998—2006 年省际面板数据的实证研究》,《制度经济学研究》2010 年第 3 期。作者通过数据研究得出结论,"迁移人口的增加并不必然带来犯罪率的上升,如果提供本地户籍居民相似的正式制度支持,则犯罪率会大幅降低。在不可能禁止或限制流动的条件下,政府政策若要有效降低犯罪率,可以采取给予非正式的移民更多社的支持和保障,减少对非正式移民的歧视。将犯罪率的增长简单归咎为迁移加速是片面的。本文揭示:正是以户籍区分的歧视性的正式社会支持和保障可能是导致犯罪率增长迅速的原因。本文的实证结果是稳健的,希望有助于让人们重新审视迁移和犯罪的关系,有助于改变原居民对移民的敌视或歧视的态度"。(参见郑筱婷、蓝宝江:《犯罪率的增长及其差异:正式与非正式社会支持和保障的视角——基于中国 1998—2006 年省际面板数据的实证研究》,《制度经济学研究》2010 年第 3 期,第 134 页。)这篇文章研究了户籍制度、社会保障、工资制度等社会政策对迁移人口犯罪率的影响,就是将社会政策作为犯罪基本原因当中的一个重要因素加以研究,希望用改进社会政策来降低迁移人口犯罪率。

③ [加拿大]欧文·沃勒:《有效的犯罪预防——公共安全战略的科学设计》,蒋文军译,梅建明译校,中国人民公安大学出版社 2011 年版,第 21－22 页。

组织运行犯罪预防项目,家庭与社区在互动中实现犯罪预防,等等。所以,当犯罪预防被纳入社会治理体系中,社会力量就起着举足轻重的作用。

(四)社会本位犯罪预防方案的探讨

对于犯罪预防的具体方案,基本就两种选择,是政府的预防方案还是社会的预防方案? 当计划体制无法解决问题时,政府解决社会问题的方法就变成了政府购买服务。包括政府购买公共安全服务这类服务和产品,以实现犯罪防控和综合治理的目标。但是企业和社会组织并不参与制定解决问题的方案,它们只是按政府的方案提供服务和产品,结果可能是这些服务和产品只是在一定程度上缓解了社会问题,并不能真正解决社会问题。原因在于政府的方案与社会的需求存在一定的距离,政府的思维方式并不能产生相应的较好的方案。

所谓的"菜单式服务",只是增加了提供服务的样式,并没有显示出解决问题方案的应对性和时效性,缺乏多样性,调整起来比较慢,所以在时间上不会持续很长时间,面对随时变化的社会问题,可持续性上较差。所以问题还是回到原点,即面对犯罪日益严重等社会问题,具体的预防、解决方案来自哪里? 从历史实践上看,政府制定方案并执行方案的模式效果并不好,尤其是面对转型社会,面对快速变化的社会、社区环境,政府的反应总是较慢并且习惯于用行政手段来解决问题,但实践证明效果不明显。

对犯罪预防方案的探讨意在推进犯罪预防创新,总的原则是,让政府的还原给政府,让社会的回归社会。既然犯罪问题是一个社会问题,就要让它的解决、预防方案回归社会,由社会提出解决问题的方案,并且由社会去实施这些方案。所以,转变过去的犯罪预防的政府模式,要回归到社会本位的犯罪预防模式。这一模式分为两个阶段。第一个阶段是政社互动阶段,其运行过程可以简单地表述如下:

政府发现社会问题企业、社区和社会组织提出解决方案政府选择方案并予以资助企业提供赞助、社区和社会组织实施解决方案、提供产品和服务第三方机构评估实施效果(政府的作用:制定规则与监管)。

这一模式吸收了政府购买服务的特点,由政府资助项目,这也是在一些城市和地区正在实施的社会治理模式。但这一模式与此前的政府模式有了根本性的不同,即由社会自身的组织来提出解决问题的方案,并且由社会组织或社会机构来实施这些方案,最后由第三方机构来评价实施效果,能够更加客观、公正的评估各类方案实施的结果,为改进方案提供依据。

犯罪问题是一个宏观社会问题,但犯罪预防是一个非常具体的问题,它往往会归结为一个家庭问题、一个社区问题或者是一个个人生活方式问题,因此是社区、社区中的组织甚至是在社区活动的团队最了解问题的原因,会制定最为合适的方案,他们最了解社区,会更好地实施这些方案。

需要指出的是,这是一个承上启下的模式,这个模式为第二个阶段,即社会自我治理阶段打基础。社会自我治理阶段的犯罪预防运行过程表述如下:

社区或社会组织发现犯罪问题企业和社会组织提出解决方案专业社会组织选择方案社会基金会予以资助(政府参与基金会)企业和社会组织实施解决方案、提供产品和服务专业第三方组织评估实施效果(政府的作用:制定规则与监管)。

总之,中国犯罪预防重心回归社会本位,意在关注犯罪原因链条中的前端,关注犯罪基本原因、直接原因,以社会预防为重心,以改进社会政策、引导社会力量参与为主要措施,消除产生犯罪的社会基础,以达到减少犯罪数量、降低犯罪危害程度,扭转犯罪增长趋势的目标。

结　论

　　在犯罪学研究中,对犯罪产生原因的研究是非常重要的组成部分,犯罪学的产生是由研究犯罪人因何犯罪而产生。在现代的犯罪学研究中,研究者通常都要在犯罪原因与犯罪行为之间建立一种因果关系。因果关系构成了各种犯罪学理论的核心和基础,同时也是一种理论解释力与指导力强弱的关键所在。

一、解释力与指导力的问题

　　解释力是社会科学理论的生存基础,首先要具有一定的解释力,才能谈得上具有指导力。没有解释力,就谈不上指导力。马克思主义正是因为对资本主义社会具有强大的解释力,才会具备了指导社会主义革命的强大的指导力。毛泽东思想同样也是对近代中国的现实具有强大的解释力,才会对中国革命的现实具有强大的指导力。如果希望我们的研究成果作为社会科学的理论对中国改革事业具有指导力,就必须要增强研究成果和研究结论的解释力。

　　犯罪学理论是一种与社会现实联系很强的理论,它必须对犯罪现状、犯罪原因和犯罪趋势作出一定的解释,才能对抑制犯罪的实践起到指导作用。《理论犯罪学》这本书(见本书附件)介绍了犯罪学成为一门独立的学科以来的各种犯罪学理论,详细分析了各种理论中所蕴含的因果关系,介绍了这些理论在实践中的应用,也分析了在实践中的得失和各种评价。这本书的思路其实就是先对某种犯罪学理论进行剖析,评介其对各国犯罪现实的解释力,通过解释力大小的对比,指出各种理论的优势与不足。

犯罪学是多学科交叉形成的学科,不同的学科理论具有不同的解释力,每一种学科在分析犯罪问题时都具备各自的解释力,而犯罪学也正是将这些理论综合起来,形成独特的解释力,并对实践中治理犯罪问题提供指导力。

二、因果关系是犯罪学理论解释力的核心要素

刑法学与犯罪学的理论都非常注重因果关系的分析,虽然侧重点不大一样,但都说明了一个问题,都在探究原因与结果之间的联系,因果关系是这些理论解释力的核心所在。

科学理论中的因果关系应当符合四个条件:关联性(correlation)、理论原理(theoretical rationale)、时间顺序(time sequence)、未被证实为虚假(the absence of spuriousness)。① 这成为科学理论能够成立、能够具有解释力的基础。但是在各种各样的理论中,有些因果关系并不一定非常明确,一方面是研究者的问题,另一方面却需要接受者的分析鉴别,因为因果关系还不仅仅是简单的一对一的关系,具体来说,包括以下几种:

1. 一因一果。这是最简单的因果关系形式。指一个事实或一个行为直接地或间接地引起一个结果。在社会科学理论中,这种因果关系较为容易认识。

2. 一因多果。一因多果是指一个事实或一个行为可以同时引起多种结果的情形。在引起的多种结果中,要分析主要结果与次要结果、直接结果与间

---

① [美]乔治·B.沃尔德、托马斯·J.伯纳德、杰弗里·B.斯奈普斯:《理论犯罪学》(原书第5版),方鹏译,中国政法大学出版社2005年版,第7页。这里关于因果关系的说明与"维基百科"里的解释大体一致。这说明关于因果关系已经形成共识。"维基百科"关于因果关系的解释:因果关系(Causality),当我们说A与B之间具有因果关系,如果A是因(cause)B是果(effect),则A与B之间必须具备以下四个必要条件(necessary conditions):A与B共变(covary),也就是A增加(或减少)B也增加(或是减少);A发生在B之前,也就是"前因"与"后果";A与B之间的关系具有理论上的连结;A与B之间的关系不是伪关系(spurious relationship)。

接结果。理论研究中的某些连锁反应、多米诺骨牌效应等情况可以归入此类。

3. 多因一果。多因一果是指某一结果是由多个行为或多个因素造成的。多种因素共同作用导致一个结果的发生。理论研究中的多因素分析多属此类,对犯罪现象的综合治理也是从这类因果关系出发而提出的。

4. 多因多果。多因多果是指多个行为或多个因素同时或先后引起多个结果。这是最为复杂的因果关系。在理论研究中,系统研究、体系研究、综合研究会阐述这样的因果关系,同时也由于理论体系庞大,理解起来有一定难度。

在犯罪学研究中,前三种因果关系较为常见。但问题的关键不是因果关系的类型,而是因果关系的四个条件。只有符合了前面所提到的四个条件,才能说是真因果关系,才是科学的因果关系,才具备一定的解释力。在众多的犯罪学理论中,在浩如烟海的观点中,有许多阐述的是假的因果关系,这些观点迷惑着人们,掩盖了真正的因果关系和科学的理论。这需要研究者不断地进行辨析,排除那些错误的观点。同时,真正的科学理论只有在辨析中才会显现出来。只有一小部分的科学理论阐述的是真正的因果关系,也只有这部分理论具有强大的解释力,也因此具有强大的生命力。

三、犯罪学研究中宏观因素与微观因素的相互关系

在犯罪学研究中,可以把导致犯罪和引发犯罪的因素分为两大类,即宏观因素与微观因素。宏观因素包括经济、社会、文化等全面性的、整体的因素,微观因素包括家庭、学校、社区、个体心理等社会成员生活的小环境、小单位的因素。从这个角度,犯罪学中关于犯罪原因的分析,或者绝大部分犯罪学理论都可以分成两大类,研究宏观因素与犯罪的因果关系的理论与研究微观因素与犯罪的因果关系的理论。

(一)运用宏观因素解释犯罪现象及矛盾之处

在犯罪学研究中,有大理探讨经济社会文化因素与犯罪现象之间关系的论文。其中,经济增长或经济衰退与犯罪、失业与犯罪、贫困与犯罪、贫富差距与犯罪等因果关系都是从宏观经济因素来分析犯罪;社会结构与犯罪、社

会转型与犯罪、社会冲突与犯罪、阶级阶层与犯罪等因果关系是从社会角度来分析犯罪;诸如此类分法,不一一列举。

在分析了各种从宏观因素的角度分析犯罪现象的犯罪学理论后,发现大多数宏观因素与犯罪之间的因果关系都是不确定的,甚至是自相矛盾的,例如,经济增长可能导致犯罪增加也可能导致犯罪下降,专家们都是运用统计数据来支持各自的观点,现实情况也不支持固定的因果关系。这也反映出用宏观因素分析犯罪现象的一个理论弱点,宏观因素的变化与犯罪现象的变化不存在明显的、确定的因素关系。换句话说,贫穷不一定导致犯罪,失业的增加也不必然导致犯罪增加,这些经济社会因素与犯罪之间的关系还需视具体情况而定,即使是在同一国家也是如此(美国学者分析美国的情况也是这样)。

这种情形也在中国的犯罪学研究中出现过。在 20 世纪 90 年代,关于经济增长与犯罪的关系的探讨,出现了"同步论""正比论""远正近负效应论"等多种观点。当时,对于这个问题相当热烈,在经过 20 年以后回过头去看这些观点,也会发现在中国,经济增长与犯罪增加或减少没有固定的、绝对的因果关系,经济增长与犯罪的影响还需进一步论证。

在分析了这些犯罪学理论以后,发现只有经济不平等与暴力犯罪之间存在较为确定的因果关系。这一结论揭示了缩小经济不平等的政策,特别是缩小种族间经济不平等的政策,将会导致社会总体暴力犯罪犯罪率的降低。这一因果关系有力地解释了美国从 20 世纪 80 年代到 90 年代,直至进入 21 世纪以后的犯罪情况的变化。

(二)微观因素的因果关系更具解释力

在犯罪学研究中,对微观因素的研究源远流长,从犯罪人生理特征、个体心理、行为方式的研究,到对犯罪人的家庭、所处社区、学校教育状况的研究,每一种因素都有丰富的研究成果。

由于古典的"犯罪人论"已经不具备相当的解释力,所以这种理论退出了主流犯罪学研究,但犯罪心理学研究已经成为相对独立的研究领域。到目前为止,对犯罪人家庭、邻里与社区、学校等教育机构的研究得出的结论较为令人信服。特别是对犯罪人家庭的研究,在世界各国都具有相当的解释力。家庭环境不好,包括父母离异、单亲家庭、缺少关爱、教育不当等诸多家庭因素与犯罪发生之间有着较为确定的因果关系。

多重因素的存在,无疑增加强犯罪学研究的难度,但仍然不能阻止犯罪学家们试图控制住某一因素,来观察其他因素的变化对犯罪人的影响。随着研究方法的更新和研究技术的提升,这些问题正在被一一化解。对引发犯罪的微观因素的研究还会沿着它以前的轨迹稳健前进。更为重要的是,从微观因素出发形成的理论观点解释力愈来愈强,已经引起有关部门和机构的重视,预防和控制犯罪的重心也由重视宏观因素逐步转移到重视微观因素的改变。但也产生另一个问题,即国家的刑事政策或犯罪治理的规划和宏观政策,不能以微观因素的研究理论为基础来制定,所以从国家层面来看,犯罪治理还需要宏观视角的研究作为支撑。

四、宏观因素、微观因素与因果关系链

在犯罪学研究的历史中,对宏观因素的关注与对微观因素的关注在不同的时代都对犯罪学的研究和预防控制犯罪起到重要的作用,并没有孰轻孰重的区别。即使对宏观因素与犯罪的研究遭到许多批评,但直到现在,仍然有许多学者坚持对宏观因素的研究,并且发现各种宏观因素的周期性变化与犯罪的变化存在一定的因果关系。微观因素尽管研究者众多,论著无数,但现实的变化使得研究仍然有巨大的空间。

(一)因素分析与因果关系

首先,需要重视宏观因素与犯罪状况之间的相互关系研究,但不能陷入宏观分析的漩涡之中而不能自拔。宏观因素的变化反映的是一个时代经济社会背景,是基础性因素。任何一种社会现象都脱离不开时代背景,犯罪也是如此。其次,应该看到,宏观因素都需要通过微观因素发挥作用。经济社会等宏观因素的变化需要反映到家庭生活中,体现在邻里社区当中,通过家

庭生活和社区环境对某个具体人(特别是青少年)产生影响,导致某些人成为潜在犯罪人。当外界条件具备时,这些潜在犯罪人就成为犯罪人。所以,需要发现宏观因素的变动在多大限度上改变了某些微观因素,从而促成了导致犯罪的直接条件或塑造潜在犯罪人的直接条件。宏观因素透过微观因素产生作用,也是犯罪学家们在多年的研究中逐渐发现并形成的研究方法和研究视角,但也需要注意这种方法的运用是有前提条件的。那就是犯罪学的基础理论得到充分的发展,如果犯罪学的基础理论发展不充分,运用宏观因素和微观因素相结合的分析方法就会成为一句空话。所以,犯罪学基础理论的发展也是当下中国犯罪学研究中的一个重大课题。

对理论观点中的因果关系需要给予足够的重视。因为犯罪学不仅是理论研究,更重要的是要指导实践中的预防和控制犯罪。如果理论观点中的因果关系出了问题,就会引起整个理论的解释力下降,指导力更会随之下降。宏观因素作用于微观因素可能会通过一系列的传导因素发生作用,对传导因素的研究使形成犯罪的宏观因素与微观因素和犯罪行为结果之间形成一条因果关系链,这个因果关系链有助于解释宏观因素的周期性变化或者波动与犯罪之间的联系。传导因素发挥作用的大小、强弱就成为因果关系链成立的关键。因此,犯罪学研究必须要由简单的因果关系研究转变为较为复杂的多重因果关系研究。这也是时代发展对中国犯罪学研究提出的新挑战。

重视因果关系研究是因为因果关系同样也是犯罪学研究的生命力所在,不同的因果关系产生了不同的理论观点,构建了不同的犯罪学理论体系,产生了不同的政策措施,使犯罪学成为一门独立的学科,成为一门科学,成为一门深入指导社会实践的科学。

(二)宏观视角、因果关系链与犯罪趋势研究

犯罪现象的研究作为犯罪学研究的基础,是以微观研究为基础的,从微观的犯罪现象入手,分析犯罪现象产生的原因,从而形成犯罪现象—犯罪原因的犯罪学理论。从微观个体的犯罪现象研究或者是微观个体的因果关系研究也成为犯罪学研究的一大特征。但犯罪学研究宏观视角的出现,使犯

罪问题成为一个宏观现象。犯罪现象从微观到宏观的变化,体现在犯罪学家不再把犯罪作为社会个体的现象来研究,而是从社会整体发展变化的视角,将犯罪作为社会发展变化的一部分,在宏观层面社会其他方面的变化也将引起犯罪的变化。有学者就指出,从犯罪学家的角度来研究犯罪,视野还需要进一步拓宽。谈到社会以及犯罪对社会造成的后果,一个必要的视角是从整体上观察和思考犯罪与社会的关系。这至少包括两层意思:一是全面考察犯罪对社会的后果;二是这种考察应当在宏观及微观等不同层次上全面进行。①

引发犯罪的相关因素与最终形成的犯罪现象之间存在因果关系,但并不是单一因素所形成的因果关系,而是形成链式因果关系(因果关系链)。在时间顺序上,犯罪趋势的变化与犯罪因素变化趋势之间会呈现出一种滞后性。而这二者的趋势变化往往会交错进行,在宏观判断上就往往被认为是同步性。事实上,简单地理解为同步性使犯罪趋势的分析出现了很多不可解释的现象。比如,经济增长时犯罪增加,经济下行时犯罪也增加。类似这样的犯罪学观点还有很多,从而不能在理论上形成自洽。

犯罪趋势研究需要从理论与实践两个方面进行分析判断。需要有犯罪学研究的宏观视角和分析框架才能完成犯罪趋势研究的理论准备。这就需要区分微观研究与宏观研究,微观研究的理论框架并不能完全适用犯罪趋势研究,而只能提供一些参考。当前犯罪宏观研究的理论框架是严重缺乏的,或者说原有的理论框架解释力不足,难以适用。微观研究的理论框架容易出现一般性结论,犯罪趋势中的增量因素和存量因素不能区别分析。另外就是微观研究的分析框架难以体现结构性的变化,这种结构性变化大多反映在宏观因素中,不仅仅是量的累积,更多的是相互作用的结构关系变化。结构关系的变化往往导致犯罪因素的存量和增量都有较大改变,从而引起犯罪趋势的变化。

---

① 参见刘建宏:《犯罪功能论》,人民出版社 2011 年版,《避免历史的遗憾—发展犯罪功能研究的视角》(代序),第 1 页。

犯罪学的因果关系链研究视角为宏观研究的发展提出了一种探索性的理论框架,希望能将犯罪学的宏观研究再深入推进。这个理论框架还十分粗糙,并且解释力尚有不足,还需不断完善。中国犯罪学的发展需要理论创新,因果关系链在原有的犯罪原因研究基础上,以宏观研究的视角,探讨多因素链式结构的理论框架,希望能为中国犯罪学基础理论增添一份新鲜力量。

参考文献

专著类:

［1］ 康树华主编:《犯罪学通论》,北京大学出版社,1996 年版。

［2］ 毛寿龙、李梅和陈幽泓:《西方政府的治道变革》,中国人民大学出版社,1998 年版。

［3］ 周路主编:《中国社会治安综合治理机制论》,群众出版社,1999 年版。

［4］ ［美］埃莉诺·奥斯特罗姆:《公共事物的治理之道 集体行动制度的演进》,余逊达、陈旭东译,上海三联书店,2000 年版。

［5］ 俞可平主编:《全球化:全球治理》,社会科学文献出版社,2003 年版。

［6］ ［美］B.盖伊·彼得斯:《政府未来的治理模式》,吴爱明、夏宏图译,中国人民大学出版社 2003 年版。

［7］ 李军鹏:《公共服务型政府》,北京大学出版社,2004 年版。

［8］ ［意］恩里克·菲利:《犯罪社会学》,郭建安译,中国人民公安大学出版社 2004 年版,第 161 页。

[9] [美]乔治·B.沃尔德、托马斯·J.伯纳德、杰弗里·B.斯奈普斯:《理论犯罪学》,方鹏译,中国政法大学出版社,2005年版。

[10] 贾征,刘化杰:《社区治安与综合治理》,中国社会出版社,2005年版。

[11] 中国(海南)改革发展研究院编:《聚焦中国公共服务体制》,中国经济出版社,2006年版。

[12] 刘惠恕主编:《社会治安综合治理论》,上海社会科学院出版社,2006年版。

[13] 谢望原、卢建平等著:《中国刑事政策研究》,中国人民大学出版社,2006年版。

[14] 汪明亮:《犯罪生成模式研究》,北京大学出版社,2007年版。

[15] 贾西津:《中国公民参与:案例与模式》,社会科学文献出版社,2008年版。

[16] 唐皇凤:《社会转型与组织化调控:中国社会治安综合治理组织网络研究》,武汉大学出版社,2008年版。

[17] Lisa Blomgren Bingham, Rosemary O'Leary, Big Ideas in Collaborative Public Management. M. E. Sharpe. Inc., Armonk, New York, 2008.

[18] 俞可平主编:《中国治理变迁30年》,社会科学文献出版社,2008年版。

[19] 何增科主编:《中国社会管理体制改革路线图》,国家行政学院出版社,2009年版。

[20] [美]迈克尔·戈特弗里德森、特拉维斯·赫希:《犯罪的一般理论》,吴宗宪、苏明月译,中国人民公安大学出版社,2009年版。

[21] [美]Peter C. Kratcoski & Lucille Dunn Kratcoski:《青少年犯罪行为分析与矫治》,叶希善等译,中国轻工业出版社,2009年版。

[22] [美]萨瑟兰、克雷西、卢肯比尔:《犯罪学原理》,中国人民公安大学出版社,2009年版。

［23］　李骥、王刚:《农村社会治安综合治理》,甘肃文化出版社,2009
年版。

［24］　吴宗宪:《西方犯罪学史》(第二版),中国人民公安大学出版社,
2010 年版。

［25］　张远煌:《犯罪研究的新视野:从事实、观念再到规范》,法律出版
社,2010 年版。

［26］　冯树梁:《中国刑事犯罪发展十论》,法律出版社,2010 年版。

［27］　王燕飞:《犯罪学基础理论研究导论——以国际化与本土化为线
索》,武汉大学出版社,2010 年版。

［28］　田小穹:《民族地区社会治安综合治理研究》,中央民族大学出版
社,2010 年版。

［29］　[法]让-皮埃尔·戈丹:《何谓治理》,钟震宇译,社会科学文献出
版社,2010 年版。

［30］　王浦劬、[美]莱斯特·M.萨拉蒙等:《政府向社会组织购买公共
服务研究》,北京大学出版社,2010 年版。

［31］　刘建宏:《犯罪功能论》,人民出版社,2011 年版。

［32］　[美]斯蒂芬·巴坎:《犯罪学:社会学的理解》,上海人民出版社,
2011 年版。

［33］　康晓光等:《依附式发展的第三部门》.社会科学文献出版社,
2011 版。

［34］　葛道顺:《被代理的社会:脱嵌与发展》,中国社会科学出版社,
2013 年版。

［35］　麻宝斌:《公共治理理论与实践》,社会科学文献出版社,2013
年版。

［36］　张康之:《合作的社会及其治理》,上海人民出版社,2014 年。

［37］　张翼、郑少雄、黄丽娜:《社会治理:新思维与新实践》,社会科学文
献出版社,2014 年版。

[38] 王振海等:《社会组织发展与国家治理现代化》,人民出版社,2015年版。

[39] 周红云编:《社会治理与社会创新》,中央编译出版社,2015年版。

[40] 周庆智:《在政府与社会之间:基层治理诸问题研究》,中国社会科学出版社,2015年版。

[41] 俞可平:《走向善治》,中国文史出版社,2016年版。

[42] [美]亚历克斯·皮盖惹主编:《犯罪学理论手册》,吴宗宪主译,法律出版社,2019年版。

[43] 周凌:《理论犯罪学:犯罪归因之心理学视角》,厦门大学出版社,2019年版。

[44] 葛磊:《犯罪控制策略研究——以刑罚变革为背景》,法律出版社,2020年版。

[45] 吴宗宪:《西方犯罪学》,高等教育出版社,2023年版。

论文类:

[46] 黄明:《构建社会治安防控体系的理性思考》,《江苏公安专科学校学报》2000年第4期。

[47] 张光、李明琪:《适应社会发展是建立新型警务模式的准则——当前英国警务变革思潮透视》,《公安大学学报》2001年第4期。

[48] 王均平:《社区治安群论》,《中国人民公安大学学报》2002年第2期。

[49] 马勇霞:《论我国转型时期的社会治安及其防控机制》,《宁夏社会科学》2003年第2期。

[50] 周仕平、郁贝红《新型社区治安综合治理系统工程构建之探析》,《兰州学刊》2004年第3期。

[51] 杨正鸣、姚建龙:《转型社会中的社会治安综合治理体系改革》,《政治与法律》2004年第2期。

[52] 余凌云、谢永:《论社会安全需求的层次性——兼谈安防报警服务公司与公安 110 报警的衔接问题》,《中国安防产品信息》2004 年第 3 期。

[53] 申柳华:《民众与犯罪预防控制》,《云南大学学报》(法学版)2006 年第 1 期。

[54] 刘建生、曾辉、邹晖:《城市刑事犯罪趋势之定量分析》,《中国人民公安大学学报》(社会科学版)2006 年第 6 期。

[55] 俞可平:《中国治理评估框架》,《经济社会体制比较》2008 年第 6 期。

[56] 陈春良、易君健:《收入差距与刑事犯罪:基于中国省级面板数据的经验研究》,《世界经济》2009 年第 1 期。

[57] 陈刚、李树、陈屹立:《人口流动对犯罪率的影响研究》,《中国人口科学》2009 年第 4 期。

[58] 梁亚民、杨晓伟:《中国城市化进程与犯罪率之间关系的实证研究——基于结构突变的协整分析》,《犯罪研究》2010 年第 4 期。

[59] 陈屹立:《收入不平等、城市化与中国的犯罪率变迁》,《中国刑事法杂志》2010 年第 11 期。

[60] 张远煌、姚兵:《中国现阶段未成年人犯罪的新趋势——以三省市未成年犯问卷调查为基础》,《法学论坛》2010 年第 1 期。

[61] 赵军:《我国犯罪预测及其研究的现状、问题与发展趋势——对"中国知网"的内容分析》,《湖南大学学报》(社会科学版)2011 年第 3 期。

[62] 李春成:《包容性治理:善治的一个重要向度》,《领导科学》2011 年第 7 期。

[63] 李友梅、肖瑛、黄晓春:《当代中国社会建设的公共性困境及其超越》,《中国社会科学》2012 年第 4 期。

[64] 许小玲:《政府购买服务:现状、问题与前景》,《思想战线》2012 年第 2 期。

[65] 刘京希:《从政治发展看社会建设》,《天津社会科学》2012 年第

2 期。

　　[66] 郭风英：《"国家社会"视野中的社会治理体制创新研究》，《社会主义研究》2013 年第 6 期。

　　[67] 姜晓萍：《国家治理现代化进程中的社会治理体制创新》，《中国行政管理》2014 年第 1 期。

　　[68] 彭少峰、张昱：《迈向"契约化"的政社合作——中国政府向社会力量购买服务之研究》，《内蒙古社会科学》(汉文版)2014 年第 1 期。

　　[69] 乔耀章：《从"治理社会"到社会治理的历史新穿越——中国特色社会治理要论：融国家治理政府治理于社会治理之中》，《学术界》2014 年第 10 期。

　　[70] 王浦劬：《国家治理、政府治理和社会治理的含义及其相互关系》，《国家行政学院学报》2014 年第 3 期。

　　[71] 张康之：《论主体多元化条件下的社会治理》，〔北京〕《中国人民大学学报》2014 年第 2 期。

　　[72] 徐倩：《包容性治理：社会治理的新思路》，《江苏社会科学》2015 年第 4 期。

　　[73] 燕继荣：《社会变迁与社会治理——社会治理的理论解释》，北京大学学报(哲学社会科学版)2017 年第 5 期。

　　[74] 王梓：《我国社会治理创新趋势研究》，《河海大学学报》(哲学社会科学版)2017 年第 3 期。

　　[75] 张汝立、祝阳：《适度合作与中国政府购买公共服务中的政社关系——一个公众视角的分析》，《河南社会科学》2017 年第 9 期。

　　[76] 李友梅：《中国社会治理的新内涵与新作为》，《社会学研究》2017 年第 6 期。

　　[77] 刘建宏：《亚洲犯罪学的新范式：关系主义理论》，《中国刑警学院学报》2019 年第 5 期。

　　[78] 杜微家：《菲利的犯罪学多因素理论——读菲利的〈犯罪社会

学〉》,《犯罪与改造研究》2020 年第 4 期。

［79］ 安军:《上海市 2014—2020 年犯罪形势统计分析》,《犯罪与改造研究》2022 年第 2 期。

［80］ 靳高风、张雍锭、郭兆轩:《2021—2022 年中国犯罪形势分析与预测》,《中国人民公安大学学报》(社会科学版)2022 年第 2 期。

［81］ 胡文涛:《我国常见犯罪的动态分析——以近 25 年官方数据为例》,《红河学院学报》2023 年第 1 期。

［82］ 卢建平、王昕:《十八大以来犯罪形势的宏观、中观与微观考察——基于司法统计数据的分析》,《犯罪研究》2023 年第 1 期。

［83］ 靳高风、张雍锭、郭兆轩:《2022—2023 年中国犯罪形势分析与预测》,《中国人民公安大学学报》(社会科学版)2023 年第 2 期。

［84］ 张应立、孔一:《近十年我国犯罪问题演变分析》,《犯罪与改造研究》2023 年第 2 期。

附 件

犯罪学研究中各种因果关系的交织

——读乔治·B.沃尔德等著《理论犯罪学》有感①②

内容提要 在犯罪学理论中因果关系是核心与基础,因果关系决定着理论解释力的强弱。在诸多犯罪学理论中从经济、社会等宏观因素入手研究犯罪原因的理论观点很多,但充满了矛盾与冲突,对宏观因素的研究逐渐过渡到宏观因素与微观因素相结合的研究,这样所形成的理论解释力更强。从微观因素入手研究犯罪原因的理论观点有些已经过时,有些已经成为犯罪学的基础理论,更为经得起检验。犯罪学中的因果关系研究需要将宏观因素作用于微观因素才能形成较为确定的、解释力较强的因果关系。

关键词 犯罪学理论 宏观因素 微观因素 解释力 因果关系

在犯罪学研究中,对犯罪产生原因的研究是非常重要的组成部分,犯罪学的产生是由研究犯罪人因何犯罪而产生。在现代的犯罪学研究中,研究者

---

① 这是笔者的一篇旧文,刊发在《预防青少年犯罪研究》2014 年第 3 期。此篇论文与《关于犯罪趋势分析预测中的因果关系链研究》(刊发在《犯罪与改革研究》2012 年第 5 期,后被《中国社会科学文摘》2012 年 10 月转载)这两篇旧文可以说是笔者在犯罪学因果关系链研究的起点,并且一些基本理论框架和基本观点都由此确立。

② 发表十年以后,重新审视这篇旧文,笔者认为其中的理论框架和一些观点还需优化和更新,有些论断还需要根据时代的变迁和研究的深化再向前推进、优化与更新。但仍属于在原有理论框架和观点表达上进行完善和补充,所以并不想再写新的文章,而是笔者在这篇旧文中对需要改进的地方加上了一些"笔者注",是笔者在当前对十年前当时的论述进行的评论和深化,谓之"旧文新注"。

通常都要在犯罪原因与犯罪行为之间建立一种因果关系。因果关系构成了各种犯罪学理论的核心和基础,同时也是一种理论解释力与指导力强弱的关键所在。《理论犯罪学》一书分析了从古典到现代的各种犯罪学理论,剖析各种理论所论述的因果关系,并以此对各种理论加以评价。

一、解释力与指导力的问题

（一）解释力是社会科学理论生命力的先决条件

解释力是社会科学理论的生存基础,首先要具有一定的解释力,才能谈得上具有指导力。没有解释力,就谈不上指导力。马克思主义正是因为对资本主义社会具有强大的解释力,才会具备了指导社会主义革命的强大的指导力。毛泽东思想同样也是对近代中国的现实具有强大的解释力,才会对中国革命的现实具有强大的指导力。如果希望我们的研究成果作为社会科学的理论对中国改革事业具有指导力,就必须要增强研究成果和研究结论的解释力。

犯罪学理论是一种与社会现实联系很强的理论,它必须对犯罪现状、犯罪原因和犯罪趋势作出一定的解释,才能对抑制犯罪的实践起到指导作用。《理论犯罪学》这本书介绍了犯罪学成为一门独立的学科以来的各种犯罪学理论,详细分析了各种理论中所蕴含的因果关系,介绍了这些理论在实践中的应用,也分析了在实践中的得失和各种相应的评价。这本书的思路其实就是先对某种犯罪学理论进行剖析,评介其对各国犯罪现实的解释力,通过解释力大小的对比,指出各种理论的优势与不足。

犯罪学是多学科交叉形成的学科,不同的学科理论具有不同的解释力,每一种学科在分析犯罪问题时都具备各自的解释力,而犯罪学也正是将这些理论综合起来,形成独特的解释力,并对实践中治理犯罪问题提供指导力。

（二）讨论犯罪学理论解释力的重要意义

在《理论犯罪学》这本书中在介绍每种理论时都探讨了其理论的解释力

的问题,同时也把相反的观点和例证列出,分析每种理论的解释力大小及其问题。其中包含了几类解释力的问题:

1. 一种理论的解释力要经过长时间的检验。比如经济条件等诸因素如何产生犯罪,不同时期的相互关系能否相互印证。

2. 解释力的大小还与适用的地域相关。适用的越广,理论的解释力越强,同时也要注意,大国经验特别值得重视。一种理论如果在某大国得到适用,其解释力也是相当大的。

3. 一种理论的解释力会随着时代的变化而变化。可能曾经热门的理论会被冷落,但经过了一定的时期又会焕发新的生命力。如社会解组理论、紧张理论等都曾被冷落,但经过一段时期,经过改造又重新获得强大的解释力。

分析犯罪学的理论解释力能够帮助我们增强理论的辨析度,我们可能不知道什么是正确的,但必须清楚什么是错误的。①

二、因果关系是犯罪学理论解释力的核心要素

刑法学与犯罪学的理论都非常注重因果关系的分析,虽然侧重点不大一样,但都说明了一个问题,都在探究原因与结果之间的联系,因果关系是这些理论解释力的核心所在。

科学理论中的因果关系应当符合四个条件:关联性(correlation)、理论原理(theoretical rationale)、时间顺序(time sequence)、未被证实为虚假(the ab-

---

① 笔者注:理论的解释力问题关系到理论框架的适用性,主要体现在时间和空间两个维度的适用性。犯罪学理论的解释力也会因犯罪现象的变化而呈现出在不同时间、不同空间的大小强弱的变化。因为当代犯罪学的理论体系是在西方的犯罪学理论发展基础上建立的,所以其解释力也与西方社会的地域环境、文化传统和发展阶段相适应。当中国引入西方犯罪学的理论时就需要注意其时间和空间的适应性,对中国犯罪现象和犯罪防控的解释力也与犯罪学理论的本土化密切相关。这种理论上的移植和本土化都已经被中国和美国的犯罪学者注意到了。但移植和本土化的难度是相当大的,很多时候理论是与具体实际相联系的,对实际情况的认识不足,则导致本土化推进困难,以致于过了几十年还在谈本土化。(可参见王燕飞:《犯罪学基础理论研究导论——以国际化与本土化为线索》,武汉大学出版社2010年版,第205-213页。还可参见 Steven F. Messner:《当西方遇见东方:概括犯罪学理论及拓展犯罪学概念工具》,《光华法学》(第十辑),法律出版社2016年版,第55-70页。)

sence of spuriousness)。① 这成为科学理论能够成立、能够具有解释力的基础。但是在各种各样的理论中,有些因果关系并不一定非常明确,一方面是研究者的问题,另一方面却需要接受者的分析鉴别,因为因果关系还不仅仅是简单的一对一的关系,具体来说,包括以下几种:

(1)一因一果。这是最简单的因果关系形式。指一个事实或一个行为直接地或间接地引起一个结果。在社会科学理论中,这种因果关系较为容易认识。

(2)一因多果。一因多果是指一个事实或一个行为可以同时引起多种结果的情形。在引起的多种结果中,要分析主要结果与次要结果、直接结果与间接结果。理论研究中的某些连锁反应、多米诺骨牌效应等情况可以归入此类。

(3)多因一果。多因一果是指某一结果是由多个行为或多个因素造成的。多种因素共同作用导致一个结果的发生。理论研究中的多因素分析多属此类,对犯罪现象的综合治理也是从这类因果关系出发而提出的。

(4)多因多果。多因多果是指多个行为或多个因素同时或先后引起多个结果。这是最为复杂的因果关系。在理论研究中,系统研究、体系研究、综合研究会阐述这样的因果关系,同时也由于理论体系庞大,理解起来有一定难度。

在犯罪学研究中,前三种因果关系较为常见。但问题的关键不是因果关系的类型,而是因果关系的四个条件。只有符合了前面所提到的四个条件,才能说是真因果关系,才是科学的因果关系,才具备一定的解释力。在众多的犯罪学理论中,在浩如烟海的观点中,有许多阐述的是假的因果关系,这些

---

① [美]乔治·B.沃尔德、托马斯·J.伯纳德、杰弗里·B.斯奈普斯:《理论犯罪学》(原书第5版),方鹏译,中国政法大学出版社2005年版,第7页。这里关于因果关系的说明与"维基百科"里的解释大体一致。这说明关于因果关系已经形成共识。"维基百科"关于因果关系的解释:因果关系(Causality),当我们说A与B之间具有因果关系,如果A是因(cause)B是果(effect),则A与B之间必须具备以下四个必要条件(necessary conditions):A与B共变(covary),也就是A增加(或减少)B也增加(或是减少);A发生在B之前,也就是"前因"与"后果";A与B之间的关系具有理论上的连结;A与B之间的关系不是伪关系(spurious relationship)。

观点迷惑着人们,掩盖了真正的因果关系和科学的理论。这需要研究者不断地进行辨析,排除那些错误的观点。同时,真正的科学理论只有在辨析中才会显现出来。只有一小部分的科学理论阐述的是真正的因果关系,也只有这部分理论具有强大的解释力,也因此具有强大的生命力。①

三、犯罪学研究中宏观因素与微观因素的相互关系

在犯罪学研究中,可以把导致犯罪和引发犯罪的因素分为两大类,即宏观因素与微观因素。宏观因素包括经济、社会、文化等全面性的、整体的因素,微观因素包括家庭、学校、社区、个体心理等社会成员生活的小环境、小单位的因素。从这个角度,犯罪学中关于犯罪原因的分析,或者绝大部分犯罪学理论都可以分成两大类,研究宏观因素与犯罪的因果关系的理论与研究微观因素与犯罪的因果关系的理论。②

(一)运用宏观经济因素解释犯罪现象及矛盾之处

在犯罪学研究中,有大量探讨经济社会文化因素与犯罪现象之间关系的论文。其中,经济增长或经济衰退与犯罪、失业与犯罪、贫困与犯罪、贫富差距与犯罪等因果关系都是从宏观经济因素来分析犯罪;社会结构与犯罪、社

---

① 笔者注:在犯罪学的分支学科划分中,犯罪原因学是最为主要的一支,甚至将犯罪原因学视为狭义犯罪学。(可参见吴宗宪:《西方犯罪学》,高等教育出版社 2023 年版,第 12 页。)根据犯罪学研究重点的差异,犯罪学可分为理论犯罪学和应用犯罪学,而理论犯罪学主要解释和阐述犯罪原因,与狭义犯罪学具有高度的重合性。西方犯罪学最主要的内容就是理论犯罪学。理论犯罪学的核心是阐述犯罪的因果关系,这种因果关系就成为去分析和解释犯罪现象的基本工具。而这种工具的科学性就成为犯罪学理论解释力大小的衡量标准。(可参见吴宗宪:《西方犯罪学》,高等教育出版社 2023 年版,第 12 – 13 页。)

② 笔者注:将犯罪原因的因素划分为宏观因素和微观因素,是一种相对简单划分方法,但这二者并不是绝对分开的。宏观因素是以微观因素为基础的,但也并不是微观因素的数量累加至整体,更不能对微观因素做数量上的扩张而视为宏观因素。在犯罪学基础理论中,通过微观因素分析得出结论的理论观点较多,也与现实联系较为紧密,所以以更令人信服,解释力更强。这在本文的后面也有论述。但这并不是说宏观因素分析不重要,恰恰是因为宏观因素分析难度较大,并且层面太高,所以结论往往与现实不相对应。宏观因素分析需要在理论上进行宏观叙事论证,同时又要建构理论框架,将宏观因素分类或分解,论述结构关系,这些研究与犯罪学研究的微观因素进路大相径庭。所以,犯罪学中的宏观因素分析或者宏观研究往往很少由犯罪学家提出,而是由相关学科的理论家提出的,犯罪学家将其移植在犯罪学理论体系上。少数犯罪学家能提出宏观研究理论框架,最具代表性的是恩里克·菲利的"三因素说"。

会转型与犯罪、社会冲突与犯罪、阶级阶层与犯罪等因果关系是从社会角度来分析犯罪;诸如此类分法,不一一列举。

《理论犯罪学》的作者们在分析了各种从宏观因素的角度分析犯罪现象的犯罪学理论后,发现大多数宏观因素与犯罪之间的因果关系都是不确定的,甚至是自相矛盾的,例如,经济增长可能导致犯罪增加也可能导致犯罪下降,专家们都是运用统计数据来支持各自的观点,现实情况也不支持一种固定的因果关系。这也反映出用宏观因素分析犯罪现象的一个理论弱点,宏观因素的变化与犯罪现象的变化不存在明显的、确定的因果关系。换句话说,贫穷不一定导致犯罪,失业的增加也不必然导致犯罪增加,这些经济社会因素与犯罪之间的关系还需视具体情况而定,即使是在同一国家也是如此(美国学者分析美国的情况也是这样)。

这种情形也在中国的犯罪学研究中出现过。在20世纪90年代,关于经济增长与犯罪的关系的探讨,出现了"同步论""正比论""远正近负效应论"等多种观点。当时,对于这个问题相当热烈,在20年以后回过头去看这些观点,也会发现在中国,经济增长与犯罪增加或减少没有固定的、绝对的因果关系,经济增长与犯罪的影响还需进一步论证。①

在分析了这些犯罪学理论以后,发现只有经济不平等与暴力犯罪之间存在较为确定的因果关系。"目前,对于一个社会中的经济不平等——即最富裕者与最贫穷者之间的差距,可以得出的一种相当令人信服的论断就是——

---

① 笔者注:宏观经济因素与犯罪之间因果关系的讨论,是犯罪原因研究的一个老话题了。在已有的研究成果上出现相互矛盾的结论,主要还是因为在宏观经济因素和犯罪趋势之间用一种较为简单的因果关系表述。但实际上宏观经济因素并不只是经济总量的扩张或增速的升降,经济发展的内部结构变化也是宏观经济因素的重要组成部分,并且对大趋势会起到决定性作用。总的经济趋势可以表述为:工业化—产业转型升级—第二次产业革命—再次转型升级—信息化—又一次转型升级。转型升级就意味着结构变化,而且全球化的作用在这一过程中不断加强,以至于信息化之后的转型升级是以全球化为基础的。每一个过程阶段都伴随着结构变化,经济结构变化引发社会结构、文化结构变化。当处于结构变化的过程中,作为社会问题的犯罪现象是与结构变化的关联程度更高,而不是与经济增速变化的关联更紧密。由于各个国家在经济增长过程中的结构变化程度各不相同,犯罪现象也因此呈现不同程度的关联状况。所以单从经济增长与犯罪的简单相关是不能得出宏观经济因素与犯罪的正确关系结论的。从分析框架上,应当建立"经济发展—结构变化"分析框架,把结构变化作为与犯罪现象关联变量。

它对社会中暴力犯罪的犯罪率具有因果作用力。也就是说,当有很多富人生活在穷人周围时,穷人往往会实施更多的暴力犯罪。这一结论揭示了缩小经济不平等的政策,特别是缩小种族间经济不平等的政策,将会导致社会总体暴力犯罪犯罪率的降低。"①这一因果关系有力地解释了美国从 20 世纪 80 年代到 90 年代,直至进入 21 世纪以后的犯罪情况的变化。

(二)运用宏观社会因素分析犯罪现象的理论潮起潮落

在从社会发展变化的角度来分析犯罪现象的犯罪学理论都是非常有名的。从迪尔凯姆到默顿,再到芝加哥学派对犯罪区域的犯罪生态理论。各种理论在不同的时期展示了各自的理论魅力,也引起了后来的广泛争论。②

迪尔凯姆指出,工业化和现代化改变了社会结构,也改变了社会规范,引起的社会失范造成了犯罪。他认为,经济繁荣时期的失范(或者是欲望违反规定)比经济衰退时的失范要更为严重,因为经济繁荣刺激了欲望的产生,而恰恰此时对这些欲望的约束规则已经崩溃。迪尔凯姆进一步认为,法国社会在之前大约 100 年时间里,故意毁坏了用以约束人类欲望的规则的传统源泉。宗教几乎彻底丧失了对雇工和雇主的影响力。传统的职业团体如行会已经被破坏。政府对商业活动坚持的是放任主义或不干涉主义的政策。结果是,人类的欲望不再受到约束限制。欲望自由是法国工业革命的原动力,但是它也制造了失范的混乱状态,同时带来了较高的自杀率。③ 迪尔凯姆的理论可

---

① [美]乔治·B.沃尔德、托马斯·J.伯纳德、杰弗里·B.斯奈普斯:《理论犯罪学》(原书第 5 版),方鹏译,中国政法大学出版社 2005 年版,第 122 – 123 页。

② 笔者注:社会因素作为犯罪原因是较为复杂的,社会因素里宏观和微观因素常常混合在一起。通常认为,个人、家庭、社区、学校等属于微观因素,社会结构、社会规范、社会价值、传统习俗等属于宏观因素,当使用阶级阶层这类概念时,也大多归人宏观因素。由于犯罪学的研究传统是更靠近微观研究,所以微观社会因素分析与犯罪学研究更加紧密,而宏观社会因素与犯罪现象是有一定的关联,但这种关联能否用一种理论框架来解释,就成为一个难题。难点在于宏观社会因素的理论表述是高度概括的,而犯罪现象又相对具体,用高度概括的理论框架来解释具体的犯罪现象,就会出现各种不匹配性,这种不匹配性可能会出现在时间维度上,也会在空间维度上。因此,运用宏观社会因素解释犯罪的理论在不同时期就会有不同的理论出现,很少能有一种理论在较长的时间维度上保持理论的解释力。(可参见:[美]斯蒂芬·E.巴坎:《犯罪学:社会学的理解》(第四版),秦晨等译,秦晨、周晓虹校,上海人民出版社 2011 年版,第 6 页 – 11 页,第 188 页 – 196 页。)

③ [美]乔治·B.沃尔德、托马斯·J.伯纳德、杰弗里·B.斯奈普斯:《理论犯罪学》(原书第 5 版),方鹏译,中国政法大学出版社 2005 年版,第 136 页。

谓影响深远,许多中国的犯罪学研究者运用此种理论解释改革开放以后中国的犯罪高峰。但同时也受到许多批评,其中工业化和现代化是否一定会带来社会夫范,这是一个颇具争论的问题。不同的国家工业化和现代化道路不同,社会结构的变化、社会规范的变迁也不尽相同或类似。所以这种理论有解释力随着现代化程度不断推进,其解释力也在下降。

罗伯特·K.默顿的紧张理论也是一种影响较大的社会学理论,犯罪学家用此来解释犯罪高发状况。[①] 他指出,任何社会的文化都确定了一些"值得追求"的目标。在每个社会里都有很多这样的目标,它们因文化的不同而大相径庭。在美国社会中最重要的目标的获取财富,美国文化对这个目标的倡导,远远超过了这种目标本身能够带来的奖赏。美国文化建立在一种平等主义的意识形态上,声言所有人都有获取财富的平等机会。虽然不是所有人都被预期能够达此目标,但所有人都被预期要进行尝试和为此目标而奋斗。[②]默顿指出,不是所有人都能够达到这种文化目标。获取财富的目标被过分强调以至于制度性手段本身的价值几乎被完全忽视。达到目标的人获得了作为奖赏的社会威望和社会地位,即使财富不是通过合理的手段获得的。这种情形使得目标与制度性手段之间处于一种严重的紧张状态。尤其是对那些不能通过使用制度性手段获取财富的人们来说情况更为严重。这种紧张会在社会上大多数人身上产生,但是它更可能集中在社会下层阶级的人们身上。在下层阶级群体中,获取财富的能力不仅受到个人才能和努力的限制,而且受到社会结构本身的限制。默顿认为,获取财富的合法机会的分配相对集中于上层阶级,而在下层阶级中这种机会相对缺失。而对犯罪行为的分配则被认为是对合法机会的分配的一种反像,相对集中于下层阶级,而在上层

---

① 笔者注:因为犯罪学研究是微观因素的研究传统,当进行宏观研究时,往往会借用其他学科的某些宏观理论框架,比如社会学的某些理论。又比如,犯罪经济学也是借用了经济学的理论框架。这也是犯罪学总是被认为是交叉学科的原因之一。

② [美]乔治·B.沃尔德、托马斯·J.伯纳德、杰弗里·B.斯奈普斯:《理论犯罪学》(原书第5版),方鹏译,中国政法大学出版社2005年版,第169页。

阶级相对较少。①

紧张理论曾经有效地解释了美国犯罪高发的原因,同时,紧张理论的进一步深化也引起了美国政府的重视,联邦政府根据紧张理论制定了预防犯罪和控制犯罪的政策法案,但若干年后收效甚微,于是政府又停止了这些政策。紧张理论的基础是社会结构存在问题,但其对策却没有针对社会结构和社会资源分配不合理的问题,在执行中又往往被曲解,最终未能实现预期目标。

紧张理论虽遇挫折但并未完全退出,而是得到了新的发展。梅斯纳和罗森菲尔德认为,美国文化中过分强调经济成功的解释,这是美国社会中经济机构的绝对强势的影响力造成的,而其他机构诸如家庭、学校,甚至政治机构,都趋向于服从经济。"遵规守纪的文化训示被美国梦的失范倾向压倒……,因为经济在制度均势中占据优势。非经济机构例如家庭和学校这样的机构的主要任务是去劝导人们具有信仰、树立价值、承担责任,它们与市场这样机构的任务是不同的。但是,当这些非经济机构的地位被贬低并被强迫适应经济利益的考虑时,当它们被经济标准渗透时,他们成功履行它们独特的社会功能的能力就会削弱。"②

梅斯纳和罗森菲尔德因此提出了大量的政策以增强这些非经济机构自身应对经济关系时的能力,并削弱经济对它们的影响。首先,他们都认为美国社会家庭都严重地受到经济利益的驱策,家庭应当是一种社会机构,在这种意义上,家庭无法影响家庭成员的行为。通过采取诸如家庭度假、夫妻共同工作、灵活的工作时间安排、由雇主承担照看小孩的任务等政策,家庭能够增强自身应对经济关系时的能力。这些政策为父母们提供了很多自由,使他们得以从经济需求中分身而出,从而能够花费更多的时间和精力以履行家庭职责。还有其他学者沿着他们的思路进行研究,验证了他们的观点并得到另一个结论,非经济机构的力量能够缓和因经济困难而导致的犯罪。在非经济

---

① [美]乔治·B.沃尔德、托马斯·J.伯纳德、杰弗里·B.斯奈普斯:《理论犯罪学》(原书第 5 版),方鹏译,中国政法大学出版社 2005 年版,第 170—172 页。

② [美]乔治·B.沃尔德、托马斯·J.伯纳德、杰弗里·B.斯奈普斯:《理论犯罪学》(原书第 5 版),方鹏译,中国政法大学出版社 2005 年版,第 188 页。

机构力量较为强大的地区,财产与犯罪之间的联系会较弱。①

　　紧张理论后续的发展使其理论的解释力大大增强,其发展历程令人深思。紧张理论本来是从宏观社会结构、社会文化的角度提出的一种社会学理论,在产生之初对美国犯罪现实具备一定的解释力,但因其对策的操作性问题而能继续其理论影响力。后来的犯罪学家们将紧张理论这种宏观社会理论降格,让宏观的社会结构、社会文化因素与微观的家庭、社区、学校等因素相结合,有效地解决了理论解释力的问题,使紧张理论获得了新生,并且具备了相当的指导力。②

　　(三)微观因素的因果关系更具解释力

　　在犯罪学研究中,对微观因素的研究源远流长,从犯罪人生理特征、个体心理、行为方式的研究,到对犯罪人的家庭、所处社区、学校教育状况的研究,每一种因素都有丰富的研究成果。

　　由于古典的"犯罪人论"已经不具备相当的解释力,所以这种理论退出了主流犯罪学研究,但犯罪心理学研究已经成为相对独立的研究领域。到目前为止,对犯罪人家庭、邻里与社区、学校等教育机构的研究得出的结论较为令人信服。特别是对犯罪人家庭的研究,在世界各国都具有相当的解释力。家庭环境不好,包括父母离异、单亲家庭、缺少关爱、教育不当等诸多家庭因素与犯罪发生之间有着较为确定的因果关系。

　　对犯罪人所处社区的研究和犯罪高发社区的研究呈现较为复杂的状况。犯罪学家试图用一种因果顺序来解释犯罪高发社区的现象和问题。贫穷、家庭破碎、频繁的居民迁徙是社会区的特性,这种特性导致了陌生(anonymity)、邻里居民之间缺少社会关系、较少参与社区组织和当地活动。因为这种低的社会资本,邻里不能对如街道、公园这样的公共区域或共有区域实施有效控

① ［美］乔治·B.沃尔德、托马斯·J.伯纳德、杰弗里·B.斯奈普斯:《理论犯罪学》(原书第5版),方鹏译,中国政法大学出版社2005年版,第188—190页。
② 笔者注:紧张理论的后续发展也从另一个角度表明,宏观因素对微观因素发生作用是一个传导过程,并且这种传导作用的方向有可能会因某些外部因素的加入而发生改变。外部因素的加入也成为了传导过程的一部分,形成链条式的因素作用传导。

制，因而这些区域容易被犯罪人占据。此外，当地的十来岁的青少年具有相当大的自由，因为邻里间的陌生意味着，即使这些青少年仅仅离家几步远，别的成年人就不认识他和他的朋友了。这种陌生导致了邻里中犯罪和暴力行为的增长，这种增长不受邻里居民的成分的影响。较高的犯罪率和暴力行为的发生率促进了社会的瓦解，因为该邻里中的守法居民退出了社区生活并尽可能搬出该邻里。① 这样的因果关系解释让人们看到的是一种社区变化的恶性循环，犯罪高发社区或容易产生犯罪人的社区具有某种传承性，长期以来逐渐固化。那些试图通过改变社区中人们的处境，如解决失业、低收入人群问题的各种努力都会被这类社区的传统所吞噬。因此，只有从根本上彻底改造落后社区，才有可能改变此类地区犯罪高发的状况。

另外，在社区中通常会有引发犯罪的多重因素，这些因素的交互作用使得在研究中往往会出现运用资料时的矛盾。犯罪学家对此类问题提醒研究者注意社区中多重因素需要重视分类与相互关系。犯罪率高的社区中通常存在许多会导致犯罪的因素——贫困、失业、高离婚率和高单亲家庭率、高人口密度、住宅破败、劣质的学校教育和其他劣质的社会服务、频繁的居民迁徙和人口流动，以及种族和少数民族的集中。其中任何一种因素或者全部因素都有可能导致犯罪，但是所有这些因素往往都同时同地出现。从而问题就是，需要确定是哪一些因素实际上造成了犯罪，而哪一些因素仅仅偶然存在对犯罪没有实际影响。这个问题就叫做"多重共线性（multicolinearity）"——也就是，许多可能成为原因的因素全都高度地互相交织在一起。在这种情况下，对于哪些因素构成原因哪些不构成原因这个问题的回答，统计方法的相对细小的变化都有可能导致得出不同的结论。因此，这些统计方法的变化就会引起前述的各种不一致和矛盾的结果。②

多重因素的存在，无疑增强犯罪学研究的难度，但仍然不能阻止犯罪学

---

① ［美］乔治·B.沃尔德、托马斯·J.伯纳德、杰弗里·B.斯奈普斯：《理论犯罪学》（原书第5版），方鹏译，中国政法大学出版社2005年版，第162页。

② ［美］乔治·B.沃尔德、托马斯·J.伯纳德、杰弗里·B.斯奈普斯：《理论犯罪学》（原书第5版），方鹏译，中国政法大学出版社2005年版，第119–120页。

家们试图控制住某一因素,来观察其他因素的变化对犯罪人的影响。随着研究方法的更新和研究技术的提升,这些问题正在被一一化解。① 对引发犯罪的微观因素的研究还会沿着它以前的轨迹稳健前进。更为重要的是,从微观因素出发形成的理论观点解释力愈来愈强,已经引起国外有关部门和机构的重视,预防和控制犯罪的重心也由重视宏观因素逐步转移到重视微观因素的改变。

四、一点结论:犯罪学研究中对宏观因素与微观因素的运用

通过对《理论犯罪学》一书的研读,可以发现在犯罪学研究的历史中,对宏观因素的关注与对微观因素的关注在不同的时代都对犯罪学的研究和预防控制犯罪起到过重要的作用,并没有孰轻孰重的区别。即使对宏观因素与犯罪的研究遭到许多批评,但直到现在,仍然有许多学者坚持对宏观因素的研究,并且发现各种宏观因素的周期性变化与犯罪的变化存在一定的因果关系。微观因素尽管研究者众多,论著无数,但现实的变化使得研究仍然有巨大的空间。

首先,需要重视宏观因素与犯罪状况之间的相互关系研究,但不能陷入宏观分析的漩涡之中而不能自拔。宏观因素的变化反映的是一个时代经济社会背景,是基础性因素。任何一种社会现象都脱离不开时代背景,犯罪也是如此。其次,应该看到,宏观因素都需要通过微观因素发挥作用。经济社会等宏观因素的变化需要反映到家庭生活中,体现在邻里社区当中,通过家庭生活和社区环境对某个具体人(特别是青少年)产生影响,导致某些人成为潜在犯罪人。当外界条件具备时,这些潜在犯罪人就成为犯罪人。所以,需要发现宏观因素的变动在多大限度上改变了某些微观因素,从而促成了导致

---

① 笔者注:"多重共线性"表面上看是犯罪的微观因素所体现的一种复杂情况,但同时也是犯罪学微观研究也遇到的一种困境。近年来,大数据技术的应用正在逐步解决多种因素相互作用而难以判断的问题。这种研究困境在理论上就表现为理论框架的适用性减弱,对犯罪原因复杂情况的适用性现出了明显不足。犯罪学微观研究通常采取简单因果关系的理论框架,对宏观因素关注不够,所以当需要复杂因果关系时就显得理论准备不足。因此,要破解这种困境,需要引入因果关系链的理论框架,明确宏观因素的作用方式,形成新的微观研究的因果关系模式。

犯罪的直接条件或塑造潜在犯罪人的直接条件。宏观因素透过微观因素产生作用,也是犯罪学家们在多年的研究中逐渐发现并形成的研究方法和研究视角,但也需要注意这种方法的运用是有前提条件的。那就是必须犯罪学的基础理论得到了充分的发展,如果犯罪学的基础理论发展不充分,运用宏观因素和微观因素相结合的分析方法就会成为一句空话。所以,犯罪学基础理论的发展也是当下中国犯罪学研究中的一个重大课题。①

最后,对理论观点中的因果关系需要给予足够的重视。因为犯罪学不仅是理论研究,更重要的是要指导实践中的预防和控制犯罪。如果理论观点中的因果关系出了问题,就会引起整个理论的解释力下降,指导力更会随之下降。宏观因素作用于微观因素可能会通过一系列的传导因素发生作用,对传导因素的研究使形成犯罪的宏观因素与微观因素和犯罪行为结果之间形成一条因果关系链,这个因果关系链有助于解释宏观因素的周期性变化或者波动与犯罪之间的联系。传导因素发挥作用的大小、强弱就成为因果关系链成立的关键。因此,犯罪学研究必须要由简单的因果关系研究转变为较为复杂的多重因果关系研究。这也是时代发展对中国犯罪学研究提出的新挑战。②

重视因果关系研究是因为因果关系同样也是犯罪学研究的生命力所在,不同的因果关系产生了不同的理论观点,构建了不同的犯罪学理论体系,产生了不同的政策措施,使犯罪学成为一门独立的学科,成为一门科学,成为一门深入指导社会实践的科学。

---

① 笔者注:犯罪学研究的传统是从微观因素和个体研究入手,通过归纳法得到规律性的结论或因果关系,形成固定的理论观点。这是一种由个体到整体的研究思路,其得到的理论观点也具有一定的解释力。但在犯罪原因研究中,不能完全由微观因素推导出宏观因素,或者说微观因素与宏观因素是两种性质完全不同的因素。同时,宏观因素的研究结论也不能完全适用于微观层面,即不能用宏观结论解释微观现象。这也使犯罪学的微观研究与宏观研究逐渐分离。由于犯罪学的宏观研究在总体研究中所占比重较小,比如犯罪趋势研究,且历来不被重视,所以犯罪学基础理论中宏观理论逐渐萎缩。当犯罪学需要推进本土化时,又需要犯罪学宏观研究,这就形成了一种矛盾,宏观研究很重要,但没多少研究成果。

② 笔者注:犯罪学的宏观研究需要构建中国犯罪学的宏观理论解释框架,表明宏观因素及相互关系,并对理论框架做理论假设或者说是因果关系设定。用这种宏观理论框架来分析解释宏观犯罪趋势和犯罪结构变化,

后 记

自 2000 年进入天津社会科学院工作以来,我在领导和老师的指导下,一直从事犯罪学研究。虽然中间也有去高校的进修时期,但没有中断犯罪学研究。从一开始跟随老师们做犯罪调查开始,我逐渐接触犯罪学研究,再到学习各种犯罪学理论,逐步深化研究。可以说,是以犯罪学的微观研究为起点。那时我还到监狱做犯罪人调查,指导犯罪人填写犯罪调查问卷,每一项都了解得很细,还对个别犯罪人做了访谈。收集犯罪调查问卷以后,录入数据,建立数据库。基本上是遵循由犯罪个体到犯罪群体、再到犯罪整体的研究思路。这种研究思路和研究方式持续了近十年。

从 2010 年前后,我开始反思之前的犯罪学研究历程和这种研究思路。在广泛阅读犯罪学理论著作之后,发现犯罪学研究的传统是以微观研究为主,而犯罪学的宏观研究也只是偶尔穿插其中的"少数派"。但从社会治理的角度看,犯罪防控的决策、防控的政策制定和实施都需要宏观研究。现实的需要促使我在犯罪学微观研究中,开始加入宏观研究。特别是对犯罪趋势的研究,使得犯罪学宏观研究的理论框架尤其重要。在之前犯罪原因研究成果积累的基础上,我关注了犯罪学中的因果关系研究,逐渐进入犯罪学的因果关系链研究。因此,形成了犯罪原因中各宏观因素的关系结构、因果关系链和犯罪趋势三个相互关联的研究方向。

犯罪原因中的各种因素除了分为宏观、微观两大类因素以外,还可以分为影响性因素和控制性因素。在此分类的基础上,构建犯罪学宏观研究的理论框架,即各宏观因素的结构和相互关系。从影响性因素的角度、从宏观因素的角度,我提出三组因素,这三组因素的基础状态构成了犯罪趋势的基本面,即自然条件—资源禀赋因素、人口总量—社会关系因素、经济发展—结构变动因素。三组因素之间的相互关系与犯罪现象之间的因果关系,构成了犯罪学研究的因果关系链,也由这三组因素之间的相互关系决定了犯罪趋势中犯罪总量的上限和波动范围。这可以说是我这些年进行犯罪宏观研究的核心观点,也算是为犯罪学宏观理论框架的构建贡献一些绵薄之力。

本书共设八章,另有绪论和结论。这些章节的内容集中体现了我从事犯罪学研究以来的相关研究成果,特别是 2010 年以来撰写的研究报告和论文的一些内容和观点也收入其中。同时需要指出的是,本书虽是个人独著,但离不开天津社会科学院犯罪学研究团队的大力支持,多位同事在理论观点论证、逻辑结构优化和文献资料收集等方面都给予了诸多帮助。从这个意义上说,本书也是团队研究成果,在此感谢天津社会科学院法学研究所从事犯罪学研究的各位同仁。

本书出版得到了天津社会科学院学术著作出版资助项目支持,同时本书被列入"天津社会科学院法学文库"系列。在本书的写作过程中,还得到了诸多师长和朋友的指导和帮助,相关专家对本书提出了诸多宝贵意见与建议,天津社会科学院出版社编辑老师在本书出版过程中付出了辛劳与努力,在此一并表示感谢。本人能力有限,书中难免有错误疏漏之处,均为本人责任,也请学界同仁见谅并不吝批评指正。

还要特别感谢我的家人们多年来对我从事学术研究的大力支持,我的妻子和孩子也付出了很多,因为我的忙碌,在生活上亏欠她们太多。

当前中国犯罪学研究进入了一个新阶段。犯罪学的理论需求和现实需求正在迅速增长,犯罪的宏观问题和微观问题不断涌现,犯罪学理论研究和应用研究都在突飞猛进,相关学科的年轻学者也在不断加入犯罪学研究队伍,犯罪学研究本土化进程加快,都需要犯罪学的研究者不忘初心,保持定力,坚守研究阵地,持续为国家治理犯罪问题贡献高质量研究成果。希望本书能够作为一块铺路石,让后来者踩着它,在犯罪学研究的道路上取得更大发展。

王　焱
2024 年 7 月于天津